山东师范大学

"古代文献整理与汉语史研究创新团队"资助成果

中國訓詁學史

胡朴安／著

王其和／整理

中 华 书 局

图书在版编目(CIP)数据

中国训诂学史/胡朴安著;王其和整理. —北京:中华书局,
2025.4. —ISBN 978-7-101-17059-7

Ⅰ.H13

中国国家版本馆 CIP 数据核字第 20251X1N94 号

书　　　名	中国训诂学史	
著　　　者	胡朴安	
整 理 者	王其和	
责任编辑	白爱虎	
装帧设计	刘　丽	
责任印制	韩馨雨	
出版发行	中华书局	
	(北京市丰台区太平桥西里 38 号　100073)	
	http://www.zhbc.com.cn	
	E-mail:zhbc@zhbc.com.cn	
印　　　刷	三河市中晟雅豪印务有限公司	
版　　　次	2025 年 4 月第 1 版	
	2025 年 4 月第 1 次印刷	
规　　　格	开本/920×1250 毫米　1/32	
	印张 9⅝　插页 2　字数 220 千字	
印　　　数	1-2000 册	
国际书号	ISBN 978-7-101-17059-7	
定　　　价	68.00 元	

整理前言

胡朴安（1878—1947），安徽泾县人，本名有忭，又名韫玉，字仲明、仲民、颂明，号朴安、半边翁，以号行世，近代著名学者，语言文字学家，南社诗人。

胡氏祖上世代为儒，他自幼熟读经史，涉猎广博。他曾说："我于经仅读《诗经》《书经》《左传》三种；于史仅读《史记》一种；于子仅读《荀子》《庄子》二种；于文喜读韩退之、欧阳修；于诗喜读李太白、白居易；于算学喜读李善兰、华衡芳之书。又喜读徐光启之《农政全书》、戚继光之《纪效新书》。有时也喜读段玉裁之《说文解字注》，朱子之《近思录》。"（见胡朴安《六十年以前的我》）胡朴安治学深受戴东原、段玉裁、王念孙父子等清代乾嘉学派学术思想的影响，逐步走上东汉朴学一路，在经学、文字学、训诂学等方面造诣精深，曾先后任教于上海大学、持志大学、国民大学和群治大学等。

胡朴安还积极参加社会活动，加入中国同盟会，跟随孙中山先生从事辛亥革命。后担任过民国日报社社长、交通部秘书、福建省巡阅使署秘书兼教育科长及编辑部主任、福建省图书馆馆长、上海通志馆馆长、上海文献委员会主任、江苏省国术馆馆长等。

胡朴安一生著作等身，除留下了大量诗作外，还著有《文字学

ABC》《中国文字学史》《中国训诂学史》《中国学术史》《文字学论丛》《周易古史观》《诗经学》《墨子解诂》《中华全国风俗志》《俗语典》等六十余部学术著作。其中《中国文字学史》《中国训诂学史》作为语言文字学史的两部重要著作，直到今天仍受到学术界的重视。

《中国训诂学史》是我国第一部训诂学史方面的著作，具有开拓性的重要意义。此书成书于 1937 年，是胡朴安多年教学成果的总结。他在《自叙》中说："素抱整理中国学术之愿，关于训诂诸书，略事搜罗，在持志尝为国学系诸生讲授训诂，讲义虽仅具大纲，而零星的纪载，积稿颇富。"胡朴安在编纂完成《中国文字学史》后，商务印书馆又约其撰写《中国训诂学史》，"因整理旧稿，为之贯穿，而为此篇。因篇幅的关系，删削颇多，如《尔雅》之注本，多数未能序述，言之不详之处，在所不免。又以时间的关系，更不能详细整理，自问殊为歉仄"（《自叙》）。此书虽然存在着一些缺点和不足，但丝毫不能掩盖其在中国训诂学研究领域取得的成就和作出的贡献。

此书详细论述了训诂由开端发展一直到清代的历史，以及今后训诂学发展的趋势。全书除"绪言"外，共分为六章。第一章"《尔雅》派之训诂"。此章以《尔雅》为中心，详细介绍了《尔雅》《小尔雅》《广雅》等雅学著作的作者、体例、内容和价值，并列举了《广雅》之后的重要雅学著作，如陆佃之《埤雅》、罗愿之《尔雅翼》、朱谋㙔之《骈雅》、方以智之《通雅》、吴玉搢之《别雅》、陈奂之《毛诗传义类》、朱骏声之《说雅》、程先甲之《选雅》、洪亮吉之《比雅》、夏味堂之《拾雅》、史梦兰之《叠雅》、刘灿之《支雅》以及"类于雅之短篇小记"。第二章"传注派之训诂"。此章主要介绍了毛传郑笺、陆德明《经典释文》、孔颖达贾公彦之义疏、宋理学家之训诂、阮元《经籍籑诂》等内容。第三章"《释名》派之训诂"。此章重点介绍了《释名》的作者、内容、体例、价值以及《释名》之后的相关训诂著作。第四章"《方言》派之训诂"。此章重点介绍了《方言》的作者、内容、体例、价值、注本以及续《方言》的情况。第五章"清代训诂学之方法"。此章阐述了文字通假、训诂异同、声韵流变、语词辨别、章句离析、名物考证、义理推求等七种清代常见的训诂方法。第六章"今后训诂学之趋势"。在这一章中,作者提出了"考证法"与"推测法"两种新的训诂方法。

胡朴安将中国传统训诂学分为《尔雅》派之训诂、传注派之训诂、《释名》派之训诂、《方言》派之训诂等,在体例上是一大创新。胡朴安不仅详细介绍了各大训诂学派的代表性著作,而且几乎在每部著作之后都搜集了大量的注本、增续本及相关研究文献,比如与《尔雅》相关的著作就论述了几十种,资料宏富,具有重要的史料价值,这对全面了解中国训诂学的发展具有积极作用。但胡朴安又明确指出,这些文献资料"严格的讲,只可谓之训诂书,而不可谓训诂学。凡称为'学',必有学术上之方法。训诂之方法,至清朝汉学家,始能有条理有系统之发见,戴氏震开其始"(《自叙》)。胡朴安十分钦佩和推崇清代小学家的治学方法,他总结了文字通假、训诂异同、声韵流变、语词辨别、章句离析、名物考证、义理推求等七种清代学者的训诂方法,这对我们训诂学的学习有重大指导意义。除了总结传统训诂方法之外,胡朴安还十分重视训诂新方法的运用。受清末民初学者如孙诒让、罗振玉、王国维、于省吾等人运用甲骨文、金文进行学术考证,以及西方人治中国书者往往利用统计学而为古书真伪之考辨的启示，他大胆地预测了今后中国训诂学在方法上的两种创新趋势——考证法和推测法，并通过具体例证论证了这两种训诂方法的实用性和科学性。这两种训诂方法已经为现代训诂学实践所证明而被广泛应用，充分体现了胡朴安前瞻性的学术思想。

《中国训诂学史》的主要版本有 1939 年上海商务印书馆本、1983 年北京中国书店影印本、1984 年上海书店影印本、1988 年北京商务印书馆本以及 2014 年上海三联书店复制版等。后几个版本都是据商务印书馆 1939 年版影印，因此可以说是同一个版本系列。

本次整理以 1939 年上海商务印书馆初版本为底本，将原书繁体竖排改为简体横排，调整了格式和目录编排，重新加以标点，以方便读者阅读学习。在整理过程中，我们全面核对了引文，对底本出现的明显文字讹误、脱文、衍文、倒文等，改正原文，出校记；原文可通，非明显错误，则保持原文，原则上不作改动，出校记加以说明；对于说解字形、分析音韵以及人名地名等专名用字情况，一般保留繁体、异体字形原貌，不作简化。

本书整理过程中，我的研究生彭超、魏振超帮助校对了清样，改正了一些错误，在此向他们表示感谢。同时，特别感谢白爱虎编辑为本书的出版付出的辛劳。白编辑认真负责，一丝不苟，提出了很好的修改意见和建议，大大提升了本书的整理质量。

限于时间和水平，不当之处在所难免，敬请读者批评指正。

王其和　谨识
2024 年 8 月初稿
2025 年 2 月定稿

目　录

自　叙

　　训诂学，是书本子上的考古学。因为古今文字之含义不同，后人读古人之书，假使无有训诂学的工具，在古人原为浅显之语，后人遂成为不能了解之词。就是能了解，亦是望文生义，甚至牵强附会，以后人之心理，揣度古人。所以不通训诂学，决不能读古书也。

　　溯训诂之原始，当是七十子以后学者的传授。而训诂之发展，是在东汉古文家勃兴时代，在绪言上已详细论之。贾逵、马融、许慎，皆是训诂学大家，而郑玄尤能集周秦两汉训诂之大成；唐之陆德明、孔颖达、贾公彦，亦能集魏晋南北朝训诂之大成；就是宋朝道学家偏于义理之解释，虽不是正统之训诂，而亦是属于训诂之范围。至于清朝汉学家之著作，如正续《清经解》内所收，大半皆是训诂学。以言训诂学史的材料，则多于文字学史数倍而未已。

　　文字学史，有一部《说文解字》为中心，可由此中心，寻出文字学递变之迹。训诂学史，虽可以经传疏注为中心，但材料太多，而又未加整理，断不能以个人之精力，整理出许多散无友纪之材料，而为历史之叙述。我希望整理中国学术者，将经传注疏中训诂材料，有整个之整理，然后有统绪之训诂学史，始能出见。

　　《尔雅》一书，是训诂最早之书。类于《尔雅》之著作，其书颇

多,然断不能以《尔雅》为训诂之中心。《尔雅》之训诂,论其范围,
亦不过经传注疏之附庸。但是自来言训诂者,皆集中于《尔雅》。
不知《尔雅》之训诂,是集经传之成,而为疏注之所依据。《尔雅》
只可谓之训诂书,而不可谓之训诂学。《释名》一书,含有训诂学
之意义,其性质与《尔雅》不同。《尔雅》仅为训诂之记载,《释名》
则必求训诂发生之所以然。《尔雅·释丘》"当途,梧丘",而不解
说"当途"何以名"梧丘"之故,《释名·释丘》"当途曰梧丘。梧,
忤也,与人相当①忤也";《尔雅》"途出其右而还之,画丘",而不解
说何以名"画丘"之故,《释名》"道出其右曰画丘。人尚右,凡有
指画皆用右也";《尔雅》"途出其前,戴丘",而不解说所以名"戴
丘"之故,《释名》"道出其前曰载丘(戴、载通),在前故载也";《尔
雅》"泽中有丘,都丘",而不解说所以名"都丘"之故,《释名》"泽
中有丘曰都丘,言虫鸟往②所都聚也"。又如《尔雅·释宫》"四达
谓之衢",而不解说何以名"衢"之故;"五达谓之康",而不解说何
以名"康"之故;"六达谓之庄",而不解说何以名"庄"之故;"七达
谓之剧骖",而不解说何以名"剧骖"之故。《释名·释道》:"四达
曰衢。齐鲁间谓四齿杷为欋,欋杷地则有四处,此道似之也。""五
达曰康。康,昌也;昌,盛也。车步并③列并用之,言充盛也。""六
达曰庄。庄,装也,装其上使高也。""七达曰剧骖。骖马有四耳,
今此道有七,比于剧也。"其所以然之解说,虽未必确凿,甚或有牵
强附会之处,立于训诂学而言,可谓成为一家之训诂也。《方言》虽

---

① "当",原脱,今据《释名》补。
② "往",原脱,今据《释名》补。
③ "并",原脱,今据《释名》补。

非训诂，但以时间之久常，而在训诂上已有相当之价值。凡此种种，皆是训诂之材料。《尔雅》本身，固不能为训诂学史之中心，而况又有《释名》《方言》等之训诂材料乎？

　　以上所述，严格的讲，只可谓之训诂书，而不可谓之训诂学。凡称为"学"，必有学术上之方法。训诂之方法，至清朝汉学家，始能有条理有统系之发见，戴氏震开其始。戴氏之言曰："经之至者，道也；所以明道者，词也；所以成词者，字也。由字以通其词，由词以通其道。"又曰："搜考异文，以为订经之助。广揽汉儒笺经之存者，以为综核故训之助。"戴氏真能以经传注疏为中心，而为有条理有统绪之训诂也。戴氏之弟子段氏玉裁，其训诂之方法更精。其言曰："治经莫重乎得义，得义莫切于得音。不执于古形古音古义，则其说之存者，无由甄综；其说之亡者，无由比例推测。"又曰："小学有形有音有义，三者互相①求，举一可得其二。有古形有今形，有古音有今音，有古义有今义，六者互相求，举一可以得五。"又曰："训诂必就其原文，而后不以字妨经；必就其字之声类，而后不以经妨字。不以字妨经，不以经妨字，而后经明，经明而后圣人之道明。点画谓之文，文滋谓之字，音读谓之名，名之分别部居，谓之声类。"则段氏之训诂方法，视戴氏更有条理、更有统序矣。有训诂之方法，用之于群籍，高邮王氏父子之工作尤巨。王氏之言曰："训诂②之旨，在③乎声音。字之音同声近者，经传往往假借。学者以声求义，破以假借之字，而读以本字，则涣然冰释。如其假借之

---

① "互相"，原作"相互"，今据段玉裁《广雅疏证序》乙正。
② "训诂"，《经义述闻》作"诂训"。
③ "在"，《经义述闻》作"存"。

字而强为之解,则结籀为病矣。"引之用此种方法,著《经义述闻》一书,辄能综合同类之证据,以归于义之所安,诚书本子上之考古杰作也。自今以后,训诂学方法之新趋势,惟有甲骨文、金文之考证,与统计学之推测,二法而已。

如上所述,训诂学,清汉学家始克建立,以前只有训诂书之记载。以后之新趋势,方始萌芽。故严格的训诂学史,不仅无训诂学之中心,直可谓无训诂学之材料。只能以训诂之材料,与清儒训诂之方法,与今后训诂之趋势,略述其大概而已。

著者素抱整理中国学术之愿,关于训诂诸书,略事搜罗,在持志尝为国学系诸生讲授训诂,讲义虽仅具大纲,而零星的纪载,积稿颇富。为商务编文字学史竣事,又以训诂学史属编。因整理旧稿,为之贯穿,而为此篇。因篇幅的关系,删削颇多,如《尔雅》之注本,多数未能序述,言之不详之处,在所不免。又以时间的关系,更不能详细整理,自问殊为歉仄。再者,《方言》一章之材料,许多是郑师许先生所供给,因为有一时期师许为我在持志代课,恰授《方言》一章,"《方言》之注本""《方言》以后之续《方言》"二篇,可谓出郑先生手也。为我抄稿者,学生朱兆滋,例得附记。

民国二十六年六月泾县胡朴安自序

绪　言

一、训诂学未兴以前时代

（一）今文家为微言大义之学

《汉书·艺文志》云："昔仲尼没而微言绝，七十子丧而大义乖。"微言者，隐微不显之言；大义者，广大精深之义。西汉学者，求孔子之微言大义于垂绝之余，故其于六经也，皆以通经致用为治学之准绳。当时学者，言《诗》于鲁则申培公、于齐则辕固生、于燕则韩婴，言《尚书》则济南伏生，言《礼》则鲁高堂生，言《易》则淄川田生，言《春秋》于公羊则胡母生、于穀梁则瑕丘江公，悉立博士，传业寖盛。而一二经师，承七十子之后，求微言大义，以经术饰吏治。如《易》则施雠、孟喜、梁丘贺，能以占变知来；《书》则大夏侯胜、小夏侯建、欧阳生、倪宽，能以《洪范》匡世主；《诗》则申培公、辕固生、韩婴、王吉、匡衡，能以三百五篇当谏书；《春秋》则董仲舒、隽不疑，能以比例决狱；《礼》则鲁诸生、贾谊、韦玄成，能以古礼议制度；而萧望之等能以《孝经》《论语》保傅论道。今文学之于六经，为古圣贤不刊之典。后之治经者，当受经之命令，以为修身、齐家、治国、平天下之法则，又皆师弟口耳相授受。此今文家时代，虽有训诂而无需乎训诂者，一也。

（二）专守一家之学说

汉置五经博士，学者多习一经，以应博士之征。一经之中，亦只各专一家，故家法极严。言《易》者本之田何。田何以后，有施（雠）、孟（喜）、梁丘（贺）之学；施雠以后，有张（禹）、彭（宣）之学；孟喜以后，有翟（牧子兄，兄音况）、白（先少子）之学，又有京氏（房）之学；梁丘贺以后，有士孙（张）、邓（彭祖）、卫（咸）之学。此《易》之家法也。言《书》者本之伏生。伏生以后，有欧阳（生）之学，又有大夏侯（胜）、小夏侯（建）之学；大夏侯胜后，有孔（霸）、许（高）之学；小夏侯建后，有郑（宽中）、张（山附）、秦（恭）、假（仓）、李氏（寻）之学。此《书》之家法也。言《诗》者，于鲁本之申公，申公后有韦氏（玄成）之学；于齐本之辕固，辕固后，有翼（奉）、匡（衡）、师（丹）、伏（理）之学；于韩本之韩婴，韩婴后，有王（吉）、食（子公）、长孙（顺）之学。此《诗》之家法也。言《礼》者本之鲁高堂生。高堂生后，有大戴（德）、小戴（圣）、庆氏（普）之学；大戴德后，有徐氏（良）之学；小戴圣后，有桥（仁）、杨（荣）之学。此《礼》之家法也。言《春秋》者，于公羊本之胡母生，胡母生后，有颜（安乐）、严（彭祖）之学；于穀梁本之瑕丘江公，瑕丘江公后，有尹（更始）、胡（常）、申章（昌）、房氏（凤）之学。此《春秋》之家法也。各有家法，各本师说，递相授受，毫不杂乱。在政府之设立博士，虽兼而存之，在师弟之口耳相传，则墨守一家之说。此今文家时代，虽有训诂而无需乎训诂者，二也。

二、训诂学初兴时代

（一）古文家以考证为先务

《汉书·儒林传》云："孔子有古文《尚书》，孔安国以今文字读之，因以起其家。""以今文字读之"者，即以汉代通行之文字，以考证六国时代之文字，或且以汉代通行之语，以考证六国时代之语（文字当包括形、声、义三项），此即训诂之初起者，盖今文有师传授，古文无之。无训诂以通其意，则古文几不能读也。武帝末，鲁共王坏孔子宅，欲以广其宫，而得古文《尚书》及《礼记》《论语》《孝经》，凡数十篇，皆古文字。刘向校之，藏于中秘。校者不仅订其简册，考其篇目，并且解释其文字也。《汉书·艺文志》云："《书》者，古之号令，号令于众，其言不立具，则听受施行者弗晓。古文读应尔雅，故解古今语而可知也。"可见古文读有训诂之必要。迨至东汉古文之学，世多习之，于《易》则陈元、郑众、马融、荀爽，于《书》则盖豫、周防、孔僖、丁鸿、杨伦、杜林、贾逵、马融，于《诗》则谢曼卿、卫宏、郑众、贾逵、马融，于《礼》则郑众、贾逵、马融，于《春秋》则颍容①、服虔，郑玄则遍注五经，许慎造《说文解字》。今郑玄之《毛诗笺》《三礼注》，许慎之《说文解字》，皆是辨于名物，详于训诂。其余各家著述，虽不具存，而郑众、马融、荀爽、服虔、贾逵之说，时时见于他书，皆以考证为读书之先务。贾逵常言古文《尚书》，

---

① "颍容"，原作"颍谷"，今据《后汉书·颍容传》改。

与经《尔雅》训诂相应,撰《欧阳大小夏侯〈尚书〉古文同异》,又撰《齐鲁〈诗〉毛氏异同》,并作《周官解故》。其训诂之学,与郑氏相并。《后汉书》云:"郑、贾之学,行乎数百年中,遂为诸儒宗。"可见当时训诂学之盛也。

(二)兼习众经不分今古并及纬书

专习一经,与墨守一家之师说,口耳相授受,无须夫训诂,前已述之。东汉学者,多兼习众经,如贾逵则兼习《书》《诗》《礼》,郑众则兼习《易》《诗》《礼》,马融则兼习《易》《书》《诗》《礼》,郑玄则兼习《易》《书》《诗》《礼》《春秋》。各经兼习,自有彼此异同之发见。郑玄、贾逵兼习今古文。《书》《诗》今古文之异同,贾逵有专著,今不存耳。郑玄笺《诗》,颇采取韩、鲁之说,此在今之《诗郑氏笺》,可考而知者也。郑玄不仅兼习今古文,且及纬书,今郑氏逸书中(清鄞县袁钧辑),《尚书中候注》《尚书五行传注》等,皆郑玄习纬之著述尚留存者也。所习既多,异同愈出,据此考彼,据彼证此,此皆训诂学所有之事,实因各书中之异同叠见,不能不有方法以考证之也。郑玄《六艺论》云:"注《诗》宗毛为主。毛义若隐略,则更表明。如有不同,即下己意,使可识别。""毛义若有隐略"者,即言毛之传《诗》,或有隐而不显、略而不详者。"则更表明"也,即将毛义之隐略者表明之。郑氏有何根据能表明毛义?即根据训诂之方法以表明之也。"如有不同"者,即《毛诗》与三家《诗》不同也。"即下己意,使可识别"者,即郑氏以自己下一定断,或采取某家,或废弃某家,有所识别也。郑氏有何根据能下己意?即根据训诂学之方法以下己意也。据上所述,可见兼习众经,不分今古与经纬，当有训诂学之发生。训诂学既发生，又可根据训诂以考证众经今古之异同也。

三、训诂学起原之因

（一）文字异同

《汉书·艺文志》云："孔子纯取周诗，上采殷，下取鲁，凡三百五篇，遭秦而全者，以其讽诵不独[①]在竹帛故也。汉兴，鲁申公为《诗》训故，而齐辕固、燕韩生，皆为之传。三家皆列于学官。又有毛公之学，自谓子夏所传，而河间献王好之，未得立。"据班氏此言，《诗》之得全，不在竹帛，而在讽诵，口耳授受，异文异字，遂以日多。《鲁》《齐》《韩》三家盛于西汉，是为今文。而言说长短之异，呼吸轻重之殊，声音相近，点画遂讹，虽同为今文，文字亦不能一律。《毛》盛于东汉，是为古文。形体既异，源流又殊，《毛诗》与三家《诗》，既有今文、古文之不同，复有本字、借字之各别，异文异字，更仆数难终也。今文多本字，古文多借字，略举例以明之。如《毛诗·汝坟》"惄如调饥"，《韩诗》作"溺如朝饥"，知"调"即"朝"之借字也；《毛诗》"何彼襛[②]矣"，《韩诗》作"何彼茙矣"，知"襛"即"茙"之借字也；《毛诗·芄兰》"能不我甲"，《韩诗》作"能不我狎"，知"甲"即"狎"之借字也；《毛诗·采蘋》"于以湘之"，《韩

---

① "独"，原脱，今据《汉书·艺文志》补。
② "襛"，原作"秾"，今据《毛诗正义》改。下"襛"同。

诗》作^①"于以鬺之",知"湘"即"鬺"之借字也;《毛诗·柏舟》"如有殷忧",《韩诗》作"如有慇忧",知"殷"即"慇"之借字也;《毛诗·玄鸟》"奄有九有",《韩诗》作"奄有九域",知"有"即"域"之借字也;《毛诗·淇澳》"绿竹猗猗",《鲁诗》作"绿溿猗猗",知"竹"即"溿"之借字也;《毛诗·柏舟》"我心匪石",《鲁诗》作"我心非石",知"匪"即"非"之借字也;《毛诗·有狐》"有狐绥绥",《齐诗》作"有狐夊夊",知"绥"即"夊"之借字也;《毛诗·破斧》"四国是皇",《齐诗》作"四国是匡",知"皇"即"匡"之借字也。大概《毛诗》用借字,三家《诗》用本字,而亦有例外。《毛诗·祈父》"有母之尸饔",《韩诗》作"雍",《毛》用本字,《韩》用借字也;《毛诗·汝坟》"王室如燬",《鲁诗》作"毁",《毛》用本字,《鲁》用借字也;《毛诗·皇矣》"以伐崇墉",《齐诗》作"庸",《毛》用本字,《齐》用借字也;又《毛诗·甘棠》"勿翦勿伐",《韩诗》作"划","翦"为"前"之借字,"划"为"劗"之俗字,或为"践"之借字,《毛》《韩》悉用借字也。《诗经》之外,《易》《礼》《春秋》不同之文字亦多。《易》"包荒",《说文》引作"包巟";"有孚挛如",《释文》云"挛,子夏作恋";"其欲逐逐",《释文》云"子夏作悠悠";"其人天且劓",《说文》引作"劓"。《仪礼》"夙夜毋违命",古文"毋"作"无";"君子欠伸问日之早晏^②",古文"伸"作"信";"举前曳踵",古文"曳"作"泄";"献毕未彻^③乃饯",古文"饯"作"践"。《春秋左传·隐公元年》"公及邾仪父明于蔑",《公羊传》作"邾娄仪父",《穀梁传》作"盟

于昧";《左传》"纪裂繻来逆女",《公羊传》作"纪履繻",《穀梁传》
作"履緰";《左传》"纪子帛莒子盟于密",《公羊》《穀梁》皆作"纪
子白";《左传》"公矢鱼于棠",《公羊》《穀梁》作"观鱼"。此种不
同之文字,其数极多。有清一代,著书为文字异同之考证者,其书
亦不下十数种也。

(二)师说各别

西汉今文学家之派别,已纪于上矣。同一今文家,各守其师之
说,绝不相通。至古文出,与今文又不同。研究古文者,既兼习众
经,而又不分今古,则种种不同之说,不能不有精确之考证以求其
是。此种不同之说,群经颇多,兹以《诗》与《春秋》言之。《关雎》,
《毛诗》以为后妃①之德,美文王之诗,《韩诗》以为刺康王之诗。《芣
苢》,《毛诗》以为妇人乐有子而采芣苢,《鲁诗》以为妇人伤夫。《邶
风·柏舟》,《毛诗》以为仁人不遇于君,《韩诗》以为妇人不得志于
夫。至于《诗》之四始,《毛》《鲁》《齐》《韩》各有不同之说。《毛诗》
以《国风》《大雅》《小雅》《颂》为王道兴衰之始;《齐诗》以《大明》
在亥为水始,《四牡》在寅为木始,《嘉鱼》在巳为火始,《鸿雁》在
申为金始;《韩诗》以《关雎》以下十一篇诗为《风》始,《鹿鸣》以
下十篇诗为《小雅》始,《文王》以下十四篇诗《大雅》始,《清庙》
以下凡颂文武功德之诗为《颂》始;《鲁诗》以《关雎》三篇为《风》
始,《鹿鸣》三篇为《小雅》始,《文王》三篇为《大雅》始,《清庙》三
篇为《颂》始。至于《春秋》,一"声子"也,《公羊》以为隐公之母,《穀

---

① "妃",原作"妡",今据《毛诗正义》改。

梁》以为隐公之妻，尊卑异也；一"子氏"也，《公羊》以为桓公之母，惠公之妾，《穀梁》以为惠公之母，孝公之妾，先后异也；一"仲孙"也，《左氏》以为齐大夫，《公羊》《穀梁》以为鲁庆父，国籍异也；一"杞侯"也，《左氏》以为杞侯，《公羊》《穀梁》以为纪侯，姒姓姜姓异也；一"尹氏"也，《左氏》以为君氏，惠公之夫人，《公羊》《穀梁》以为尹氏，天子之大夫，妇人男子异也；"公子益师卒不日"，《左氏》以公不与小敛，故不书日，《穀梁》以不日卒为恶，事与情异也。此皆师说之不同者也。

（三）简策错乱

晚周六艺，削竹书之，谓之简，或谓之策。简策之制，长者二尺，短者半之，一简或书二十字，或书二十五字，合多简以韦编之谓之册。《说文》："册，符命也。诸侯进受于王也。册①象其札，一长一短，中有二编之形。"未编者谓之简，已编者谓之册。书之尊者谓之典。《说文》："典，五帝之书也。从册在丌上，尊阁之也。"此上古书简之情形也。以简为书，编之以韦，岁月既久，易以脱烂。《汉书·艺文志》："刘向以中古文《易经》校施、孟、梁丘经，或脱去'无咎''悔亡'，唯费氏经与古文同。"此《易》之脱简也。又云："刘向以中古文校欧阳、大小夏侯三家经文，《酒诰》脱简一，《召诰》脱简二。简二十五字②，脱亦二十五字；简二十字者，脱亦二十字。文字异者七百有余，脱字数十。"此《书经》之脱简也。至于

---

① "册"，《说文解字》无。
② 此句《汉书·艺文志》作"率简二十五字者"。

《仪礼》，"冠而字之"，今文无"之"字；"宾对曰：某敢不夙兴"，今文
无"对"字；"妇赞成祭"，今文无"成"字；"又弗能教"，今文无"能"
字；"请终赐见"，今文无"终赐"字；"某将走见"，今文无"走"字；
"容弥戚以为仪"，今文无"容"字；"主人介右北面拜送爵"，今文无
"北面"字；"众受酬者受自左"，今文无"受酬者"字；"进坐取鳝"，
今文无"进"字；"工献与笙取爵于上篚"，今文无"与笙"字；"宾坐
取觚，奠于篚下盥洗，主人辞洗"，今文无"洗"字；"寡君有不腆之
酒"，今文无"之"字；"寡君曰不腆，使某固以请"，今文无"使"字。
此种今文所脱之字，虽非简册关系，要是口授耳受，录之于笔，以至
脱略也。观清俞曲园《古书疑义举例》，其"上下两句误例""上下
两句易置例""字句错乱例""简策错乱例"，足见古书简策错乱之
多。必须有精确之考证，而错乱之简策始可读也。

四、训诂之意义

（一）"训"字之解释

《说文》："训，说教也。从言川声。"徐锴曰："训者，顺其意以
训之也。"训本教训之训，引伸为训诂之训。《尔雅》有《释训》，朱
骏声云："释训者，释双声、叠韵连语，及单辞①，及发声助语之辞
也。"《尔雅·释训》尚是训之狭义，广义则为一切解说之称。训之
解说，与其他解说不同者，能分析其内容，形容其状况，顺其意而说

---

① 朱骏声《说文通训定声》"单辞"后有"重辞"二字。

之。桂馥谓"说"读如"山川能说"之"说",是也。《曲礼》疏:"训谓训说理义。"《汉书·扬雄传》注:"训者,释所言之理。"汉人解经,诂、训、传并用,《毛诗正义》云:"诂、训、传者,注解之别名。传者,通^①其义也。诂者,古也,古今异言,通之使人知也。训者,道也,道物之貌以告人也。"古人著书,有以训为名,《汉书·艺文志》有扬雄《仓颉训纂》,有杜林《仓颉训纂》;淮南王著书,皆以训名篇。即用"训"之方法解说其义理,故其书即名之为"训"也。

（二）"诂"字之解释

《说文》:"诂,训故言也。从言古声。"故、古通。《说文》:"古,故也。从十口。识前言者也。"故言即古言,古言即由十口相传之言,谓先王之遗典与前人流传之言语。《毛诗传》所谓"诂言,古之善言"是也。谓之诂者,能以今语释古语,通古今之言,使人知也。扩而充之,不仅可以通古今之殊语,并可以通四方之异言。《尔雅·释诂》即以今语释古语,以通语释方言也。汉人著书,皆言"故"。《汉书·艺文志》:《书》有《大小夏侯解诂》,《诗》有《鲁故》《齐后氏故》《齐孙氏故》《韩故》。故即诂也。《汉书·儒林传》颜注:"故,谓经之旨趣。"据此以论,诂者,不仅今古方俗言语之解释,必疏通经义,使人知旨趣之所在也。

---

① 《毛诗正义》"通"前有"传"字。

五、训诂学史之分期

余先执笔草训诂学史,拟分为两汉为一期,如《尔雅》《小尔雅》《毛传》《郑笺》《方言》《说文解字》等属之;三国晋六朝为一期,《释名》《广雅》等属之;隋唐为一期,《玉篇》《经典释文》等属之;宋元明为一期,此期分为二:一正统派之训诂,二理学家之训诂;清为一期,此期分为三:一训诂学大家,二^①训诂学重要之著作,三训诂方法;今后为一期,此期分为二:一考证法,一推测法。复思此种分法,殊不妥当。文字学史,有《说文解字》为中心,而训诂学史之中心,尚未树立。以广义的言,则凡经、注、传、疏以及清朝之经解,皆训诂学材料也。以狭义的言,即《尔雅》《方言》《释名》等,亦非训诂学。即清儒训诂大家,亦少纯粹的训诂学书。自今日以前,所有诸训诂书,只可谓之训诂学材料,而不可谓之训诂学。所以照以前分法,并不能由此而得训诂学变迁之迹,因是不以时代分,而以性质分。第一章为《尔雅》派之训诂。凡类于此者属之,以《尔雅》为最早之训诂专书,且以雅为名者,其书极多,则渊源于《尔雅》也。第二章为传注派之训诂。以《毛传》《郑笺》为之首,凡类于此者属之,以其经、传、注、疏,皆是训诂也。传注一派可谓训诂之总汇。第三章,《释名》派之训诂。以声为义,古书中时时有之,《释名》则专以声为释,与《尔雅》不同也。第四章,《方言》派之训诂。方言本属于言语学之范围,惟《方言》一书,因时间之

---

① "二",原脱,今据文意补。

故,亦占训诂上重要之地位。第五章,清代汉学家之训诂方法。搜辑清代汉学大家之方法,加以编纂,建一训诂学之轮廓,清代重要训诂学著作中之方法略具于此。第六章,今后训诂学之趋势。而《说文解字》《玉篇》不收拾,已见于文字学史中,兹不复述。此种分期,谓为训诂学史,殊不自满,只可谓之训诂学史料。而又篇幅关系,未能尽量的搜罗,此则著者不能不自道其歉仄也。

第一章 《尔雅》派之训诂

一、《尔雅》

（一）《尔雅》之时代及其所作之人

《尔雅》为训诂较早之书，究竟是何时代？ 欲定《尔雅》之时代，当先定《尔雅》所作之人。作《尔雅》之人，其说颇多，兹举于下：

> 刘歆《西京杂记》云：郭伟，字文伟，茂陵人也。好读书，以为《尔雅》周公所制。而《尔雅》有"张仲孝友"，孝友，宣王时人，非周公之制，明矣。余尝以问扬子云，子云曰："孔子门徒，游、夏之俦，所记以解释六艺者也。"家君（指刘向）以为《外戚传》史佚教其子以《尔雅》，《尔雅》，小学者，又记言孔子教鲁哀公言《尔雅》，《尔雅》之出远矣。旧传学者云周公所记也，"张仲孝友"之类，后人所作耳。

　　郑康成《驳①五经异义》云：某之闻也，《尔雅》者，孔子门人所作，以释六艺之旨，盖不误也。又答张逸云：《尔雅》之文杂，非一家之著，则孔子门人所作，亦非一人。

　　张揖《进广雅表》云：昔在②周公，缵述唐虞，宗翼文武，克定四海，勤相成王，……六年制礼以导天下，著《尔雅》一篇以释其义。今俗所传三篇，或言仲尼所增，或言子夏所益，或言叔孙通所补，或言沛郡梁文所考，皆解家所说，先师口传，疑莫能明也。

　　陆德明《经典释文》云：《尔雅》所以训释五经，辨章同异，多识草木鸟兽之名，博览而不惑者也。尔，近也；雅，正也，言可近而取正也。《释诂》一篇，盖周公所作。《释言》以下，或言仲尼所增，子夏所足，叔孙通所益，梁文所补。张揖论之详矣。

　　贾公彦《周礼疏》云：《尔雅》者，孔子门人所作，以注六艺之文。

　　欧阳修《诗本义》云：《尔雅》非圣人之书，不能无失。考其文理，乃是秦汉之间③学《诗》者，纂集说《诗》博士解诂。

　　高承《事物纪元》云：《尔雅》大抵解诂诗人之旨，或云周公作④。以文考之，如"瑟兮僩兮"，卫武公之诗也；"猗嗟名兮"，齐人刺鲁庄公也。而文及之，则周公安得述也？当是孔

---

① "驳"，原脱，今补。
② "昔在"，原作"首"，今据张揖《上广雅表》改。
③ "之间"，原作"间之"，今据《诗本义》乙正。
④ "作"，原脱，今据《小学考》补。

子删《诗》《书》之后耳。

　　叶梦得《石林集》云：昔人谓《尔雅·释诂》一篇，周公所作；《释言》以下，仲尼所增，子夏从而足之，叔孙通从而补益之。今考其书，知毛公以前，其文犹略，至郑康成则加详矣。何以言之？如"学有缉熙于光明"，毛云"光，广也"，康成则以为学于有光明者，而《尔雅》曰："缉熙，光明也。""薄言观者"，毛公无训，"振古如兹"，毛云"振，自也"，康成则以观为多，以振为古，其说皆本《尔雅》。按平帝元始四年，王莽始令天下通《尔雅》读者诣公车，固出自毛公之后矣。

　　以上所举，自唐以前之说，大概以为周公所作，仲尼所增，孔子门徒游、夏之俦从而足之，叔孙通、梁文更从而益之。至宋始以为汉人所作，且断为在毛公之后。然《尔雅》不专为释《诗》而作，亦不专为释经而作。大抵西汉经生缀辑旧文，递相增益。《四库书目提要》云："大抵采诸书训诂名物之同异，以广见闻，实自为一书，不附经义。如《释天》云'暴雨谓之涷'，《释草》云'卷施草，拔心不死'，此取《楚辞》之文也。《释天》云'扶摇谓之猋'，《释虫》云'蒺藜，蝍蛆'，此取《庄子》之文也。《释诂》云'嫁，往也'，《释水》云'瀵，大出尾下'，此取《列子》之文也。《释地·四极》云'西王母'，《释畜》云'小领盗骊'，此取《穆天子传^①》之文也。《释地》云'东方有比目鱼焉，不比不行，其名谓之鲽。南方有比翼鸟焉，不比不飞，其名谓之鹣鹣'，此取《管子》之义也。又云'邛邛岠虚，负而

---

① "传"前原有"之"字，今据《四库全书总目提要》删。

走,其名谓之蟨',此取《吕氏春秋》之文也。又云'北方有比肩民焉,迭食而迭望',《释水》云'河出昆仑墟',此取《山海经》之文也。《释诂》云'天帝皇王后辟公侯',又云'洪廓宏溥介纯夏幠',《释天》云'春为青阳'至'谓之醴泉',此取《尸子》之文也。《释鸟》曰'爰居杂县',此取《国语》之文也。如是之类,不可殚数,盖亦《方言》《急就》之流。"《四库书目》所考颇为详实。据此以论,《尔雅》非一人所作。《释地》有"鹣鹣",《释鸟》又有"鹣",同文复出可证也。缀辑必于西汉时,训诂皆周秦以来之遗,郭璞《序》所谓"兴于中古,降于汉时 ①"也。

(二)《尔雅》之内容及其条例

郭璞《尔雅序》云:"夫《尔雅》者,所以通训诂之指归,序诗人之兴咏,总绝代之离辞,辨同实而殊号者也。诚九流之津涉,六艺之钤键,学览者之潭奥,摛翰者之华苑也。若乃可以博物不惑,多识于鸟兽草木之名者 ②,莫近于《尔雅》。"据郭《序》而观,《尔雅》一书,为西汉以前古书训诂之总汇,总共十九篇。一、《释诂》。释,解也。《尔雅》之作,主于辨文字,解释形声,故篇俱曰"释"。诂,古也,古今异义,以今言释古言,使人知也。二、《释言》。直言曰言,言之为言衍也。约取常行之字,而以异义释之也。三、《释训》。训,道也,道物之貌以告人也。《释训》者,多形容 ③ 写貌之词。又训之为言顺也,顺其意义而说之。四、《释亲》。释宗族、母党、妻党、婚

---

① "降于汉时",郭璞《尔雅序》作"隆于汉氏"。
② "者",原脱,今据郭璞《尔雅序》补。
③ "形容",原作"容形",今据文意乙正。

姻之亲,以定名分也。五、《释宫^①》。释宫室、户牖、台榭之名,可以考见古时之居处制度也。六、《释器》。释笾豆、鼎鬲、网罟、衣服、车舆、弓矢之名,可以考见古时衣食行之制度也。七、《释乐》。释琴瑟、钟磬、笙簧之名,可以考见古时乐器之制度也。八、《释天》。释四时、祥灾、岁阳、岁名、月阳、风、雨、星名以及祭名、讲武、旌旗等,观四时之运行,取法于现象也。九、《释地》。释九州、十薮、八陵、九府、五方、郊野、四极,以示地之广博也。十、《释丘》。释丘及厓岸之名,因形以定名,以见命名之所由也。十一、《释山》。释众山之名。十二、《释水》。释众水之名,究山之脉,穷水之流也。十三、《释草》,十四、《释木》,十五、《释虫》,十六、《释鱼》,十七、《释鸟》,十八、《释兽》,多识草木虫鱼鸟兽之名,为博物之助也。十九、《释畜》。畜者,人之所畜养也。此篇专释马、牛、羊、彘、犬、鸡,以别于山泽之兽也。兹将其十九之内容,详记于下。

《释诂》弟一

始、君、大、有、至、往、赐、善、叙、绪、乐、服、自、循、谋、常、法、罪、寿、信、诚、谑、曰、于、於、合、匹、对、媲、继、静、落、告、远、遐、毁、陈、主、寀、官、事、长、高、充、胜、克、杀、勉、强、我、身、予、进、导、勴、右、亮、光、固、谁、美、和、重、尽、丰、聚、疾、速、虚、众、多、择、惧、病、忧、劳、勤、思、福、祭、敬、早、待、危、汔、故、今、厚、伪、言、遇、逆、见、视、盈、间、微、止、厌、业、功、成、直、静、女、易、早、寡、报、暴、乐、弗离、疑、十、备、垂、当、

作、此、瑳、习、久、与、升、竭、清、代、馈、徙、执、兴、嘉、舍、息、具、爱、动、审、绝、乃、道、皆、长、历、数、傅、相、治、养、坠、捷、慎、喜、获、难、利、佞、使、从、因、正、孝、献、乱、取、存、察、余、迎、首、臻、续、祖、尼、近、坐、纶、定、侯、是、已、终、死

《释言》弟二

中、离、起、返、遍、传、奄、请、声、来、致、恃、述、然、叙、尚、示、顺、傲、稚、过、戾、壮、急、市、隐、逮、行、覆、再、抚、瘠、充、亟、无、差、忒、贰、齐、稔、送、为、食、穷、苦、求、罩、延、偷、深、测、生、茹、度、用、谨、强、禁、塞、彰、亲、发、官、农、夫、裂、载、累、清、荫、禄、礼、占、迎、曾、益、贫、隐、唈、经、设、祥、吉、域、敏、藏、彻、废、灭、徵、召、宝、试、选、俊、职、饰、慄、慼、明、朗、图、若、举、好、铨、誓、舟、游、及、幼、下、均、暴、肆、力、戴、幽、屬、燎、娃、朝、苛、藩、量、粮、侈、幸、拾、驵、会、沜、均、兔、遵、则、形、富、分、怒、声、摸、度、及、饥、重、虐、田、遏、人、巩、忘、闲、心、圣、邑、除、古、怨、介、讆、谷、积、瘵、题、可、侮、遗、买、财、狎、雅、蘦、餐、变、肴、悦、顶、老、轻、浅、绞、化、躐、跻、尘、相、私、属、暮、炽、盛、本、闲、率、毒、同、过、遁、踣、僵、珍、盍、溃、闇、胶、甚、其、礼、台、拘、所、适、气、居、庆、叫、深、智、玩、正、整、问、惭、诛、能、明、讼、冥、走、退、仆、次、念、极、同、盖、痛、具、讯、恨、扬、遂、火、怠、缓、偶、向、暇、夜、忨、贪、柱、节、并、既、虑、资、絥、迭、况、癖、逃、言、倪、沆、扞、足、刖、驾、辱、暖、堛、齐、馕、跪、密、辟、襮、畛、姡、糜、缓、囊、殹、壑、塞、经、则、娇、小、惑、复、迫、还、赋、渡、成、益、纶、历、盍、绰、掇、皇、后、终

《释训》弟三

察、智、敬、辩、恭、和、戒、动、柔、危、惧、勇、威、武、止、思、敏、众、作、美、爱、举、戴、安、徐、大、在、勉、劳、迅、缓、喜、俭、憍、乱、闷、惜、僻、薰、恶、傲、小、愠、病、忧、田、耜、耕、生、苗、穟、获、众、渐、烝、服、祭、乐、福、引无极、君之德、相切直、臣尽力、民协服、愈遐急、尼居息、怀报德、罹祸毒、悔爽忒、刺素食、忧无告、制法则、崇谗慝、莫供职、惟述鞠、密、清、掔曳、北方、不来、不迹、不道、忽忘、忘、虽、酒食、号咷、不及、不逊、道学、自修、恂慄、威仪、民不能忘、微、肿、刘、鐯、武、敏、孝、友、宿、信、媛、彦、威仪容止、名、式微、之子、辇者、肉袒、徒搏、徒涉、口柔、面柔、体柔、舞、辟、抚、掩、緎①、呻、怦、诳、昔、不时、罶、鬼

《释亲》弟四

父、母、王父、王母、曾祖王父、曾祖王母、高祖王父、高祖王母、从祖祖父、从祖祖母、世父、叔父、兄、弟、姊、妹、姑、从祖父、族父、族昆弟、亲同姓、从父昆弟、孙、曾孙、玄孙、来孙、昆孙、仍孙、云孙、王姑、曾祖王姑、高祖王姑、从祖姑、族祖姑、从祖王母、族祖王母、世母、叔母、从祖母、族祖母、族曾王父、族曾王母、庶母、祖、昆（宗族）；外王父、外王母、外曾王父、外曾王母、舅、从舅、从母、从母昆弟、从母姊妹（母党）；外舅、外姑、甥、姨、私、出、侄、离孙、归孙、外孙、姒、娣、嫂、妇、娣妇、姒妇（妻党）；舅、姑、君舅、君姑、先舅、先姑、少姑、兄公、叔、女公、

---

① "緎"，原作"緘"，今据《尔雅·释训》改。

女妹、妇、长妇、嫡妇、婿、姻、婚、宗族、兄弟、婚姻、亚、婚兄弟、姻兄弟、嫔（婚姻）

《释宫》弟五

宫、室、宸、家、序、奥、屋漏、宦、窔、阈、楔、梁、梲、落时、厇、坫、墉、桁、楼、黝、垩、杙、楎、臬、栱、阁、台、榭、樕、埘、传、突、梁、梲、梅、窐、栲、梴、阆、交、楠、防、秽、笇、乡、位、宁、树、门、应门、阙、闱、闺、阁、闳、塾、闑、扉、阁、赘、壶、唐、陈、途、道、道路、歧旁、剧旁、衢、康、庄、剧骖、崇期、逵、时、行、步、趋、走、奔、梁、徛、庙、寝、榭、台、楼

《释器》弟六

豆、笾、登、缶、瓵、瓶、定、鎝、鏄、九罭、罶、汕、罩、滧、罗、罝、罞、羉、罭、罬、救、分、业、缩之、坎、祝、襮、纯、袈、襟、裾、袴、禒、祜、襭、襜、缡、缕、靬、第、御、蔽、捐、钀、鞦、革、馀、餲、糯、壁、败、馁、脱之、斮之、脂、羹、鲊、醢、齍、蛊、迳、鼏、萧、钺、鬲、鬵、瑞、区、册、䇠、缚、繘、虡、蕅、萩、苫、澄、镠、银、镣、钣、釘、鹄、觜、剖、劚、雕、镂、刻、切、磋、琢、磨、玉、毕、笔、点、铣、镟、志、弓、弭、铣、珧、珪、阶、珬、宣、璧、瑗、环、绶、缥、赪、纁、葱、黝、黼、柢、琢、兹、篪、笫、辨、鞪、鋬、中尊

《释乐》弟七

宫、商、角、徵、羽、洒、离、蘽、应、馨、巢、和、沂、咘、镛、剥、栈、言、筊、簥、篁、筊、产、仲、箹、步、和、谣、㖶、脩、骞、止、甀、麻、料、节

《释天》弟八

苍天、昊天、旻天、上天（四时）；青阳、朱明、白藏、玄英、

玉烛、发生、长赢、收成、安宁、景风、醴泉（祥）；饥、馑、荒、荐
（灾）；阏逢、旃蒙、柔兆、强圉、著雍、屠维、上章、重光、玄黓、昭
阳（岁阳）；摄提格、单阏、执徐、大荒落、敦牂、协洽、涒滩、作
噩、阉茂、大渊献、困敦、赤奋若（岁阴）；岁、祀、年、载（岁名）；
毕、橘、修、圉、厉、则、窒、塞、终、极（月阳）；陬、如、寎、余、皋、
且、相、壮、玄、阳、辜、涂（月名）；凯风、谷风、凉风、泰风、颓、
猋、扶、飘、暴、霾、曀、霓、雾、虹、蔽云、霆霓、霄、雪、涷、淫、霖、
霁（风雨）；寿星、天根、天驷、大辰、析木、星纪、玄枵、营室、娵
訾、降娄、大梁、毕、柳、北辰、牵牛、启明、欃枪、彴约（星名）；
祠、礿、尝、烝、燔柴、瘗薶、庪县、浮沉、布、磔、禘、绎、肜①、复
胙（祭名）；蒐、苗、狝、狩、獠、狩、宜、治兵、振旅（讲武）；龙旂、
旟、旆、旌、旐、旗、旃（旌旗）

《释地》弟九

冀州、豫州、雝州、荆州、扬州、兖州、徐州、幽州、营州（九
州）；大野、大陆、杨陓、孟诸、云梦、具区、海隅、余祁、圃田、焦
获（十薮）；东陵、南陵、西陵、中陵、北陵、加陵、溟梁、河坟（八
陵）；珣玗琪、竹箭、犀象、金石、珠玉、璆琳琅玕、筋角、文皮、
五谷鱼盐（九府）；比目鱼、比翼②鸟、比肩兽、比肩民、枳首蛇
（五方）；邑、郊、牧、野、林、坰、隰、平、原、陆、阜、陵、阿、原、阪、
湿、菑、新田、畲（野）；四极、四荒、四海、丹穴、空桐、太平、太
蒙（四极③）

---

① "肜"，原作"肜"，今据《尔雅·释天》改。
② "翼"，原作"羽"，今据《尔雅·释地》改。
③ "四极"，原脱，今据《尔雅·释地》补。

《释丘》第十

敦丘、陶丘、融丘、昆仑丘、乘丘、陼丘、泥丘、方丘、胡丘、京、丘、埒丘、章丘、都丘、梧丘、画丘、戴丘、昌丘、湇丘、沮丘、正丘、营丘、敦丘、沙丘、咸丘、临丘、旄丘、陵丘、阿丘、宛丘、负丘、定丘、泰丘、亩丘、陵丘、宛丘、潜丘、黎丘(丘);厓、岸、漘、隩、隈、墙、浒、坟、涘、汜、澂(厓岸)

《释山》第十一

华、岳、岱、恒、衡、陟、英、坯、崧、岑、峤、扈、岿、峘、峄、蜀、章、隆、冈、翠微、冢、岊巖、密、盛、陏[①]、隒、岻、霍、鲜、陉、礅、礐、岵、峐[②]、埒、栄、溪、崔嵬、砠、涧、濞、岫、夕阳、朝阳、东岳、西岳、南岳、北岳、中岳、梁山

《释水》第十二

瀸、瀱汋、滥泉、沃泉、氿泉、流川、回川、灉、潬、汧、肥、瀵、厬、灉、澨、灡、波、潜、浒、沱、洵、沙、潰、汧、汜、澜、沦、浒、湄、厉、揭、泳、䢴、绥、造舟、维舟、方舟、特舟、乘泭、溪、谷、沟、浍、渎、泝[③]洄、泝游、乱、四渎(水泉);洲、陼、沚、坻、潏(水中);(河曲);(九河)

《释草》第十三

萑、莕、葝、蒚、薜、椴、榇、术、杨、萷、菉、拜、蘩、蔚、啮、荐、蘼、葝、菥蓂、蒤、孟、瓠、茹藘、栝楼、荼、萑、蘮、稷、秫、荏菽、卉、菟、蘥、蘾、萰、蘩、黄、莿藾、荓、藨、茭、葖、洼灌、笋、簜、

① “陏”,原作 “堕”,今据《尔雅 · 释山》改。
② “峐”,原作 “屺”,今据《尔雅 · 释山》改。
③ “泝”,原作 “沂”,今据《尔雅 · 释水》改。下 “泝” 同。

蕺、苊、䋣履、荼、白华、薛、菲、菖、茭、莴、竹、葳、薢茩、蒫薞、
莜、芍、藗、藊、钩、虋、苏、蔷、蓧、虆、芑、柜、秜、稻、菖、台、蔞、
茵、蔹、艾、菫、苻、薜、菽、离南、芤、须、蒡、茜、蒝、柱夫、出隧、
蔍芜、茨、蘭莗、髦、蓷、蓮、蒲、蔄、蔄、莞、荷、红、莟、蕡、须、菲、
蕡、蘠、蘼、萹、泺、菩、蓫薚、萍、蒂、芹、蕡、蕡、苹、连、泽、傅、
鼋、蔆、大菊、薜、葥、啮、薄、蘜、唐、萝、苗、茎、芨、蘿、莳、蘩、
垂、葍、荺①、咇、蕿、倚商、蘵、薢车、权、薜、慈葵、茱、蒣、皇、
钩、望、困、欙、杜、盱、薂、赤、蒬枲、菌、莮、苕、薰、芨、蘪、薇、
薛、莽、桃枝、粼、箈、仲、莄、篠、枹、芏、蔂、蕆、姚茎、芐、蒙、拔、
蘧、葹耳、蕨、荞、葸、稂、藘、的、购、苅、蔢绕、蒛、萧、蒴、长楚、
蘦、茞苢、纶、组、帛、布、芄、绵马、薔、搴、蒿、芩、荼、芴、苇、葭、
蒹、芦、菼、薕、蒲、卷施草、莂、菨、欚、华、荣、秀、英

《释木》弟十四

榙、栲、柏、髡、椴、梅、柀、檖、杻、楸、椋、柽、檴、柚、时、
楥、栩、苌、蘱、杜、狄臧、杋、朹、魄、椴、榆、椐、柽、旄、杨、权、
辅、棠、诸虑、欇、杞、杬、椵、楔、枫、寓木、无姑、栎、檖、楔、旄、
椴桃、休、桱、驳、枣、边、檕、槚、杨彻、遵、洗、煮、蹶泄、晢、还
味、椋、朴、薪、棪、刘、櫰、榎、散、楸、散榎、椅、椋、楝、终、灌木、
瘣木、蕡、枹、棫、棃②、桑、女桑、榆、柍、棣、楥、槐、荣、栈木、屡
桑、神、榴、翳、檄、楷、梢、枞、桧、柏、乔、苞、茂、柔、英、乔、条、
菜、核、华之、胆之、寠之、钻之、乔、檄、灌

———————

① "荺"，原作"葶"，今据《尔雅·释草》改。
② "棃"，原作"棃"，今据《尔雅·释木》改。

《释虫》弟十五

螜、蜱、蝤蛵、蜩、蚔、蟦、螾、蜕、螾、螔、蛷蝐、蝎、蠰、诸
虑、蜉蝣、蚾、守瓜、蟓、不蜩、蛄蟖、不过、蒺藜、螺、蜇、螫、螾、
蝗螽、草螽、蟿螽、蟿螽、土螽、蟰蚑、莫貈、虰蛵、蛒、螺、蟠、蟫、
蚩、蛵、傅、强、蟓、蛝、蜆、蜉蚍、螳、蘲、蟿、蚔、次蟗、土螽、木
螽、蟥、蜻蛚、蚒威、蠮蛸、蛵蛵、国貉、蠖、果蠃、螟蛵、蝎、荧火、
密肌、蜮、蠓、王、蟓、樗茧、棘茧、栾茧、萧茧、蟓、奋、捋、螫、扇、
蜮、贼、蟊、虫、豸

《释鱼》弟十六

鲤、鳣、鲲、鲇、鳢、鲩、鲨、鲖、鲺、鲣、鲩、鳙、鲲、鱉、鲍、
鲒、鲚、鴷、鳞鲔、徽、魵、鲵、鲂、鳘、蛸、蛭、科斗、魁、蛐蚖、鼋、
鼍、黾、蛭、蚌、能、贲、蚹蠃、蜬、蜠蟇、螷、龟、贝、蟒螷、蚨、螣、
蟒、蝮、蝦、鱼枕、鱼肠、鱼尾、神龟、灵龟、摄龟、宝龟、文龟、筮
龟、山龟、泽龟、水龟、火龟

《释鸟》弟十七

隹、鹊鵊①、鸤鸠、鸤鹞、王鴡、鸰、鹩、鸠、鹦、鹬、鸧、鹆、
鹅、鹙、鸦、鹈、鹈、翰、鹭、鸊、艾、鸂、鴥、桑鴥、鸠鹞、桃虫、凤
凰、鹏鸰、鶍斯、燕、鴏、密肌、巂、鶪、鸥鵙、茅鸱、怪鸱、枭鸱、
鹊、鷇、雏、爰居、春鴥、夏鴥、秋鴥、冬鴥、桑鴥、棘鴥、行鴥、宵
鴥、鸥鴂、鸷、鹭、鹞、鹍、鸼、鹪、鸠、雈、鹝、狂、皇、鹢、鹍、蝙蝠、
鸐、鹭、寇雉、鴷、鹏、鼫鼠、仓庚、鳺、鹰、鶬鶬、鸒黄、鴜、鸉、鸬
鹭、鸥雉、鹬雉、鳺雉、鷩雉、海雉、山雉、鳾雉、奋、翚、鸥、鸽、

---

① "鹊鵊"，原作"鸠"，今据《尔雅·释鸟》改。

鷗、鷁、鶂、鵨、鵅^①、鶾鶾鷤鷑、鸉、翔、翬、鸄、企、缩、亢、嗉、

鸄、鶛、鷂、雄、雌、鹠、鶝、禽、兽、鵙、鸒黄

《释兽》第十八

麋、鹿、麕、狼、兔、豕、虎、貘、魋、豒、貀、鼳鼠、熊、狸、豾、

貒、麝父、犳、貜猱、罴、麢、麉、麝、魋、狻麑、驒、麋、麎、犹、律、

貙、兕、犀、汇、狒狒、狸、狐、貒、貈、蒙颂、猱蝯、貜父、威夷、

麇、麚、麔、麋、猩猩、鼢鼠、鼸鼠、鼷鼠、鼶鼠、鼬鼠、鼩鼠、

鼭鼠、鼨鼠、鼢鼠、鼫鼠、鼳鼠、鼴鼠、鼢、魋、豒、嗉、嗛、豰、挢、

须、臭^②

《释畜》第十九

駉駥、野马、駃騠、騳駥、小领、駜、騝、驙、騝、駥、駒、启、

踦、驤、騽、駵、骊、驦、駺、騿、颠、素县、駽、宜乘、减阳、茀方、阅

广、駹、駓、骊、驔、騴、驳、騽、駩、騮、駂、騋、骓、驖、駰、雒、

騩、骆、駐、騱、瞷、鱼差（马属）；犘牛、犦牛、犚牛、犩牛、犝牛、

犋牛、犄、犝、犉、犐、犂、牧、犈、犊、牪、犑（牛属）；羒、羝、羭、

羖、羳、羒、羳、羊、羒、奮（羊属）；猣、师、獥、狗、猃、獡、獢、狾、

尨（狗属）；蜀、雓、健、奮（鸡属）；駜、犉、羳、豭、獒、鶤（六畜）

以上十九篇，计二千九十一事，其归类不甚精密。《释畜》无
豕属，牛属有犊，羊属无羔，"密肌^③系英"二见，"鶤鶤"两见，"仓
庚"三见。论者谓后人之所补，故稍觉揉杂，实则古人之心思，必

---

^① "鵅"，原作"鸡"，今据《尔雅·释鸟》改。

^② "臭"，原作"具"，今据《尔雅·释兽》改。

^③ "肌"，原作"儿"，今据《尔雅·释虫》改。

不能如今人之细。泥古者事事尊崇古人,此中国学术所以不进步。
《尔雅》以后之群雅,皆一遵《尔雅》也。至于体例,其《释诂》《释
言》《释训》三篇,大概以今语释古语,以通言释方言。以一条之训
诂言,谓之转注;以一字之训诂言,则又有假借存焉。如"初、哉、
首、基、肇、祖、元、胎、俶、落、权舆,始也","初、哉"以下,皆释为始,
此一条之训诂,转注之说也。[一]初者,裁衣之始;哉者,才之借字,
草木之始;首者,身之始;基者,筑墙之始;肇者,肁之借字,开户之
始;祖者,人之始;元者,天地之始;胎者,生之始;俶者,善之始。[二]
落之训始,犹乱之训治;权舆者,薼𦸐之假借,草木明芽之始。每字
皆有本义,或引申或假借为一切始之称,此一字之训诂,假借之说
也。转注假借,皆与声韵有关系。郝懿行《尔雅义疏》于"诂、言、训"
三篇,以声韵通之,皆能得其条例,《释训》以下诸篇,名物之释,以
俗名释雅名,亦有声韵之关系。王氏国维有《尔雅草木虫鱼鸟兽
释例》一书[三],对于《尔雅》释名之例,极能观其会通。兹本王氏
之说,为例于下:

    一、雅与雅同名而异实,则别以俗。如"梀,木堇"(草)、
"梀,梧"(木)之类,"梀、梀"同名,一为草,一为木,而以俗名
之"木堇""梧"别之。
    二、俗与俗异名而同实,则①同以雅。如"杜,甘棠""杜,
赤棠"之类。"甘棠""赤棠"实同而名不同,则以雅名之"杜"
同之也。

---

① "则",原作"而",今据《尔雅草木鱼鸟兽释例》改。

三、雅与雅异名而同实,则同以俗。如"楺,木堇""椵,木堇"之类。"楺""椵"实同而名不同,则以俗名之"木堇"同之也。

四、雅与俗同名异实,则各以雅与俗之异者异之。如"荼,苦菜""藬、莐,荼",雅名之荼与俗名之荼,实不同而名同。雅名之荼,俗名为"苦菜";俗名之荼,又名"藬",又名"莐",则以"苦菜""藬""莐"异之也。

五、雅与俗异名同实,则各以其同者同之。如"鵹黄,楚雀""仓庚,鵹黄"之类。雅名之"仓庚",与俗名之"楚雀",实同而名不同,则以"鵹黄"之名同之也。

六、雅俗多同名,而稍变其音。如"仓庚""商庚"之类,仓、商叠韵。

七、俗名多取雅之共名,而以地别之。别以山者,如"蘸,山韭";别以海者,如"秩秩,海雉";别以河者,如"柽,河柳";别以泽者,如"旄,泽柳";别以野者,如"白华,野菅"之类。

八、俗名多取雅之共名,而以形别之。形之最者曰大小,如"洗,大枣""鱦,小鱼"之类。大谓之荏,亦谓之戎,如"荏菽谓之戎菽"之类;又谓之王,如"蟒,王蛇"之类;又谓之牛,如"菩,牛藻"之类;又谓之马,如"葴,马蓝"之类;又谓之虎,如"荼,虎杖"之类;又谓之鹿,如"藚,鹿藠"之类。小亦谓之叔,如"鮥,叔鲔"之类;又谓之女,如"女萝,菟丝"之类;又谓之妇,如"鳝鲔,鳜妇"之类;又谓之负,如"草虫,负蠜"之类;又谓之羊,如"遵,羊枣"之类;又谓之狗,如"蘻,狗毒"之类;又谓之兔,如"莃,兔葵"之类;又谓之鼠,如"蓈,鼠莞"之类;又谓之雀,如"蕭,雀麦"之类。

九、俗名多取雅之共名，而以色别之。有别以皤者，如"蘩，皤蒿"之类；有别以白者，如"芑，白苗"之类；有别以赤者，如"虋，赤苗"之类；有别以黑者，如"秬，黑黍"之类；有别以黄者，如[①]"黄蒢"之类；有别以他物譬其色者，如"菺，蘮茅""泽，乌蕵"之类。

十、俗名多取雅之共名，而以味别之。有别以苦者，如"荼，苦菜"之类；有别以甘者，如"杜，甘棠"之类；有别以酸者，如"樲，酸枣"之类。

十一、俗名多取雅之共名，而以有实无实别之。有实者曰母，如"茵，贝母"之类；无实者曰牡，如"薛[②]，牡蒉"之类；实而不成者曰童，如"稂，童粱"之类。

十二、以俗名释雅名，而以物之德名之。有取诸其物之形者，如"荡，委叶""辅，小木"之类；有取诸其物之色者，如"夏鳸，窃玄"之类；有取诸其物之声者，如"宵鳸，啧啧"之类；有取诸性习者，如"皇，守田"之类；有取诸功用者，如"荓，马帚"之类。

十三、以俗名释雅名，而以与他物相似之形名之。有取诸生物者，如"蟫，白鱼"之类；有取诸成器者，如"剡，鲧刀"之类。

十四、以俗名释雅名，而以双声叠韵名之。有取诸双声者，如"蒺藜，蝍蛆"之类；有取诸叠韵者，如"果蠃，蒲卢"

---

① "如"，原脱，今据《尔雅草木虫鱼鸟兽释例》补。
② "薛"，原作"薜"，今据《尔雅·释草》改。

之类。

以上十四例，凡雅名多奇，俗名多耦，古名多雅，今名多俗。《尔雅》一书，为通雅俗古今之名而作也。其通之也谓之释，释雅以俗，释古以今。闻雅名而不知者，知其俗斯知雅矣；闻古名而不知者，知其今斯知古矣。若雅俗古今同名，或此有而彼无者，名不足以相释，则以其形释之。草木虫鱼鸟多异名，故释以名；兽与畜罕异名，故释以形。凡雅俗古今之名，或同实而异名，或异实而同名，其大略如是也。

再者雅俗古今之名，其同类异名与异类同名，其音与义，皆有相互之关系，此属于言语学上之范围，而亦训诂学上有趣味之事也。大概同类之异名，其关系尤显于奇名；异类之同名，其关系尤显于偶名。兹分述于下。

（一）同类之异名

《释草》"苹，蓱①，其大者蘋"；《释草》"苔，陵苕。黄华，蕿；白华，茇"；《释草》"蒹，薕；葭，芦；荧，蒬"；《释虫》"食苗心，螟；食根，蟊"；《释鱼》"鲲，大者鳟，小者鲵"；《释鸟》"鸟鼠同穴，其鸟为鵌，其鼠为鼵"。"苹"与"蓱、蘋"皆帮母，"蕿"与"茇"皆帮母，"薕"与"芦、蒬"皆来母[四]。"螟"与"蟊"皆明母，"鳟"与"鲵"皆定母，"鵌"与"鼵"皆定母，悉一声之转。不独生物之名然。《释宫》"樴大者谓之栱②，长者谓之閣"，"栱"与"閣"皆见母。"庙中

---

① "蓱"，原作"苹"，今据《尔雅·释草》改。下"蓱"同。
② "栱"，原作"拱"，今据《尔雅·释宫》改。

路谓之唐，堂途谓之陈"，"唐"与"途"皆定母，"陈"澄母，古无舌上音，陈亦读舌头也。"二达谓之歧旁，三达谓之剧旁，四达谓之衢，七达谓之剧骖，八达谓之崇期，九达谓之逵"，"歧、剧、衢、期、逵"，皆群母。《释器》"舆革前谓之鞎，后谓之第；竹前谓之御，后谓之蔽"，"鞎"见母，"御"疑母，声近。"第"非母，"蔽"帮母，古无轻唇音，第读重唇也。《释天》"天气下，地不应曰雺；地气发，天不应曰雾。雾谓之晦"，"雺、晦"明母[五]，"雾"微母，古无轻唇音，雾读重唇也。《释丘》"重厓，岸"，《释山》"重甗，隒"，"厓、岸、甗、隒"皆疑母。《释山》"多小①石，磝；多大②石，礐"，"磝"与"礐"皆见母。《释水》"注谿曰谷，注谷曰沟，注沟曰浍"，"谷、沟、浍"皆见母，"谿"溪母，声近。《释水》"大波为澜，小波为沦"，"澜、沦"皆来母。此盖其流期于有别，而其源不妨相同，为言语发达之通例，亦文字变化之通例也。

（二）异类之同名

《释草》"果蠃之实栝楼"，《释虫》"果蠃，蒲卢"。

"果蠃"者，圆而下垂之意，即《易·说卦》说之"果蓏"。凡在树之果，与在地之蓏，其实无不圆而下垂者，故物之圆而下垂者，皆以"果蓏"名之。"栝"与"果"见母，"蠃、楼、卢"来母，"栝楼"即"果蠃"之转语。蜂之细腰者，其腹亦下垂如果蓏，故谓之"果蠃"矣。

《释草》"藬，萧蓲"，《释天》"螮蝀，虹也"。

"萧蓲"与"螮蝀"，皆有长意。"萧蓲"，长叶之草，虹形如带，

---

① "小"，原作"大"，今据《尔雅·释山》改。
② "大"，原作"小"，今据《尔雅·释山》改。

故以"蟒蝀"名之,"萧蕫、蟒蝀"皆端母。

《释草》"葵,芦萉",《释虫》"蜚,蠦蜰"。

"芦萉、蠦蜰"乃"符娄、蒲卢"之倒语,亦圆意也。"芦萉"根大而圆,蜚形亦椭圆如"芦萉",故谓之"蠦蜰",后世谓之"负盘"。"符、萉"奉母,"娄、芦、蠦"来母,"盘"並母。

《释草》"薢茩,芵茪""薐[①],蕨[②]攗"。

"芵茪、蕨攗",皆有圭角之意,"薢茩、芵茪、蕨攗"皆见母。

《释草》"苗,蓨""蓧,蓨",《释木》"柚,条"。

"苗、柚、蓨",皆有抽达条长之意。"蓧、蓨"透母,双声。"苗、蓨"锡韵,叠韵。

《释草》"蕲茝,蘪芜"",麋芜,羊齿",《释木》"木髦,柔英",《释虫》"蠓,蠛蠓",《释鱼》"鳂,小鱼",《释天》"小雨谓之霢霂"。

"蘪芜、绵马、木髦、蠛蠓、鳂、霢霂",皆明母[六],皆有小之意。草之小者,曰"蘪芜"、曰"绵马";木之柔者曰"木髦";虫之小者曰"蠛蠓";鱼之小者曰"鳂";雨之小者曰"霢霂",皆一声之转。《诗经》之"绵蛮",鸟之小者,亦明母也。以上殆皆"微"字之转音,古无轻唇音,"微"即"明"也。

《释草》"莞,苻离",《释木》"瘣木,苻娄",《释虫》"蚹蠃,蒲卢",《释鱼》"蚹蠃,蜠蝓"。

"苻离、苻娄、蒲卢、蚹蠃",皆有魁瘣拥肿之意,又物之突出者,其形常圆,故又有圆意。莞之名"苻离",以其首有台也。瘣木之

---

① "薐",原作"菱",今据《尔雅·释草》改。

② "蕨",原作"橛",今据《尔雅·释草》改。下"蕨"同。

名"苻娄"，以其无枝而拥肿也。"蒲卢"之腹，"蚹蠃"之壳，亦皆有魁垒之意。"苻、蒲、蚹"奉母；"蒌、娄、卢、蠃"来母，而"毗刘、暴乐"亦"苻娄"之转语。"毗、暴"奉母，"刘、乐"来母。毗刘、暴乐，谓树木叶缺落，即瘣木之意也。

《释草》"蕍荡，马尾"，《释虫》"王，蛈蝪"。

"蕍荡、蛈蝪"，皆有值当之意。《说文》："葛草，枝枝相值，叶叶相当。"昆虫之足似之。"蕍荡""蛈蝪"皆透母。郝疏：蛈又名"蝬蟷"，又为"颠当"，皆双声也。

《释草》"蔠葵，繁露""中馗，菌"。

"蔠葵、中馗"皆"椎"之合音，《考工记·工人》注："齐人谓椎曰终葵。""蔠葵"大茎小叶，菌端有盖，与椎相似，故皆得此名。"葵、馗、椎"支韵，叠韵。"中"知母，"终"照母，声近。

《释草》"菟奚，颗涷"，《释鱼》"科斗，活东"。

"颗涷、科斗、活东"，皆有活动圆转之意，如宋时言"筋斗"，今言"跟兜"矣。"颗、科、活"溪母，"筋、跟"见母，声近。"涷、斗、东、兜"端母。郭注："颗涷，款冬也。""款"溪母，"冬"端母，亦以双声为异名也。

《释木》"诸虑，山櫐[1]"，《释虫》"诸虑，奚相"。

"诸虑"疑即"支离"之意。《庄子·人间世》"支离疏"之长言，櫐为藤似葛而粗大，故有"支离"之象。奚相为啮桑之类，似天牛，长角，体有白点，亦略有支离之形。"支、诸"照母，"离、虑"来母。

《释虫》"蟓衔，入耳"，《释鱼》"蚹蠃，蜾蝓"，《释鸟》"鸓鼠，

---

[1] "櫐"，原作"累"，今据《尔雅·释木》改。下"櫐"同。

夷由"。

　　"螾衒、蚳蝓、夷由",皆行缓之意。《楚辞》:"君不行^①兮夷犹。"王逸注:"夷犹,犹豫也。""螾衒、蚹蠃",其行皆缓。"鼺鼠"能走而不能先人,行亦缓矣,故皆得此名。"螾衒、蚳蝓、夷由"皆喻母。

　　《释虫》"蒺藜^②,蝍蛆""次蟗,鼅鼄",《释鱼》"鼃黽,蟾诸"。

　　"蝍蛆、次蟗、鼅鼄、鼃黽、蟾诸",亦皆缓行之意,即《易》"其行次且"之转语。"蝍蛆"多足,"次蟗、鼃黽"皆硕腹而行缓,故得此名。"次、鼅、鼃"精母,"蟗、鼄、黽、诸、且"清母^[七],"蟾"照母,声近。

　　《释虫》"蟋蟀,蛬""蜇蟓^③,蛉蛚""蟏蛸,长踦"。

　　"蟋蟀、蛉蛚、蟏蛸",细长之意,皆之虫足名之。《上林赋》:"纷溶箾蔘。""箾蔘"亦此语之转,言草木之细长也。"蟋蟀、蛉蛚、蟏蛸",皆心母。

　　以上可见命物之名,皆有声韵之关系,而声之关系尤多。《尔雅》一书,为汉以前训诂名物之总汇,而训诂名物之推求,皆以声韵为之纲领,实因言语之发达,由声韵而推演,见之于名物者尤显,所以《尔雅》一书之条例,当以声韵求之也。

【注】^④

[一] 戴东原《答江慎修论小学书》云:"转注者,字之用。转注之法,古人以其语言立为名类,通以今人语言,犹曰互

①　"行",原作"见",今据《楚辞》改。
②　"藜",原作"黎",今据《尔雅·释虫》改。
③　"蟓",原作"冬",今据《尔雅·释虫》改。
④　"注"字原无,为整理者所加。下同。

训云尔。转注相为互训,古今语也(中略),《尔雅·释诂》有多至四十字①共一义,其亦转注之法欤?”

[二]《说文解字》:“俶,善也。一曰始也。”

[三]《尔雅草木虫鱼鸟兽释例》一卷,近人王国维著。国维,字静安,浙江海宁人,近代治中国学能辟一新径途者,此书在《王忠悫公遗书外编》中。

[四]今蒜有二音:一、卢玩切,来母,小蒜根;一、误患切,菼也,疑母。古音来日归疑。

[五]晦,莫佩切,明母,即《说文》之“㖧”字。今读虎对切,晓母,是后世之转音。

[六]鼆,母梗切,音黾,明母。今读神陵切,床母,是后世之转音。

[七]蟾诸之诸,今读蜍,是后世之转音。

(三)《尔雅》在训诂学上之价值

文字训诂,不外数字一义与一字数义二项。此种训诂,《毛诗》极多,如“逑、仪、特、仇”,皆训匹也;“宁、绥、静、慰、宴、燕、保、遂、密、柔、康”,皆训安也[一],此数字一义也。如,“流”本流水之流,《毛诗》假为“求”也;“干”本干犯之干,《毛诗》假为“扞”也,“崖”也;“龙”本鳞虫之长之龙,《毛诗》假为“和”也,“宠”也;“攻”本攻击之攻,《毛诗》假为“坚”也[二],此一字数义也。《尔雅》诂训,释《诗》

---

① “字”,原脱,今据《戴东原集》补。

为多,非《尔雅》专为释《诗》而作。汉代学者搜集周秦间之训诂为《尔雅》,《诗》之诂训,不觉遂多也。

《说文》为形书,在于明字例之条;《尔雅》为义书,在于明义例之条。字例之条者,字之组合,"象形、指事、会意、形声",制造文字之法也。义例之条者,义之转变,"转注、假借",运用文字之法也。《说文》虽言"转注、假借",不过略发其凡,不能如《尔雅》之充类致尽,求义例之条于《尔雅》,古今方国言语之异同,皆有条贯之可寻。所谓《说文》与《尔雅》相为表里者,此也。陈玉澍有《尔雅释例》五卷,共计四十五例[三],极为周密,兹略本其说,为例有八:(一)文同训异;(二)文异训同;(三)训同义异;(四)训异义同;(五)相反为训;(六)同字为训;(七)同声为训;(八)展转相训。

(一)文同训异。文,文字。训所用以为训者也,言同一文字,所用之训虽异,而义仍同也,如"幠、庬,大也";"幠、庬,有也";"幠、庬"之文同,一训为大,一训为有,其训异也。按《说文》"幠,覆也",覆帽为大义,《诗》"乱如此幠"。《说文》"庬,石大也",《方言》"秦晋之间,凡大貌谓之朦,或谓之庬"。郝氏懿行《尔雅义疏》:"'幠、庬'既训'大',又训'有'者,'有、大'义近。《易·杂卦》云:'大有,众也。''有'与'大'皆丰厚之意,故其义相成矣。"举此例推之,则"辟,法也""辟,罪也","妃,合也""妃,匹也""妃,对也""妃,媲也","绩,业也""绩,功也","康,静也""康,安也",皆如是矣。更以此例推之,"寀,官也""寀,事也",寀训官,官又训事,《说文》无"寀"字,知"寀"之即为采矣。"瘅,病也""瘅,忧也",瘅训病,病又训忧,《说文》无"瘅"字,知"瘅"之即为悝矣。

(二)文异训同。文虽相异,而训则相同,此文异训同之说也。

如"皇、王"训君,皇即王字,《洪范·五行》传"建用王极",或作"皇极";"嘏、假"训大,嘏即假字,《诗》"敷假无言",《左传·昭二十年传》引作"敷嘏无言";"京、景"训大,京即景字,《史记·高功臣表》"高京侯周成",《汉书》作"高景侯";"漠、谟"训谋,《诗·巧言》"圣人莫之",《释文》"又作漠,一本作谟"。此例极多。

（三）训同义异。训同义异者,即高邮王氏所谓二义合为一条,归安严氏所谓一训兼两义也,如"治、肆、古,故也","治、古"为久故之故,"肆"为语词之故;"载、谟、食、诈,伪也","载、谟"训伪,伪者,为也,"食、诈"训伪,伪者,欺也;"栖、迟、愒、休、苦、叔、鱇、呬,息也","栖、迟、愒、休、苦"为止息之息,"叔、鱇、呬"为气息之息;"郡、臻、仍、逎、侯,乃也","郡、臻、仍"为仍乃之乃,"逎、侯"为语词之乃。

（四）训异义同。如《释诂》"俶,始也""俶,作也",一释始,一释作,不同;作亦释始,《诗·駉》传及《广雅》并曰:"作,始也。"义仍同也。"烝,君也""烝,众也",一释君,一释众,不同;君亦释众,《白虎通》及《广雅》并曰:"君,群也。"群即众也,义仍同也。"介,大也""介,善也",一释大,一释善,不同;善亦释大,《诗·柔桑》笺:"善犹大也。"义仍同也。"豫、康,乐也""豫、康,安也",一释乐,一释安,不同;安亦释乐,《淮南子·氾论训》"而百姓安之",注:"安,乐也。"义仍同也。

（五）相反为训。如"哉,始也""在,终也",在即哉,始、终相反为义;"落,始也""落,死也",生、死相反为义;"愉,乐也""愉,劳也",劳苦与快乐相反为义;"豫,厌也""豫,乐也",厌恶与爱乐相反为义[①]；"謰，忧也""謰，喜也"，忧与喜相反为义；"鞠，盈也""鞠，穷也"，穷尽与盈满相反为义；"康，静也""康，安也""康，苛也"，苛扰与安静相反为义。郭璞云："以徂为存，犹以乱为治，以故为今，此皆训诂义有反覆旁通，美恶不嫌同名也。"

（六）同字为训。如《释诂》"于，於也"，段玉裁云："凡《诗》《书》用'于'字，《论语》作'於'字。于、於，古今字。"《释诂》，以今字释古字也。以此推之，"迺，乃也"，《列子》释文："迺，古乃字。""赓，续也"，《说文》以"赓"为古文"续"字。"遹，述也"，《释文》："遹，古述字[②]。"此皆以今字释古字，所谓以同字为训者也。

（七）同声为训。如《释诂》"锡，赐也"，即读锡为赐，《易·师卦》"王三锡命"，《释文》："锡，徐音赐。""系，继也"，即读系为继，《后汉书·李固传》"群下继望"，即"系望"。"尽，进也"，即读尽为进，《列子·天瑞篇》"终进乎不知也"，注："进者为尽。""肃，速也"，即读肃为速，《特牲馈食礼》注："宿或作速，记作肃。"以声为义，声同而义即同矣。

（八）展转相训。"遹、遵、率、循"训自，"遹、遵、率、自"又训循，郝懿行所谓"展转相训"也。以此例推之，"法、则、刑、范、矩、律"训常，"刑、范、律、矩、则、常"又训法；"允、亶、展、谌、诚"训信，"展、谌、允、亶、信"又训诚；"永、悠、迥、遐"训远，"永、悠、迥、远"又训遐。"克、肩、戡"训胜，"肩、戡、胜"又训克；"肃、遄、速、亟"训疾，"遄、亟、遄、疾"又训速。如此展转相训，文字之用广矣。

---

① "义"，原作"例"，今据文意改。
② "字"，原作"也"，今据《尔雅》释文改。

据上八例而观,可谓极转注、假借之妙用。文字训诂,不外乎是,此《尔雅》在训诂学上之价值也。

【注】

[一] 逑之训匹,《关雎》:"君子好逑。" 逑又作仇。仪之训匹,《柏舟》:"实为我仪。" 特之训匹,《柏舟》:"实为我特。" 宁之训安,《葛覃》:"归宁父母。" 绥之训安,《樛木》:"福履绥之。" 静之训安,《柏舟》:"静言思之。" 慰之训安,《凯风》:"莫慰母心。" 宴之训安,《谷风》:"宴尔新昏。" 宴又作燕。保之训安,《山有枢》:"他人是保。" 遂之训安,《雨无正》:"饥成不遂。" 密之训安,《公刘》:"止旅乃密。" 柔之训安,《时迈》:"怀柔百神。" 康之训安,《民劳》:"汔① 可小康。"

[二] 流之借求,《关雎》:"左右流之。" 干之借扞,《兔罝》:"公侯干城。" 干之借厓,《十亩之间》:"置之河之干兮。" 龙之借和,《蓼萧》:"为龙为光。" 龙之借宠,《长发》:"何天之龙②。" 攻之借坚,《车攻》:"我车既攻。"

[三] 《尔雅释例》五卷,清陈玉澍著。玉澍,字惕庵,江苏盐城人。南京高等师范学校排印本。

① "汔",原作"汽",今据《诗经·民劳》改。
② "龙",原作"宠",今据《诗经·长发》改。

(四)《尔雅》之注本

训诂之学,始于《尔雅》,汉晋以还,注者遂多,其书皆佚,惟郭注独存。然其佚说,亦时时见于他书,如《荀子·哀公篇》杨倞注引郭舍人①云:"辂,车之大者也。""冢,封之大者也。"如《史记·司马相如传》司马贞索隐引樊光注云:"郅,可见之大也。"如《春秋·成十六年》孔颖达正义引李巡注云:"祥,福之善也。"又《周礼·天官·大宰》贾公彦疏引李巡注云:"典,礼之终也。"凡此诸注,皆在郭氏之前。郭氏之注,据清陈寿祺所考,皆本于孙、樊,可见郭注亦渊源有自。古注未为郭氏所取,散见于他书所引者,亦极有可珍之价值。清马国翰采辑犍为文学注[一]、刘氏注[二]、樊氏注[三]、孙氏注[四],所得虽不多,研《尔雅》古注者,当亦取材于是也。

马氏所辑《尔雅》古注,未能搜辑古今之全,研究《尔雅》古注者,略有凭藉而已。清嘉庆时,董桂新以"《尔雅》一书,汉晋唐宋,以注名者,有郭舍人、樊光、刘歆、李巡、孙炎、郭璞、裴谕、郑樵八家,惟郭璞、郑樵之书,今行于世。舍②人诸儒,多在璞前,虽其注已佚,然时见于他书所引,因取陆氏《释文》、《十三经注疏》《史记》《汉书》《水经》《文选》等书中所引,与前人类部诸书,略及裴氏之注,兼录郭璞、郑樵之说,为《尔雅古注今存》一书[五]"。虽于诸儒之说,互有异同之处,未加按语,然合各古注汇为一篇,视马氏之辑

---

① "人",原脱,今据《荀子》杨倞注补。
② "舍",原作"含",今据上文及文意改。

佚，又便于应用矣。研究《尔雅》者，固宜致力于郭注、邢疏及清人之著述，而古注实不可忽视。以上诸书，皆为《尔雅》古注之荟萃，故首及之。

　　训诂之书，莫先于《尔雅》。《尔雅》者，所以通古今之异言，释方俗之殊语，《汉书·艺文志》论《尚书》古文曰："古文读应尔雅，故解古今语而可知也。"盖文字之义，辗转递变，古时之通义，至今日异其解说者，不知凡几。戴氏震云："士生后世，时之相去千百年之久，视天地之相隔千百里之远，无以异。昔之妇孺闻而辄晓者，更经大师转相讲授，而仍留疑义，则时为之也。"所以求古代文字之训诂，当求之于《尔雅》。盖《尔雅》之训诂，与六经相表里。如《诗·周南》："不可休息。"《尔雅·释言》："庥，荫也。"知①《尔雅》之"庥"，即《诗·周南》之"休"。如《诗·小雅》："悠悠我里。"《尔雅·释诂》："悝，忧也。"知《尔雅》之"悝"，即《诗·小雅》之"里"。此即与六经相表里者也。《尔雅》古注，今悉亡佚，后人蒐辑之本已略见于上矣。今所存《尔雅》注之最古，晋郭璞之书也。古注已亡，郭注比较近古，郭注存于今者，以宋蜀大字本[六]，及常熟瞿氏所藏宋本为古[七]，清顾千里校刊明吴元恭覆宋本为善[八]。余尝以影刊宋蜀大字本，与影印校刊本相校，彼此不同者，无虑数十事。

　　继郭氏而起者，有宋邢昺《尔雅疏》[九]。邢氏之疏，清《四库书目》称其"多能引证，如《尸子·广泽篇》《仁意篇》，皆非今人所及睹"。阮氏谓邵晋涵改弦更张，与邢并行一时，且出其上。二者

----

① "知"，原作"即"，今据下文及文意改。

之言,皆为有见。古书多亡,顾时见于他书征引,清《四库书目》所谓即于邢疏中可得《尸子》之佚说也。学问之事,后胜于前,作者难,因者易。阮氏所谓邵疏胜于邢疏①,亦非阿好之论,惟邢疏早列学官,士所通习,治《尔雅》者,郭注之外,邢疏当比附观之也。

《尔雅》为训诂最古之书,魏晋以来,学者传习,多求便俗。徐鼎臣谓《尔雅》所载草木鸟兽之名,肆意增加,不足复观。《尔雅》古义之失,大概造于郭璞之注,郝氏注《尔雅》,有根据者固属不少,然讹误脱漏者,亦所在多有。王氏筠谓《尔雅》者,小学专书,以此为古,所收之字,亦视群经为多。景纯居东晋,传注误会,而据讹文,不有《说文》,何所据以正? 王氏之言,不为无见,盖《尔雅》古注,悉已散佚,后人补苴掇拾,终不能复古人之原。如马国翰之所辑,董柳江之所钞,东鳞西爪,虽可窥见一斑,然不过存十一于千百耳。王氏筠主张以《说文》校《尔雅》,此论甚善,然未成书。搜辑《尔雅》古义成书者有二:一胡氏承珙之《尔雅古义》[一〇];一② 钱氏坫之《尔雅古义》[一一]。

胡承珙,字墨庄,安徽泾县人,深于《毛诗》之学,精通声韵训诂,著述颇多。其著《尔雅古义》也,谓《尔雅》为训诂之书,而文字多为后人所乱,草木虫鱼之名,偏旁大半俗增,古文又率改易,其存而可考者希矣。如《说文》"㺫,事有不善言㺫也",引《尔雅》"㺫,薄也",今《尔雅》无此文,仅见于《广雅》,郭忠恕《汗简》有"㺫"字,云见古《尔雅》,与《说文》合。他如壑阮之壑,《释文》云:

---

① "疏",原作"书",今据上下文意改。
② "一",原脱,今据上文及全书文例补。

"本或作叡。"《说文》"叡"正字，"壡"或字。凉风之凉，《释文》云："本或飉字。"造舟之造，《释文》云："《广雅》作艁。"又引《说文》云："艁，古文造也。"柜㯶之柜，《释文》引作櫜。诸字《汗简》皆云："见古《尔雅》。"此古本之仅存者，于是本此例而广之，为《尔雅古义》一书。凡《尔雅》古义不见于今书者，皆旁搜博引以证明。如阳之训予，据郑注《鲁诗》及《易·说卦》虞翻注，阳为自称之词；苦之训息，据《周礼》注"苦读为盬"，又据《诗》"王事靡盬"，靡盬谓靡有止息也，《尔雅》之苦，即《诗》之盬，皆证据确凿而不迁曲。此研究《尔雅》古义之善本也。

钱坫，字献之，江苏嘉定人，钱氏《说文》之学甚精，此书搜辑群籍，为《尔雅》古义之证。其书较胡氏《古义》为略，然亦有为胡氏所未及者。如"贡"之训赐，据子赣名赐，及《熹平石经》，当作赣，贡乃贡献字；"如"之训谋，据《诗·柏舟》"不可以茹"、《臣工》"来咨来茹"，如、茹古通用。其书通计不过数十条，然亦可为研究《尔雅》古义之参考也。

有清一代，用力《尔雅》，蔚然成巨帙者有二：一邵晋涵之《尔雅正义》[一二]；一郝懿行之《尔雅义疏》[一三]。

邵晋涵，字二云，浙江余姚人，精于史学，于经精"三传"及《尔雅》。邵氏以宋邢昺《义疏》芜浅，乃据唐石经、宋椠本及诸书所征引者，审定经文，增校郭注，仿唐人正义，别为《尔雅正义》一书。其书以郭注为本，兼采舍人、樊、刘、李、孙诸家之说，其郭注未详者，考诸齐、鲁、韩《诗》，与马融、郑康成之《诗》注、《易》注，以及诸经旧说，确凿有据者，补所未备，凡三四易稿始定。以为《释地》

"九府"之"梁山",即今衡山;《释草》"蘩,菟荄①",即今款东。同
时学者,皆以为确。按邵氏《正义》,为纠正邢氏《义疏》而作,其援
引审,一证于群籍,一考求于声韵之递转,体制亦颇矜慎,漏略沾滞
之处,或不能免。盖邵氏本精于史学,其书又成于乾隆中叶,当时
声韵训诂之学,尚未极盛,凭籍未宏,斯成业寡色。宋氏翔凤②谓
邵氏之书,犹未至于旁皇周浃穷身极远者,此也。

郝懿行,字兰皋,山东栖霞人。其《尔雅义疏》成书较后,当时
南北学者,皆能以声韵训诂明文字之源,以得古人言语缓急之异。
郝氏具此基础,于古今一字一义之异同,罔不搜罗,分别是非,又能
融通转注、假借之例,引端竟委,触类旁通,其书视邵氏之《正义》
为善,足与王氏之《广雅疏证》同其精博,为治《尔雅》者,必须研
究之书也。

《尔雅》郭注,未闻未详者百四十二科,邢疏虽补其十,阙者尚
多。有清诸儒,专治《尔雅》,其著书汇为巨观者,如邵氏晋涵、郝氏
懿行,已举于上。其他补正郭、邢之阙误者,虽短书小册,时有精言,
如翟灏之《尔雅补郭》[一四]、周春之《尔雅补注》[一五]、刘玉麐之《尔
雅补注》[一六]、潘衍桐之《尔雅正郭》[一七]。

翟灏,一字晴江,浙江仁和人。其补郭也,凡郭、邢之所阙者,
皆一一补之,计一百三十余条,如"綝,善也",据《广韵》"綝,缮
也",《诗·郑风》笺"缮之言善也",綝释为善,乃备始服器之精善
者。"如,谋也",据本书《释言》"茹,度也",又据《诗·小雅》"玁

---

① "荄"后原有"蔦"字,今据《尔雅·释草》删。
② "凤",原脱,此语是宋翔凤《尔雅义疏序》中所言,据补。

狁匪茹"，《周颂》"来咨来茹"，"如"即"茹"之省文。其他如"孟，勉也"，据班固《幽通赋》；"哉，间也"，据许氏《说文》，皆征实不凿。如"征，虚者""蠠，动也"，其所补者，虽未免稍欠证据，要其大体，颇为可观。叶德辉斥为浅略，未为公论也。

周春，字苊兮，浙江江海人。其《尔雅补注》，王氏鸣盛亟[1]称之，谓其书于注不但补缺，又能正其误，而于邢疏漏略处，裨益尤多。按周氏于《尔雅》，颇好郑夹漈之书。是书采及晚近诸家之说，似不立汉宋门户，惟其随手札[2]记，无条例可循。叶德辉谓其虽不如邵、邢二义疏之整齐，要胜于翟、戴二家补注之浅陋。以周书与翟书相较，叶说非是。

刘玉麐，字又麒，江苏宝应人。其《尔雅补注》今不传，所传者为残本，系刘岳生从先生《尔雅》邵疏校本录出者。如"极，至也"，据《管子·形势篇》"山高而不崩则祈羊至，渊深而不涸则沉玉极"，谓极为至也。"征，虚也"，据定公八年《左传》"阳虎为政，鲁国服焉。违[3]之征死，死无益于主"，谓征为虚。其释征为虚，视翟氏《补郭》为善。虽非全书，颇有精义也。

潘衍桐，广东南海人。视学浙江，以《尔雅正郭》命题，分课诂经精舍诸生，继乃博访通人，参考旧说，间亦采取诂经诸生之所作，得二百四十二条，名《尔雅正郭》，以别翟氏《补郭》。补者补其略，正者正其失。潘氏之书比翟氏之范围为大也，征引丰富，体例亦视前之书为密，而成书亦较后，不仅景纯之箴友，实治《尔雅》者之导

---

① "亟"，原作"函"，今据文意改。
② "札"，原作"扎"，今据文意改。
③ "违"，原作"速"，今据《左传》改。

师也。

以上四书，皆可为治《尔雅》者之参考。吾人治《尔雅》，当以郝书为主，邵书合而观之，再以上列诸书，补邵、郝之所不及，久之众义汇通，自挚新解。至于张宗泰之《尔雅注疏本正误》[一八]，其例有四：一正经文之误，二正注文之误，三正疏文之误，四正音释之误，极足为读《尔雅》者之助。其他注本颇多，不悉举焉。

【注】

[一]《尔雅犍为文学注》三卷。按，《七录》有《犍为文学尔雅注》三卷，汉犍为郡郭舍人注。郭，汉武帝待诏，《唐志》不著录，久佚。清马国翰辑，刊入《玉函山房辑佚》中。

[二]《尔雅刘氏注》一卷。按，是书汉刘歆撰，久佚。清马国翰辑，刊入《玉函山房辑佚》中。

[三]《尔雅樊氏注》一卷。按，是书汉樊光撰。光，京兆人，官中散大夫。《隋志》三卷，《唐志》六卷，今佚。清马国翰辑，刊入《玉函山房辑佚》中。

[四]《尔雅孙氏注》三卷。按，是书魏孙炎撰。炎，字叔然，受学郑玄之门，人称东州①大儒，《隋志》七卷，《唐志》六卷，《经典释文序录》三卷，今佚。清马国翰辑，刊入《玉函山房辑佚》之中。

[五]《尔雅古注合存》二十卷，《总考》一卷，清董桂新撰。桂新，安徽婺源人，稿本。

① “东州”，原作“口川”，今据《三国志·魏书·王肃传》改。

［六］影宋蜀大字本《尔雅》三卷。按,此书黎氏《古逸丛书》
　　　刊本。

［七］宋本《尔雅》三卷,《音释》一卷。按,此书常熟铁琴铜
　　　剑楼藏,商务印书馆影印本。

［八］顾千里校刊吴覆宋本《尔雅》三卷,《音释》三卷。按,
　　　此书前有臧镛堂《宋本尔雅考证》,颇足为读《尔雅》之
　　　助,古书流通处《古书丛刊》影印本。

［九］《尔雅注疏》十一卷,晋郭璞注,宋邢昺疏。注疏古皆
　　　分行,后人并之。郭注单行本,后世尚有之,邢疏单行
　　　本,不易见矣。阮氏元《校勘记序》云:"《尔雅》一书,
　　　经、注、疏三者,皆讹舛日多,俗间多用汲古阁本,近年苏
　　　州①翻板尤劣。元搜访②旧本,于唐石经外,得明吴元恭
　　　仿宋刻《尔雅经注》三卷③,元椠雪窗书院《尔雅经注》
　　　三卷,宋椠邢疏未附合经注者十卷,授武进臧镛,取以证
　　　俗④本之失,条⑤其异同,纤悉毕⑥备,元复⑦定其是非,
　　　为《尔雅注疏校勘记》六卷。后之读是经者,于此不无
　　　津梁之益。"按,此书在阮刻《十三经注疏》内,又有江
　　　西刻本,又有湖南刊本,又有石印本。

_____

① "近年苏州",原作"近苏",今据《尔雅注疏》改。
② "搜访",原作"仿搜",今据《尔雅注疏》改。
③ "明""经注"三字原脱,今据《尔雅注疏》补。
④ "俗",原脱,今据《尔雅注疏》补。
⑤ "条",原作"修",今据《尔雅注疏》改。
⑥ "毕",原作"必",今据《尔雅注疏》改。
⑦ "复",原作"后",今据《尔雅注疏》改。

[一〇]《尔雅古义》二卷,清胡承珙著。按,是书《求是堂遗书》
原刊本,又刊在《国粹学报》内。

[一一]《尔雅古义》一卷,清钱坫著。按,是书《续清经解》本。

[一二]《尔雅正义》二十卷,清邵晋涵著。按,是书《清经
解》本。

[一三]《尔雅义疏》二十卷,清郝懿行著。按,是书《清经
解》本不足,或谓王念孙所删,或谓严厚民所删,传闻异
辞,无由详审。嘉兴高君得原本,较经解本多四之一,杨
至①堂刊之未竟,胡心耘续成之,时咸丰六年也。同治
五年,兰皋之孙联荪、薇荪,得杨刊足本再印。又商务印
书馆有排印本。

[一四]《尔雅补郭》二卷,清翟灏著。按,是书《咫进斋丛书》
本,《木犀轩丛书》本,《续清经解》本。

[一五]《尔雅补注》二卷,清周春著。按,是书《观古堂汇
刊》本。

[一六]《尔雅补注》残本一卷,清刘玉麐著。按,是书清光绪
十四年广雅书局刻本。

[一七]《尔雅正郭》三卷,清潘衍桐著。按,是书清光绪十七
年刻本。

[一八]《尔雅注疏本正误》五卷,清甘泉张宗泰著。按,是书
《积学斋丛书》本。

---

① "至",原为空围,今据《尔雅义疏》补。

二、《小尔雅》

（一）《小尔雅》之时代及其所作之人

《汉书·艺文志》有《小尔雅》一篇，不著作者名氏。晁公武《读书志》、陈振孙《书录解题》、王应麟《玉海》，皆云孔鲋著[一]。按《史记·孔子世家》："子思生白，字子上；子上生求，字子家；子家生箕，字子京；子京生穿①，字子高；子高生子慎；子慎生鲋，为陈王②博士。"无有著《小尔雅》之言。戴氏震云："《小雅》一卷，大致后人皮傅掇拾而成，非古小学遗书也。如云'鹄中者谓之正'，则正鹄之分未考矣；'四尺谓之仞'，则筑宫仞有三尺，而为及肩之墙矣；'浍深二仞'，无异洫深八尺矣。故汉世大儒，不取以说经，独王肃、杜预，及东晋梅赜奏上之《古文尚书》孔传，颇涉乎此。（中略）或曰《小尔雅》者，后人采王肃、杜预之说为之也。[二]"清《四库全书提要》亦云："汉儒说经，皆不援及，迨杜预注《左传》，始稍见征引，明是书汉末晚出，至晋始行，非《汉志》所称之旧本。"戴氏震及《四库全书提要》皆以为汉末人掇拾之书，其所据者，以汉儒说经，皆不援及。夫《小尔雅》之训诂，与经传不同者，固亦有之，或是掇拾之书，或是孔鲋所著，皆无确据。若谓汉儒说经，援引不及，则为未深考之言也。汉唐诸儒释经，凡引《小尔雅》之文，多通称《尔

---

① "穿"，原作"家"，今据《史记·孔子世家》改。
② 《史记·孔子世家》"王"下有"涉"字。

雅》,或称《小雅》,如许叔重《说文解字》引《尔雅》云:"螤,薄也。"
今《尔雅》无此文,明明在《小尔雅》矣。又正鹄之解,郑众、马融
皆依《小尔雅》以鹄中为正,贾逵谓鹄居正中,郑玄谓采侯为正,皮
侯为鹄。汉人训诂,各有师承,不必尽同,不得以郑玄之说,而遂
谓《小尔雅》一书,出于后人之掇拾,而遂无足轻重也。今考其书,
如《广诂》:"渊、懿、邃、赜,深也。""渊"之训深,《诗·邶·燕燕》
云:"其心塞渊。"《卫风·定之方中》云:"秉心塞渊。"毛传、郑笺
并云:"渊,深也。""懿"之训深,《诗·豳风·七月》云:"女执懿
筐。"毛传云:"懿筐,深筐也。""邃"之训深,《说文解字》云:"邃,
深远也。""邃"通作"隧",《考工记·舆人》"参分车广以为隧",
郑司农云:"隧谓连舆深也。"郑玄云:"隧读如邃字之邃。""赜"之
训深,《易·系辞》云:"圣人有以见天之至赜。"正义云:"赜为幽
深难见。"观此一条,《小尔雅》之训诂,未始违于汉儒。胡氏承珙
云:"毛公传《诗》,郑仲师、马季长注《礼》,亦往往有①与《小尔雅》
合者,特以不著书名,后人疑其未经引及。"又云:"唐以后人,取为
《孔丛子》弟十一篇,世遂以《孔丛子》之伪而并伪之。而郦氏之注
《水经》,李氏之注《文选》,陆氏之《音义》,孔、贾之《义疏》,小司马
之注《史》,释玄应之译经,其所征引,核之今本,粲然具存。此可
见《孔丛》本多刺取古籍,而所取之《小尔雅》,犹系完书,未必多所
窜乱也。^[三]"据胡氏言,《孔丛子》是伪书,《小尔雅》则不伪。戴
氏震所云"后人采王肃、杜预之说为之"之言不足信,《四库全书提
要》所非《汉志》所称之旧本之说,亦不足定也。按《小尔雅》一书,

---

① "有",原脱,今据《小尔雅义证》补。

必谓是孔鲋所著,固无的凿之证据;即谓今之《小尔雅》,确系《汉志》所称之旧本,亦嫌证据不充分;若谓如戴氏震所云"后人采王肃、杜预之说为之",则确乎其非。《小尔雅》之训诂,与毛、郑、贾、马相同者颇多,即曰掇拾群书而成,必不是采取王肃、杜预之说。至迟亦在许叔重之前,以《说文》所引之"㺊"字知之。《小尔雅》所作之人,虽不能确定,其时则在《尔雅》之后,许叔重《说文》之前也。

【注】

[一]《隋书·经籍志》:《小尔雅》一卷,李轨略解①。无作者名氏。《旧唐书·经籍志》:《小尔雅》一卷,李轨撰。《唐书·艺文志》:李轨解《小尔雅》一卷。《宋史·艺文志》云:孔鲋《小尔雅》一卷。则是题名孔鲋,宋以前无有也。

[二]见《戴东原集》第三卷。

[三]见胡承珙《小尔雅义证②序》。

(二)《小尔雅》之内容及其价值

《小尔雅》者,广《尔雅》之所未备,《尔雅》之羽翼也。《尔雅》十九篇,《小尔雅》十三篇,兹记其每篇之内容于下。

---

① "李轨略解",原作"未轨解略",今据《隋书·经籍志》改。
② "义证",原作"证义",今据《小尔雅义证》乙正。

《广诂》弟一

深、大、布、覆、丛、具、治、洁、无、高、近、美、多、法、易、进、取、达、久^①、益、明、因、界、次、止、冥、要、竟、汝、引、佐、用、成、疾、适、拾、余、开、塞、满、劝、力、过、隙、更、灭、黑、白、赤、没、事

《广言》弟二

阳、晚、数、老、同、报、展、举、求、何、居、币、备、陈、舆、置、凌、敛、录、主、属、思、行、合、当、道、长、交、白、正、末、散、终、别、薄、还、送、我、子、和、觉、恨、止、忿、犯、乱、抽、及、本、极、视、突、缚、遂、弃、草、晒、晞、乾、蹈、广、长、担、再、肄、官、考、殒、升、残、截、除、患、责、非、退、御、取、戏、狭、忌、疑、损、坏、散、断、俱、罚、伤、害、闭、细、使、临、试、赢、乃、发、声、为、救、偿、价、足、偶、两、数、快、远、且、可、解、善、重、升、勉、显、是、庄、才、息、善、谨、丰、盛、厚、缓、逐、基、教、愿、强、迫、炊、取、信、馈、依、借、接、限、寄、集、倅、怪、惭、空、故、比^②、往、惜、忕、望、任、侍、填、择、示

《广训》弟三

乎、焉、于何、乌乎、吁嗟、念、宁、显、承、不似、誉之、明旦、寿考、大美声称远、韡韡、劳事独多、语其大、语其众、错杂、鳌、绘、唬

---

① "久",原作"文",今据《小尔雅》改。
② "比",原作"此",今据《小尔雅》改。

《广义》弟四

桨嫠、属妇、幸、让、淫、烝、报、通、惭^①、戁、悤、逡

《广名》弟五

大行、苏、阽、请天子命、请诸侯命、请大夫命、槚、柩^②、䐿、襚、殡、池、窀、空、封、冢、茔、殇

《广服》弟六

织、布、纩、缟、素、絺、绤、元服、弁髦、头、额、印、绶、童容、蓝缕、襄、袘、厉、幂、幄、床笫、䙵、㮰、篑、奕、履

《广器》弟七

侯、鹄、正、槷、戟、斧、盾、子戟、韝、弢、艇、舽、舳、舻、桡、轆、辀、枕、干、軓、乌啄、繘、索、绳、絓、纰、垌、陴、太原、池、汭、衍

《广物》弟八

刍、粒、蔬、颖、铚、握、擢、秉、筥、稯、束、菐、橡

《广鸟》弟九

阳鸟、慈乌、鸦乌、燕乌

《广兽》弟十

猪、豚、豜、猣、巢、窠、榤

《广度》弟十一

跬、步、仞、寻、常、墨、丈、端、两、匹、束

---

① "惭"，原作"慙"，今据《小尔雅》改。
② "柩"，原作"柩"，今据《小尔雅》改。

《广量》弟十二

溢、掬、豆、区、釜、籔、缶、钟、秉

《广衡》弟十三

两、捷、举、锾、斤、衡、称、钧、石、鼓

《小尔雅》所释诂训及名物，共计三百七十四事，所释虽不多，颇足补《尔雅》之所未备。《广诂》《广言》《广训》三篇，其篇目与《尔雅》同，《广诂》共计五十一条，"大、治、高、近、美、多、法、易、进、久、因、止、疾、余、事"十五条，《尔雅》所有，余三十六条皆不见于《尔雅》。即此见于《尔雅》之十五条，其所训之文，亦非《尔雅》所有，如"大"字一条，《尔雅》共有三十九文，《小尔雅》所广之"封、巨、莫、莽、艾、祁"六文，《尔雅》皆不收。《诗·周颂·烈文》云："无封靡于尔邦。"毛传："封，大也。"《孟子》："为巨室则必使工师[1]求大木。"《左·庄公二十八年传》："狄之广莫。"《庄子·逍遥游》："广莫之野。"《吕氏春秋·知接篇》："戎人见暴[2]布者而请曰：'何以谓之莽莽也？'"高注："莽莽，长大貌。"《礼记·曲礼》："五十曰艾。"艾，老也。老、大义通。《诗·小雅·吉日》："其祁孔有。"毛传："祁，大也。"此悉周秦之训诂，而为《尔雅》之所略，不有《小尔雅》以广之，则《尔雅》之所未备者多矣。"治"字一条，《尔雅》为治乱之治，《小尔雅》为攻治之治，攻治义较治乱为朔也；"易"字一条，《尔雅》为易直之易，《小尔雅》为交易之易，交易义较易直为

---

① "师"，原作"司"，今据《孟子》改。

② "暴"，原作"瀑"，今据《吕氏春秋》改。

朔也。《广言》《广训》皆系广《尔雅》之《释言》《释训》而作，凡《尔雅》所载，悉不复出，偶有重见者，或为后人所窜入。四《广义》、五《广名》，义古作谊，事之宜也，名自命也，义以制事，名以辨物，斟酌人事以正名也。《尔雅·释亲》一篇，只释名分之名，不释事义之名，故以此二篇广之也。六《广服》、七《广器》，《尔雅·释器》一篇，间释物之名称，不过"祝、襮、纯、黼、襟、裾、袴、褑、袺、襡、襜、褵、纋"十余事而已，《广服》于《尔雅》十余事而外，凡"织、布、纩、缟、素、絺、绤"之类，计二十有六，皆释之无余。《广器》一篇，亦是广《尔雅》之所未备，高平谓之太原，泽之广谓之衍，是兼《释地》而广之也。八《广物》，兼《尔雅·释草》《释木》而广之。九《广鸟》、十《广兽》，兼《尔雅·释鸟》《释兽》《释畜》《释鱼虫》而广之，《尔雅》兽畜分为二，《小尔雅》则不分，且无鱼虫。惟《尔雅》只释草木鸟兽鱼虫之名，《小尔雅》则及于事，如"拔心曰握，拔根曰擢""鸟之所乳谓之巢，鸡雉所乳谓之窠""鱼之所息谓之橧"之类是。十一《广度》、十二《广量》、十三《广衡》，此则《尔雅》所无，《小尔雅》广之者也。

　《小尔雅》既所以广《尔雅》，当与《尔雅》有并存之价值。《小尔雅》之训诂，求之《诗》毛传、郑笺，颇多同者，如"敷，布也"，《商颂·长发》"敷政优优"，《左》成二年、昭二十年传引俱作"布政优优"；"蠲，洁也"，《诗·小雅·天保》"吉蠲为饎"，毛传："蠲，絜也。"絜即洁字；"屑，洁也"，《诗·邶风·谷风》"不我屑以"，毛传："屑，洁也。""微，无也"，《诗·邶风·式微》"微君之故"、《小雅·伐木》"微我弗顾"，毛传并云："无也。""优，多也"，《诗·小雅·信南山》"既优既渥"，《释文》云："《说文》作瀀，泽多也。"愈，益也"，《诗·小雅·小明》"政事愈蹙"，郑笺："愈犹益也。""赫，明也"，《诗·卫风·淇澳》"赫兮咺兮"，毛传："赫有明德，赫然煇者。""疆，竟也"，《诗·豳风·七月》"万寿无疆"，毛传："疆，竟也。""凉，佐也"，《诗·大雅·大明》"凉彼武王"，毛传："凉，佐也。"《韩诗》作亮。亮，相也。相、佐同。"由，用也"，《诗·王风·君子阳阳》"右招我由房"，毛传："由，用也。""肆，疾也"，《诗·大雅·大明》"肆伐大商"、《皇矣》"是伐是肆"，毛传并云："肆，疾也。""掇，拾也"，《诗·周南·芣苢》"薄言掇之"，毛传："掇，拾也。""实、牣，满也"，《诗·小雅·节南山》"有实其猗"，毛传："实，满也。"《诗·大雅·灵台》"于牣鱼跃"，毛传："牣，满也。""缟，白也"，《诗·郑风·东门》"缟衣綦巾"，毛传："缟衣，白色男服。""功，事也"，《诗·豳风·七月》"载缵武功"，毛传："功，事也。""丽，数也"，《诗·大雅·文王》"商之孙子，其丽不亿"，毛传："丽，数也。""戢，敛也"，《诗·小雅·鸳鸯》"鸳鸯在梁，戢其左翼"，毛传："戢，敛也。""卬，我也"，《诗·邶风·匏有苦叶》"人涉卬否"，毛传："卬，我也。""读，抽也"，《鄘风·墙有茨》"不可读也"，毛传："读，抽也。"抽为籀之借也，籀，读书也。"苞，本也"，《诗·曹①风·下泉》"浸②彼苞稂"，郑笺："苞，本也。""晞，干也"，《诗·秦风》"白露未晞"，毛传③："晞，干也。"晞即烯字。"泮，散也"，《诗·鄘风·匏有苦叶》"迨冰未泮"，毛传："泮，散也。""姑，且也"，《诗·周南·卷耳》"我姑酌彼金罍"，毛

---

① "曹"，原作"卫"，今据《毛诗正义》改。
② "浸"，原作"侵"，今据《毛诗正义》改。
③ "毛传"，原脱，今据《毛诗正义》及上下文例补。

传："姑，且也。""赫，显也"，《诗·大雅·生民》"以赫厥灵"，毛
传："赫，显也。""墍，息也"，《诗·大雅·嘉乐》"民之攸墍"，毛
传："墍，息也。""话，善也"，《诗·大雅·抑》"告之话言"，毛传：
"话言，古之善言也。""丰，豊也"，《诗·郑风》"子之丰兮"，毛传：
"丰，豊满也。""都，盛也"，《诗·郑风·有女同居》"洵美且都"，
毛传："都，闲也。"闲有盛义，《广雅》："闲闲，盛也。""竞，逐也"，
《诗·大雅·桑柔》"职①竞用力"，郑笺："竞，逐也。""纪，基也"，
《诗·秦风·终南》"有纪有堂"，毛传："纪，基也。""徨，往也"，
《诗·小雅·楚茨》"先祖是皇"，郑笺："皇，暀也。"《信南山》"先
祖是皇"，郑笺："皇之为言暀也。"皇即徨字，暀即往字。"何，任也"，
《诗·商颂·烈祖》"百禄是何"，毛传："何，任也。""殿，填也"，
《诗·小雅·采菽》"殿天子之邦"，毛传："殿，镇也。"镇、填字同。
《汉书·五行志》"填星"，即镇星。《萧何传》"填抚"，《杜钦传》作
"镇抚"。此皆毛传、郑笺之训诂，见之于《小尔雅》者。虽卬之训我，
已见于《尔雅》，在《小尔雅》为重出者，亦颇有之，然足以广《尔雅》
之所未备者，其数极多。《尔雅》与《小尔雅》同为掇拾之书，安得
崇彼而黜此？其他如"夷，伤也"，见于《易·序卦传》；"颂，布也"，
见于《周礼·太宰》郑司农注；"敷，布也"，见于郑注《尚书》；"隆，
高也"，见《荀子》；"贤，多也"，见于《吕览》；"爱，易也"，见于《左
传》。至若李善《文选注》等，引《小尔雅》者尤多，虽则唐人之著作，
亦可以知《小尔雅》在训诂学上之价值也。

---

① "职"，原作"执"，今据《毛诗正义》改。

（三）《小尔雅》之注本

《小尔雅》注之最古者，为李轨注本[一]，其书今已佚。《小尔雅》之学，至清始精，戴氏震虽驳难《小尔雅》，而嘉道以来之注者，皆能证明《小尔雅》在训诂学上之价值，为《尔雅》之羽翼，六艺之绪余。胡氏承珙有《小尔雅义证》[二]，其自序有曰："东原戴氏，横施驳难，仅有四科[三]，予既援引古义，一一释之。"是戴氏之驳难者，胡氏皆辨释之矣。王氏煦有《小尔雅义疏》[四]，其言曰："今按《小①尔雅》本文，证以汉魏诸儒传注之义，则知东原之说非也。篇中如释'公孙硕肤''鄂不韡韡'，并与毛传合，可知当日经师授受②，实出一原[五]。自余诸训，亦无不斟酌《苍》《雅》，与汉魏诸儒相发明，安所见皮傅掇拾乎？"是戴氏之所驳难者，王氏亦辨释之矣。余谓训诂书之所以可贵者，不仅在于上合于古，而能在于广前书之所未备。《小尔雅》所以不可废者，即《小尔雅》之所释，多不见于《尔雅》也。胡氏、王氏之书，皆感戴氏之驳难而起，故其搜集证据，极为周密，而胡氏之书尤详，采辑经传疏选注，计千数百条，胡氏自谓"略存旧帙之仿佛，间执后儒之訾议"，可见其精心注意之作也。

与胡氏承珙同为《小尔雅》之学，又有胡氏世琦。世琦与承珙同族同时，所著之书亦名《小尔雅义证》[六]。著书之时，承珙在京，世琦在里，各不相谋，其书与世琦之书，互有异同，如《广诂》"掠，取也"，承珙引《说文》"掠，夺取也"，此字乃新附，非许书之旧，不

---

① "小"，原脱，今据《小尔雅义疏》补。
② "受"，原脱，今据《小尔雅义疏》补。

得竟据为《说文》。世琦谓"掠"字《说文》所无,掠即𢲸之或体,《说文》"𢲸,强也",𢲸取犹言强取,古声同也。"抚,拾也",承珙引《说文》徐锴云:"抚,安也,一曰掇也。"世琦谓此《系传》语,《玉篇》《广韵》引《说文》俱无"一曰掇也"四字,不得为许本,又引《广雅》"抚,持也",持、拾一声之转,持犹拾也。凡此皆纠承珙之违。

当时常州宋翔凤,亦为《小尔雅》之学,著《小尔雅训纂》[七]。宋氏之书,成于黔中,与二胡亦不相谋。其书字体,多准《说文》,然亦有违误者,如"履,具也",履不得训具,履当为展,《周礼》郑司农注:"展,具也。""謞,治也","謞"盖"诘"之误字。《左传》杜注:"诘,治也。""皆,因也","皆"盖"阶"之坏字,李善《文选注》:"因,《小尔雅》曰'阶,因也'。"凡此皆宋书之违误者。然宋书亦尽多精义,如"禋,洁也",引《书》"禋于六宗",马融云:"禋,精意以享也。"精、洁义同,而为胡氏承珙之书所未引。比而观之,各有疏密,此外葛其仁有《小尔雅疏证》[八],亦可以与以上诸注,参互稽考。又有朱骏声《小尔雅约注》[九],其书取陶宗仪《说郛》、何镗《汉魏丛书》、丁氏绵眇阁本、郎奎金堂策槛本、陈赵鹄听鹿堂本、顾元庆文房本,钩稽异同,审慎裁补为之,虽不及诸书丰富,亦略可观也。

【注】

[一] 李轨,字洪范,东晋时人。其书著录于《隋书·经籍志》,今已佚。

[二]《小尔雅义证》十三卷,《补遗》一卷,清胡承珙著。承珙,字景孟,号墨庄,安徽泾县人,嘉庆十年进士。《墨庄遗书》本,又《聚学轩丛书》本。

[三] 戴氏驳难《小尔雅》有四科,见于《戴东原集》三卷"书《小尔雅》后"。

[四] 《小尔雅疏》八卷,清王煦著。煦,浙江上虞人。《邵武徐氏丛书》本。

[五] 《小尔雅》之训诂,与毛传合者极多,已见于上。

[六] 胡世琦,字玉樵,安徽泾县人,清嘉庆十九年进士。所著之《小尔雅义证》未刻,稿已佚,宋琭有序一篇,言之极详,在《小万卷文序》中,刘聚卿刻《聚学轩丛书》,取朱序附刊在胡承珙《小尔雅义证》后。

[七] 《小尔雅训纂》六卷,清宋翔凤著。翔凤,字于庭,江苏长洲人,嘉庆五年举人。《清经解》本。

[八] 《小尔雅疏证》五卷,清葛其仁著。其仁,江苏嘉定人。《咫进斋丛书》本。

[九] 《小尔雅约注》一卷,清朱骏声著。骏声,字丰芑 [①],江苏吴县人。自刊本。

三、《广雅》

(一)张揖之历略与其著《广雅》之动机

《广雅》,魏张揖著。张揖不见于《魏书》及《南》《北史》。《魏书·江式传》:式上表曰:"魏初博士清河张揖,著《埤仓》《广雅》

---

① "丰芑",原作"芑丰",今据《清史稿·儒林传》乙正。

《古今字诂》。"颜师古《汉书叙例》曰："张揖,字稚让,清河人,一云
河间人,太和中为博士。"揖之姓名、籍贯、时代,可考者如是。揖
或从木作楫,然证稚让之字,则为揖让之揖审矣[一]。揖行事虽不
多见,除籍贯稍有异说外,其姓名、籍贯、时代,初无异说也。揖所
著书,今存者仅《广雅》,《埤仓》《古今字诂》皆已亡佚。近人王献
唐,意张揖以《广雅》续《尔雅》,《埤仓》补《三苍》,《古今字诂》继
《说文》[二],证以张揖《上广雅表》,其言颇为可信。揖《上表》曰:
"(上略)夫《尔雅》之为书也,文约而义固,其陈道也,精研而无误,
真七经之检度,学问之阶路,儒林之楷素也。若其包罗天地,纲纪
人事,权揆制度,发百家之训诂,未能悉备也。臣揖体质蒙蔽,学
浅词顽,言无足取,窃以所识,择撢群义,文同义异,音转失读,(八
方殊语)庶物易名,不在《尔雅》者,详录品覈,以著于篇。(下略)"
则是张揖之《广雅》,确为继续《尔雅》而作,是以陈振孙《书录解
题》曰:"凡不在《尔雅》者著于篇,仍用《尔雅》旧目。"钱曾《敏求
记》亦曰:"张揖采《苍》《雅》遗文,不在《尔雅》者为书,名曰《广
雅》。"皆言广《尔雅》之作,所以续《尔雅》也。而江式《古今文字表》
云:"究诸《埤》《广》,掇拾遗漏,增长事类,抑以于为益者,然其《字
诂》,方之许篇,古今体用,或得或失。"[三]据江式《表》,《字诂》不
足以继《说文》,《埤仓》可以补《三苍》,《广雅》可以续《尔雅》也。
《广雅》又称《博雅》[四],以隋曹宪为之音释,避炀帝讳,改名《博①
雅》,至今二名并称,其实是一书也。

---

① "博"下原有"广"字,今据上文删。

【注】

[一]见《四库全书提要》。

[二]许印林《古今字诂疏证序》。

[三]见《魏书·江式传》。

[四]《汉魏丛书》题名《博雅》。

(二)《广雅》之内容及其条例

《广雅》一书,所以广《尔雅》而作,分别部居,一依乎《尔雅》。凡《尔雅》所不载者,悉著于篇。自《易》《书》《诗》、"三礼"、"三传"经师之训,《论语》《孟子》《鸿烈》《法言》之注,《楚辞》、汉赋之解,《仓颉》《训纂》《滂喜》《方言》《说文》之说,靡不兼收。盖周、秦、两汉古义之存者,可据以证其得失;其散逸不传者,可藉以窥其端绪,则其书之为功于诂训大矣。兹内记其每篇之内容于下。

《释诂》第一

始、君、大、有、至、往、善、乐、从、顺、瀍、常、老、诚、方、正、满、远、安、列、通、敬、弃、张、行、年、病、创、弐、养、积、爱、哀、取、极、忧、分、坏、刺、断、疾、美、辈、惭、信、瘉、劝、臣、好、未、惊、解、履、强、危、清、生、盈、度、邍、陋、语、臀、愚、劳、没、賣、视、曲、剔、赲、上、隔、诱、喜、譍①、望、杂、襖、急、择、举、下、益、湿、动、折、慧、笑、杀、使、�…、婬、及、坚、出、尽、引、弱、

---

① "譍",原作"膺",今据《广雅》改。

欲、贪、力、问、任、渡、呼、鸣、吟、爝、进、广、乾、曝、加、裂、秃、
恚、怒、痛、息、爇、偏、尻、缓、助、饰、抒、厸、裁、插、盛、小、长、
健、载、续、癞、肿、理、色、让、说、洒、割、遮、借、税、缝、骿、缘、
瀳、减、系、义、归、偕、覆、惧、蔵、拭、利、搔、食、懒、障、合、渍、
跳、逗、习、待、思、丑、誙、椎、失、陈、烧、泄、吃、惕、快、箴、溫、
短、固、猝、衰、欺、备、栟、侠、勇、蹋、忘、论、识、堕、次、志、馀、
搏、文、逃、竟、就、屠、飞、穿、投、炽、怅、说、轻、塞、磨、挐、戏、
撵、骂、担、鞠、斮、场、躍、独、乱、擾、寒、贙、买、类、痴、直、煩、
代、盛、污、七、劈、猛、寄、何、勉、遗、削、见、深、少、疏、著、圆、
尘、告、当、聋、束、照、諟、施、晚、击、浊、伏、道、可、钝、悲、落、
败、具、倔、宽、近、推、厚、和、鞞、辱、洁、贼、害、展、止、多、聚、
守、皆、治、缩、得、伤、本、求、除、踞、与、空、敫、众、质、主、迫、
喆、界、拔、布、按、成、少、难、皐、收、食、觊、谐、肓、数、且、持、
尝、捽、名、量、效、事、攱、泥、入、为、比、恃、亲、过、更、避、离、
久、恶、误、平、开、死、道、巧、迹、逐、重、索、散、置、转、业、定、
饥、伤、摘、民、调、绞、耢、货、禁、诎、重、明、寒、谋、循、表、穷、
盈、非、袒、藏、数、譣、结、材、二、送、舒、拟、攫、怯、婢、连、同、
讫、私、听、擩、耻、传、言、谏、教、僵、狂、议、不、盗、恐、纆、棽、
仁、迟、夜、冥、觉、立、恨、齐、禄、苦、强、向、懂、勤、谢、声、风、
补、依、微、髻、鳌、象、猝、半、词、已、灭、静、巫、锐、辅、春、高、
耦、国、提、到、剜、俟、誉、容、隐、差、画、终、脱、饮[①]、官、实、
累、继、绝、护、柔、穧、伐、还、发、挟、荆、饶、会、舍、示、伸、县、

[①] "饮"，原作"隐"，今据《广雅》改。

裹、扬、书、长、截、甲、究、完、因、充、犯、羞、敕、厕、博、方、挨、

贫、炮、熅、吐、陷、用、愁、丰、式、负、葱、低、客、驿、中、起、返、

献、阖、靓、天、来、致、述、擩、序、侵、謷、稚、眅、摇、再、抚、瘠、

试、巫、无、斫、任、泻、食、簿、奕、测、剥、彰、諴、茂、救、浅、鬪、

角、棱、咸、异、妄、损、烧、炊①、诒、搏、态、凡、困、移、贡、治、

碰、遗、齐、淖、此、帅②、澌、宠、謽、泪、訇、谟、疑、霖、嘉、如、

反、索、堕、复、志、顾、蚌、虐、并、狃、害、之、俱、馈、纳、踔、欤、

刘、呵、赋、怼、校、怨、撞、早、拘、赖、谨、亡、属、殊、节、促、考、

乳、福、驰、相、任、制、执、要、触、厌、装、端③、边、及、横、静、

瘰、痞、穀、痂、造、条、审、嚔、竝、丽、贤、纪、荐、负、乃、卿、章、

间、非、诳、總、载、吹、何、放、演、巡、赒、賒、赌、镇、径、挂、喻、

菲、颠、设、憩、登、惑、赦、三、伶、肇、暮、卧、諌、邦、宜、渗、夂、

割、寋、会、鋻、䲔、统、裹、第、兹、今、怀、振、捋、操、流、留、泽、

又、括、封、慤、气、伪、防、刚、摺、耐、禅、娠、纯、擅、惊、浚、仰、

溇、卜、凌、退、踶、躐、悴、镂、遂、育、体、旳、讯、振、擘、长、抵、

畲、气、挌、咸、益、升、攘、沣、德、莫、保、俐、迁、培、愒、惮、际、

潚、畜、偿、恘、美、祀、嶤、威、若、受、足、抚、憎、衡、圣、仞、汝、

诣④、侮、且、请、帅、礼、捐、夐、奄、歆、贾、溃、倒、漠、怕、襐、

坑、钞、谷、頯、祜、观、感、豫、游、符、爛、偻、於、于、瞻、旋、噬、

隐、阅、躯、地、贺、适、党、馔、喈、嘹、碍、央、违、穿、佞、诞

---

① "炊"，原作"烦"，今据《广雅》改。
② "帅"，原作"师"，今据《广雅》改。
③ "端"，原作"瑞"，今据《广雅》改。
④ "诣"，原作"谐"，今据《广雅》改。

《释言》第二

令、隤、蘽、亏、制、指、已、据、杖、均、似、注、媒、漫、跌、
嫭、嫽、程、脂、写、抗、酥、遾、暜、操、纠、叩、和、菅、氓、养、射、
侯、荏、约、窜、刌、侍、距、阒、闭、凿、准、曤、夭、等、榰、著①、
切、脸、累、阅、挽、利、劁、是、群、缮、僈、斥②、谮、如、暴、铄、
谪、衰、剖、盈、判、叽、经、功、踦、尾、恐、记、拑、陭、託、悟、略、
燥、基、渥、疑、贯、縏、持、拼、亡、偿、恭、尊、卑、缺、敷、掎、度、
浮、肥、廓、暗、蹈、扶、兼、丰、即、库、绍、豹、娉、磔、法、暂、均、
遹、聊、企、援、火、离、游、澌、刻、削、倍、剡、掏、諓、卒、与、壬、
蹢、漱、渼、啁、渫、懥、辟、甾、肃③、泆、漏、陋、支、特、謫、牴、
儿、汙、然、整、战、枝、掘、祸、术、鄙、掠、慎、遇、率、情、析、葆、
弛、毒、是、摘、諞、樊、佳、暂、鲜、繁、时、包、云、世、是、比、胁、
遣、晓、挩、蹲、讽、称、押、轧、炳、揆、孳、纽、演、振、以、仵、味、
荄、休、克、引、态、承、戒、交、倨、旁、想、道、疣、疏、循、局、逢、
币、匿、襄、癖、衔、距④、品、揆、奇、嬻、痤、钻、榷、围、固、那、
勸、顿、窥、伺、忽、赁、搏、宪、垢、宣、蘸、咄、薑、赧、奎、刊、附、
蓄、扬、阙、券、扶、拟、光、訾、勚、癥、式、若、茹、诉、般、懇、欹、
掊、掔、辛、缀、共、孔、妨、耗、初、拀、笘、熚、赐、瘟、谓、彼、柄、
骀、馌、偃、绎、错、变、抵、俭、唯、渫、验、角、攻、像、隅、缩、喝、

---

① "著"，原作"等"，今据《广雅》改。
② "斥"，原作"斤"，今据《广雅》改。
③ "肃"，原作"萧"，今据《广雅》改。
④ "距"，原作"趾"，今据《广雅》改。

抠、子、殀、箅、衜、逦、别、肬、晖、禒、蟜、痹[1]、尰、咽、鷚、烗、长、稚、久、乡、喜、忧、清、泥、抓、密、概、稠、敌、液、敓、刮、契、侮、镂、请、顿、笮、蒙、试、抑、暂、发、猥、释、疑、能、庶、异、罚、则、稍、异、搕、蜥、声、所、咢、读、道、驾、诅、拘、闟、瘢、詖、膥

《释训》第三

著、敬、危、惧、武、视、缓、喜、笑、和、忧、高、雪、雨、风、露、平、大、弱、小、明、语、悲、白、深、长、疲、不安、剧、进、爱、诚、飞、光、暗、容、走、香、行、来、肥、流、浮、坚、茂、盛、众、远、鸣、声、转、元气、乱、舞、动、切切、更更、健、难、跳、好、号、尽、比、虚、采、仁、孝、疾、反、浴、思、善、用、憭、不善、倾侧[2]、不平、诘诎、小恶、夭挢、障蔽、深冥、无常、伀伀、怀忧、儴佯、徙倚、惶剧、便旋、翳荟、牵引、犹豫、踤跦、浮游、举动、畏敬、不进、不解、不带、转戾、参差、乖剌、垢浊、卓异、雄杰、汙濊、不平、霜雪、难行、琦玩、摇捎、振讯、谨敬、窊衺、恐惧、浩溔、展极、忼慨、戏荡、八疾、反侧、怖懅、僫咨、謰謱、欺慢、啁欺、匍跧、无赖、褚卒、缠绵、直视、都凡、盘姗、失足、却退、驱驰

《释亲》第四

父、母、姊、妹、社、先后、槷、牧、兄、弟、子、孙、子、男、威、姬、姑、咨、嫂、末、夫、妻、妇、妾、壻、父㚢、母㚢、小君、丈夫、妇人、嬬、倩、膏、脂、胎、胞、筋、骨、成、动、躁、生、胎、身、头、頟、髑髅、眼、眸、项、颊、领、頔、口、吻、龇、舌、咽、戚、匈、臂、胑、

① “痹”，原作“痺”，今据《广雅》改。
② “侧”，原作“倒”，今据《广雅》改。

胁、肋、肺、心、肝、脾、肾、肚、胯、肠、腹、腴、背、脢、臂、腄、腨、胫、脚、臀、胴

《释宫》第五

舍、墍、埒、庵、巢、阁、灶、陉、埭、窠、椙、椽、栋、甋、枅、栾、笮、柱、磶、闑、阶、除、窟、仓、官、甎、甃、牢、门、扉、阙、丞、砌、朱、屏、闒、厨、街、里、垣、女墙、杝、棚、涂、杙、道、磼、隄、隈、独梁、徛、庙、五帝庙、狱、梏、桎、厕

《释器》第六

盆、缶、瓺、甔、罂、瓶、釜、铫、铧、镰、榍、槃、桿、盂、杯、爵、卮、瓢、栲落、箸筥、匕、箸、杓、柜、煸、簾、箕、畚、籄、笰、筍、匲、械、梼、镬、铦、饳、缷、篁、栫、罟、罔、率、兔罟、橶、䡾、版、镈、绢、缣、素、丝、紬、绡、练、绝、绦、綵、衣、冠、帻、幭、帻、帔、巾、被巾、覆结①、幝、幬头、褌衣、襦褕、褪、裼、长襦、襜、裨、襢、袑腹、帔群、蔽膝、繘、带、裎、袖、褕、袂②、祛、褛、褲膝、被、绔、襬、幝、褌、袈、袡、次衣、裤、袪、襆、帐、嬚、发、鬏、履、无綗、綦履、屩、鞭、绞、纑、衰、笠③、䄷、幰、翳、幡、袠、襻、囊、纕、镜、栉、籚、柞、索、绠、络、车、钫、鹿车、肇、辔、輨、轵、辖、箱、轼、镢、鞗、鞕、伏兔、轮、轵、轴、釭、轙、辖、辇、笑、犇带、綯、篖、勒、缰、绥、胁、䆉、辂、鞘、绊、枸、枥、囊、骨、血、膜、肉、銨、蕴、脔、肟、臡、脯、臞、腉、胫、胘、脂、黔、爨、餐、叟、糳、糒、糍、粖、馂、饔、饵、饧、馈、饘、乳、酒、浆、酢、酸、晻、幽、麹、盐、酱、菹、甘

---

① "结"，原脱，今据《广雅》补。
② "袂"，原作"袄"，今据《广雅》改。
③ "笠"，原作"芝"，今据《广雅》改。

穟、灡、滫、淀、臭、香、鼎、鬵、毛、鞱、羽、翼、屩、鐵、鋊、锡、湏、矿、链、鋋、斧、斨、鈙、鏨、刉、镰、铣、鐶、鉤、鍱①、籖、钉、鍼、鐥、铨、权、钻、锥、镂、铝、砺、蠱、鉏、锭、桐、蒲、扇、簿、刷、紨、梭、栫、植、篗、橇、杓、篙、斛、桶、篱、㝵、笼、牆居、筐、簏、槌、笛、䉤、程、籍、笓、柄、椹、椎、杖、筴、筐、柱距、桺、奥、舌、鎜、杵、杷、枷、笑、符籄、席、籧篨、笭筐、柴、柆、丹、弹、弦、弧、韘、鞙、弓藏、矢藏、箭、镝、剑衣、剑削、镡、刀削、剑、刀、矛、欑、铍、戟、戣、雄戟、镈、盾、铠、胄、錏鍜、牙、铃、印、钮、绶、笱、篕、几、牀、招、簀、杠、榻枰、柎、蓐、籭、鞯、炬、龠、合、升、桓、区、釜、锺、斛、秉、管、稯、秅、爵、觚、觯、角、散、绢、红、绛、皁、青、赤、黄、白、黑、棺、脉、饼、弓、弩

《释乐》第七

乐名、鼓名、琴名、瑟、柷、敔、钟、磬、埙、鼗、箫、笙、竽、笛、管、倩、歌

《释天》第八

年纪、九天、天度、宿度、八风、祥气、祅气、常气、灾、五帝号、月行九道、月冲、七燿行道、异祥、日、月、天汉、雷、云、雨、景、风师、雨师、云师、日御、月御、太岁、榦、枝、甲乙刚柔、干支配疆域、星、祀处、祭祀、隶兵、旗帜、熟

《释地》第九

四海九州、池、玉、珠、石之次玉、五方异物、家、邻、朋、里、邑、都、师、州、土、耕、种、大原

---

① "鍱",原作"鑷",今据《广雅》改。

《释丘》第十

柲丘、邱、峊、陵、京、阿、自、圹、冢、葬地、险、阪、厓、隈、椒丘

《释山》第十一

泰山、霍山、太峚、恒山、嵩高、衡山、嶰山、开山、开头、山、石、岳、出铜之山、出铁之山、崏崙虚、谷

《释水》第十二

濆泉、州、陼、沚、渚、海、江、河、淮、济、伊、洛、瀍、涧、汉、渭、汝、泾、湍、矶、坑、渊、水、波、船、舟、筏、舫、舳、浮梁、崏崙虚所出之水、荥、派

《释草》第十三

白蓉、蕨、菩、蕡、蕺、藕、地榆、蘼蕪、兰、蔽、葰、青蒿、苦杞①、苦菜、泽翘、羊蹄、牛蒡、马苋、菖蒲、芍药、马辛、鱼芥、葶苈、蘿、五味、当归、东根、丹蓡、木禾、药实、黄连、远志、大黄、黄芩、马先、蛇床、荞、商陆、羊桃、泽兰、续断、地黄、蕙草、茯苓、蘿麦、松萝、甘遂、马饭、苿、蒨、兔丝、枸杞、莎隋、甘草、款冬、黄精、细辛、狗脊、薢茩、羊角、枲耳、蒲公、荚光、蘳、藜、寄生、桔梗、牡丹、龙须、泽枲、女木、龙胆、元蓡、人蓡、沙蓡、青襄②、杜蘅、乌芋、麻黄、众耳、女菀、云实、萍、竹、筤、笨、桃支、筑、菌、藻、凫葵、莨、莜、茚、苞、蓍茵、卢茹、菝葜、蒿子、藁本、贯众、童臼、乌葛、巴豆、薇、燕薁、茈草、鸡头、升麻、芶、王瓜、

---

① "杞"，原作"枸"，今据《广雅》改。
② "襄"，原作"莎"，今据《广雅》改。

薯蓣、蜀枣、藤、石衣、蕈、枣、梸、稈、稤、狗骨、白芷、苏、秜、秋、
穄、麻、蕨、术、苔、蹓豆、胡豆、莽、棘、蕁、箭、燋、华、根、蒂、蕚、
草、薄、蓍、益母、茅、禾、英、虋、蒚、芙蓉、菁、木稷、葱、薹、蕳、
菰、马蓼、虆、蒡勃、芦萉、芜菁、瓠、蓏、水芝、瓜属、胡麻、水苏、
马舄、朝菌、鬼督邮、蕫草、鬼箭、苺、海藻、地葵、狼毒、蕳蕩、鈎
吻、乌韭、荔、藻、蘘荷、鹿蕾、射干、狐桃、萱、白苣、马帚、葱、
矜禽

《释木》第十四

荆、曼荆、褚、栯、松、檡、椒、奈、樒、樱桃、山李、茱萸、
桃、栊、枚、柴、薪、枝、茎、干、栟、槤、落、榛、梨、栗、橡、柚、雨
师、柘、杜仲、厚朴、桂栏、龙眼、山榆、柘榆、栀子、宛童、秀、
椵榯

《释虫》第十五

蝉、螶、马蜩、蚅、蟋蟀、蚍蚁、蛾、青蟵、蟩、蟫、蟥蟚、蚰
蜒、蠦蜉、蛺蝶、蜻蛚、蝼蛄、马蚿、蜂、螱、尺蠖、蟋蟥、螗蜋、蝷
蛸、蛵、蛩蛵、蟷蟭、马蛶、蜻蛉、蛱蛷、盅、蟹、朝蟧、蛣、蝗、蚯
蚓、负蠜、飞蛾、蛚、沙虱、蜋蛢、白鱼、土蛹、樗鸡、晏青、蜕、
青蚨

《释鱼》第十六

鲕、魢、鮎、鲖、鲋、鳏、鲲、鳣、鲧、鲻、鲛、鲵、鲟、鲴、鱽、
鲼、鲭、鲛、蜇蝎、魤、龙、爪龟、长股、虾蟆、蟹、蒲卢、蝾螈、儵、
蛾、魟

《释鸟》第十七

燕、子鳺、布谷、雕、怪鸱、鹄鸴、老鵗、雚雀、鸖、鹣、鶺、

鸠、鶭鸠、鶷、鸥、戴胜、雀、鹎鸡、鴉、乌、雒、鹊、雉、斌螻^①、飞
鸓、鹘鸥、鸠鸟、凤皇^②、凤皇属、怪鸟属、鹑、鹑杌、鸮、鸎、鹰

《释獸》第十八

虎、猫、狸、獾、猕猴、狄、狭、羃、蛀、狡獥、豕牝、圈、麑、麂、
兔子、狼、獭、足、雄、雌、犝、麕、鼠属、兽、豹

《释兽》第十九

马属、牛属、羊属、豕属、犬属、鸡属

　　《广雅》所释诂训名物，计二千三百四十三事，虽有多数同于
《方言》，然汉以后之诂训名物，亦颇有之，可以见社会文化进步之
迹。至其条例，就《广雅》原书，为之整理，得二十有二例，记之
于下。

　　（一）以偶名释奇名例。如"鞭、鞬、櫜、韬、韣，弓藏也""捆、医、
臕、欨、鞴、靫，矢藏也"之类，盖弓藏、矢藏为人所易知之名，用以
释奇名之不易知者。

　　（二）以奇名释偶名例。如"飞䖵、矰第、矢拔，箭也""平题、
钯錍、鉤肠、羊头、鉾鑢、镞矜，镝也""龙渊、太阿、干将、镆铘、莫
门、断蚰、鱼肠、醇钧、燕支、蔡伦、属^③鹿、干队、堂谿、墨阳、巨阙、
辟间，剑也"，"箭、镝、剑"虽是奇名，而为人人所共知者，用以释不
易知之偶名。

　　（三）以今名别古名例。如"藋粱，木稷也"，今之高粱，古之稷

①　"螻"，原作"蠑"，今据《广雅》改。
②　"皇"，原作"凰"，今据《广雅》改。下"皇"同。
③　"属"，原作"屡"，今据《广雅》改。

也。秦汉以来,误以粱为稷,高粱遂名木稷,故加木以别之。

(四)以通语释异语例。如"翁、公、叟、爸、爹、奢,父也""媓、妣、媲、婶、媪、姐,母也""媌、孟,姊也""娓、娣,妹也"之类,异语者或古今异语,或国别异语,通语者无古今国别之分,故以通语释古今国别异语。

(五)有异名同实,分两条以释例。如"臀谓之脽",又"臎、尻、州、豚,臀也";"盂谓之槃",又"盄、槾、案、盝、铫、锐、柯、櫂、椆、栓、抉、盦、盗、椀,盂也"。合二条而观之,则"臎、尻、州、豚"亦可以谓之脽,"盄、槾、案、盝、铫、锐、柯、櫂、椆、栓、抉、盦、盗、椀"亦可谓之槃。

(六)有异实同名并一条以释例。如"广平、榻枰"之类,盖广平者为博局之枰,榻枰者为床榻之枰,实不同也,并一条而释之。

(七)有一物异年龄而异名例。如"藋,奚毒,附子也",一岁为莭子,二岁为乌喙,三岁为附子,四岁为乌头,五岁为天雄之类,本是一物,因年龄之久暂而异其名也。

(八)有一物异容量而异名例,如一升曰爵,二升曰觚,三升曰觯,四升曰角,五升曰散。本是一物,因容量大小而异其名也。

(九)有大小同实异名不言大小例,如"鸐鸱,鹘鸱也",按《方言》"野凫,其小而好没水中者,南楚之外,谓之鸐鸱,大者谓之鹘蹏",蹏与鸱通,则鸐鸱小,鹘鸱大,因大小而异名,而不言大小也。

(十)有大小同实异名一明言一不明言例。如"鮂,鰡也""大鰡谓之鱃"之类,以大鰡谓之鱃,即知小鰡谓之鮂,只明言大,而不言小也。

（十一）有释名物性质例。如"秈，稉也""秫，稷也"之类，按《众经引义》引《声类》云："秔，不黏稻也，江南呼秔为秈。"《九谷考》云："稉之为言硬也。"不黏者也，则是稉为秈之性质，《说文》云："秫，稷之黏者。"《尔雅》释文引《字林》云："稬，黏稻也。"稬与稷同，是稬为稷之性质。

（十二）有释称谓意义例。如"父，榘也""母，牧也""弟，悌也""男，任也""女，如也""肺，费也""心，任也""肝，干也""脾，裨也"之类。按《白虎通》云："父者，矩也，以法度教子也。"《素问·阴阳类论》："阴为母。"注："母所以育养诸子，言滋生也。"此即牧之义。段玉裁云："牧者，养牛人也，以譬人之乳子是也。"《白虎通》云："兄者，况也，况父法也。弟者，悌也，心顺行笃也。"《大戴礼》云："男者，任也，言任天地之道而长万物之义也。女者，如也，言如男子之教而长其义理者也。"《白虎通》云："肺之为言费也，情动得序。"《释名》云："肺，勃也，言其气勃郁也。"肺、费、勃叠[1]韵。《白虎通》云："心之为言任也，任于恩[2]也。"《释名》云："肝，干也，于五行属木，故其体状有枝干也。""脾，裨也，在胃下，裨助胃气主化谷也。"凡此皆是释称谓之意义也。

（十三）有共名上加一字为别例。如"罔谓之罟""罻罾，鱼罔也""罝罦，兔罟也"之类，罔与罟是共名，罻罾是鱼罔之专名，罝罦是兔罟之专名，故加鱼字、兔字以别之。

（十四）有在原名上加一字自成一名词例。如"袒、饰、裒明、禅、

---

① "叠"，原作"垒"，今据文意改。
② "恩"，原作"思"，今据《白虎通义》改。

袍、褿,长襦也",襦本短衣之名,加一长字,自成一名词。

(十五)有以动词为名词,如"栖谓之床"之类,栖本动词,因所栖者即谓之栖,而为名词也。

(十六)有连释例。如"渍泉,直泉也;直泉,涌泉也"之类,以涌泉释直泉,以直泉释渍泉而连释之。

(十七)有同实因所在而异名例。如"昔邪,乌韭也。在屋曰昔邪,在墙曰垣衣",昔邪与垣衣同实,因在屋、在墙而异名。

(十八)有异实一部分同名例,如"粢、黍、稻,其采谓之禾""韭、虌、荞,其华谓之菁","粢、黍、稻"异也,而其采之名则相同,"韭、虌、荞"异也,而其华之名则相同。

(十九)有同实以雌雄而异名例。如"鸩鸟,其雄谓之运日,其雌谓之阴谐","运日""阴谐"皆鸩鸟也,因雌雄而异名。

(二十)有同实以小部分不同而异名例。如"有鳞曰蛟龙,有翼曰应龙,有角曰虬龙,无角曰螭龙"之类。同一龙,因有鳞有翼、有角无角而异名。

(二十一)有全体同名、一部分异名例。如"镈、矛、鏝、胡、釪、戛、戈,戟也。其锋谓之鐬,其子谓之戚","镈、矛、鏝、胡、釪、戛、戈",其全体皆共名为戟,其锋、其子而异名也。

(二十二)属例。如"鷚鸟、鸾鸟、鸀爽、鹥鸑、鶷鶛、鶏鶏、广昌、鷦明,凤皇属也"之类,各物虽有专名,总与凤皇为一类,而又非凤皇,故以"属"字该之。

以上二十二例,据《广雅》全书得其大概如是。惟是古人著书,其条例不甚严密,如《释地》"玉、珠"等不入《释器》,犹可谓非人造之器也，而"船、舟、筏^①"等，明明是人造之器，不入《释器》而入《释水》，此则条例之不甚严密者也。

（三）《广雅》之校注

张揖著《广雅》，凡一万八千一百五十文，分为上中下[一]。《隋书·经籍志》亦作三卷，与《表》所言上中下合，然其注又云："梁有四卷。"不知所析何篇。《馆阁书目》又云：今逸，但存《音》三卷。曹宪《音释》，《隋志》作四卷，《唐志》作十卷[二]。卷数各参错不同，盖揖书本三卷，《七录》作四卷者，由后来传写析其篇目。宪注四卷，即因梁代之本，后以文句稍繁，析为十卷，又嫌十卷繁碎，复并为三卷。观诸家所引《广雅》之文，皆具在今本，无所佚脱，知卷数异而书不异矣。然则《馆阁书目》所谓"逸"者，乃逸其无注之本；所谓"存音三卷"者，即宪所注之本，揖原文实附注以存，未尝逸，亦未尝阙，惟今本仍为十卷，则又后人析之，以合《唐志》耳[三]，是《广雅》实为完全之书。自汉以后，至于北魏，名物诂训，藉《广雅》之记录，得存于今者矣。惟《广雅》亦有脱佚之处。清代治《广雅》者三家，一钱大昭，一卢文弨，一王念孙。卢文弨之书未成。钱大昭之书，桂馥尝叹其精审，当与邵晋涵《尔雅正义》并传[四]。顾钱氏之书，亦不多见，今通行者惟王念孙之《广雅疏证》[五]。据王氏所校，凡字之讹者五百八十，《疏证补正》改为五百七十八；脱者四百九十，《疏证补正》改为四百九十一。衍者三十九，先后错乱者一百二十三，正文误入音内者十九，音内字误入正文者五十七。是《广雅》

---

① "筏"，原作"笩"，今据《广雅》改。

一书，得王氏之校，更为完全也。惟是《埤苍》与《广雅》，各自为书，《埤苍》已佚，无由知其体例若何。以意度之，凡《埤苍》之所收者，当不复再收于《广雅》之内，如《释木》："梏榴，柰也。"王补"石榴"二字，作："梏榴、石榴，柰也。"注云："梏与若同，若、石声相近，故若榴又谓之石榴，各本脱'石榴'二字。《艺文类聚》《太平御览》及李善《南都赋》注并引《广雅》云：'若榴，石榴也。'今据补。"王氏之所补，固极有根据矣。而《初学》二十八引《埤苍》云："石榴，柰属。"安知张揖已收"石榴"于《埤苍》，故《广雅》不复及之，是王氏之所补者，或亦可以不必补矣。然此说亦不能成立，如《释鱼》："鯆鱼，鯆鱼也。"而《晋书·夏统传》何超音义引《埤苍》云："鯆鱼，鯆鱼也。一名江豚，多膏少肉。"《释鸟》："戴颁、戴纴、鸱鸼、泽虞、鵖鴔、尸鸠、戴胜也。"而《诗·召·鹊巢》正义引《埤苍》云："鳲鸠，鹊鴔。"《尔雅·释鸟》邢昺疏引《埤苍》云："《方言》云戴胜。"可见既收于《埤苍》，又收于《广雅》者，不止一二，未能据此而议王氏所补之不当。王氏之《广雅疏证》，其《自序》云："诂训之旨，本于声音，故有声同字异，声近义同，虽或类聚群分，实亦①同条共贯，譬如振裘必提②其领，举网必挈③其纲，故曰本立而道生，知天下之至赜而不可乱也。此之不悟，则有字别为音，音别为义，或望文虚造，而违④古义，或墨守成训⑤，而匙会通，易

① "亦"，原作"其"，今据《广雅疏证》改。
② "提"，原作"挈"，今据《广雅疏证》改。
③ "挈"，原作"振"，今据《广雅疏证》改。
④ "违"，原作"非"，今据《广雅疏证》改。
⑤ "训"，原作"法"，今据《广雅疏证》改。

简①之理既失,而大道多歧矣。今则就古音以求古义,引申触类,不限形体,苟可发明前训,斯凌杂之讥②,亦所不辞。其或张君误采,博考以正其失;先儒误说,参酌而悟其非。"王氏以形声义互相推求,《广雅》一书,更成为训诂学上重要之典籍。段玉裁称其书尤能以古音得经义,足征王氏《广雅疏证》之精也。《广雅疏证》刊成后,王氏又补正数百事[六],如《释诂》:"业,始也。"注:"业犹创也。"下补《庄子·秋水篇》云:"将忘子之故,失子之业。""令、龙,君也。"注:"令,君也。"下补《韩子·初见秦篇》云:"立社稷主,置宗庙令。""聆,从也。"注:"古通作令。"下补《商子·算地篇》云:"故国有不服之民,主有不令之臣。""孺,生也。"注:"李颐云:'孚乳而生也。'"下补《大荒东经》云:"东海之外大壑,少昊孺帝颛顼③于此。"共计五百有一则,得此补正,而其疏证愈精密也。清嘉庆时刘灿有《续广雅》三卷[七],列目一照《广雅》,采取颇丰富,未标所自。乾嘉以后人著书,似不应如是,惟亦有不必续者,如《释诂》:"载、道、迺、经、端、正、自、幼、倡、兆、易、开、甫、肁、祝、统、枢、律、适、产、生、甲、造、朝、立、乍、聿、新、发、草创,始也",肁之训始,已见于《尔雅》,肇即肁之借字,不必复出。又如《释亲》:"父,生曰父,死曰考;母,生曰母,死曰妣。男子先生曰伯兄,后生曰季弟。"亦已见于《尔雅》,不必复出。要其续《广雅》之处甚多,使有好事为之作注,亦训诂学有用之一书也。王氏《疏证》,注"未详"者颇多,即未注未详,而不疏证者,亦颇有之,如训大之"勎、勴、䞚",训

---

① "易简",原作"简易",今据《广雅疏证》乙正。
② "讥",原作"议",今据《广雅疏证》改。
③ "顼",原作"琐",今据《山海经·大荒东经》改。

至之"望、繄",训顺之"猷",训善之"忿",皆不疏证,似此者颇多,其普通如训始之"古、昔、先、创",其不疏证者,或亦可以不必疏证也。而"汇、勎、勧、婤"训大,"望、繄"训至,"猷"训顺,"忿"训善,此必不可不疏证者,而王氏不疏证,则诚有所未及也。清光绪时俞樾有《广雅释诂疏证拾遗》四卷[八],凡王《疏证》所阙者,则拾遗而疏证之,惜未成书,仅成《释诂》一篇,计补《疏证》"汇、勎、勧、婤、望、忿、长、言、猷、危、集、苏、祖、毖、征、毒、幹、焉、菖、疏、亭、杬、充、殈、粜、高、旅、震、致、刻、劖、剌、刺、跧、眕、肆、突、麿、嫲、俙、属、鬐、溦、丛、掃、娥、爽、戠、晛、賦、潜、营、福、移、捏、虞、句、潼、撲、罚、噬、咮、媧、鰡、急、捋、幪、饒、敕、虑、悴、喤、宄、圹、养、威、癯、泙、肆、隋、蹴、媠、訽、佳、俺、剔、羲、戏、攻、鲁、效、踳、拊、薮、陶、风、枭、赘、奠、都、幭、心、恩、标、隤、堪",共一百六字。如汇训为器之大,据《说文》,汇训器,汇从匚淮声;据《释名》淮训围,围绕有大义。"勎、勧"即"并、毗",《释言》"并、兼也",兼之则大。毛传:"毗,厚也。"《墨子·经篇》:"厚有所大也。""婤",《玉篇》"大也",字亦从大作奝。颇详核而不穿凿。嗣后又王树枬《广雅补疏》四卷[九],虽非专补王氏《疏证》所不及,而亦可以补王者。如《释诂》"聆、听、自、言、仍、从也",王氏"听、自、言"皆不疏证,"听、自"训从,义殊普通,"言"训从,应有疏证以显之。王树枬云:"《书·洪范》'言曰从',《春秋繁露·五行五事①篇》'言曰从,从者可从'。"又如猷训顺,王氏不疏证,王树枬《补疏》云:"猷与犹古字通(按,猷即犹字)。《诗·小星》'实命不犹',毛传:'犹,若

---

① "事",原脱,今据《春秋繁露》补。

也。'《尔雅·释言》作'猷，若也'。郭璞注引《诗》作猷，犹命不顺也。《尔雅》'若，顺也'。亦通作由，《诗》笺'由，从也'，从亦顺意。亦通作游，《汉书》注引服虔云：'游，流也。'《尔雅》'顺流而下曰泝游'。"按，俞书言训从，仅引《洪范》，未引《春秋繁露》；猷训顺，仅引《尔雅》与《诗》传，未引通作由、游，是王《补疏》，又可补俞氏之所未及。要之，皆可以补王氏《疏证》者也。设以王氏自补者与俞、王两书，直补于王氏《疏证》之内，而更补俞、王之所不及，使王氏之《广雅疏证》，毫无缺陷，则亦可贵者也。

【注】

［一］见江氏《古今文字表》。

［二］《广雅音》，《隋志》四卷，《唐志》十卷，晁公武《读书志》云："隋曹宪撰，魏张揖尝采《苍雅》遗文为书，名曰《广雅》。宪因揖之说，附以音解，避炀帝讳，更谓《博雅》云。"按，《唐志》作《博雅音义》。

［三］见《四库书目提要》。

［四］《清史列传》：钱大昭，字晦之，江苏嘉定人，太学生大昕弟也，著《广雅义疏》二十卷。

［五］《广雅疏证》十卷，清王念孙著。念孙，字怀祖，江苏高邮人，乾隆四十年进士，官至永定河道，道光十二年卒，年八十九。是书刊入《学海堂清经解》内，淮南书局单行本，前有段玉裁《序》。

［六］《广雅疏证补正》一卷，清王念孙著。罗振玉据手稿本移录，民国十八年印，在《殷礼在斯堂丛书》中。

[七]《续广雅》三卷，清刘灿著。灿，字星若，浙江镇海人，与
黄式三同学，嘉庆优贡生，其书嘉庆二十四年刊。

[八]《广雅释诂疏证拾遗》四卷，清俞樾著。樾，字荫甫，学
者称为曲园先生，著有《春在堂全书》。是书在《春在堂
全书》中《俞楼杂纂》内。

[九]《广雅补疏》四卷，清王树枬著。树枬，清直隶新城人，
入民国尚存。其书刊在《文莫堂丛书》内。

四、《广雅》以后之群雅

自《尔雅》以后有《小尔雅》，自《小尔雅》以后有《广雅》，悉已
述之于上矣。《小尔雅》与《广雅》，皆所以广《尔雅》之所未备。《小
尔雅》之分目，与《尔雅》略有出入，《广雅》分目，一准《尔雅》，而
搜辑尤多，则《广雅》为《尔雅》后之一巨大著作。惟是名物训诂
之散见于群籍者，终不能搜辑以尽，况庶业綦繁，名物训诂之随时
增多者，更不可胜数，所以《广雅》以后，其业日增。有专搜辑名
物之一种者，有专搜辑训诂之一种者，有专搜辑语词之一种者，有
专搜辑一书中之名物训诂者，有专搜辑骈字叠字与同声假借者，
更有专搜辑《尔雅》《广雅》已释未详与《尔雅》《广雅》所遗释者。
凡此群雅，皆是《广雅》以后之书，而为《尔雅》之一派。以著者
目之所及，略计之一十有五：一、陆佃之《埤雅》；二、罗愿之《尔雅
翼》；三、董桂新之《埤雅物异记言》；四、朱谋㙔之《骈雅》；五、田
宝臣之《骈支》；六、方以智之《通雅》；七、吴玉搢之《别雅》；八、
许印林之《别雅订》；九、陈奂之《毛诗传义类》；十、朱骏声之《说

雅》；十一、程先甲之《选雅》；十二、洪亮吉之《比雅》；十三、夏味堂之《拾雅》；十四、史梦兰之《叠雅》；十五、刘灿之《支雅》。此外尚有未经寓目，或其书已佚者有十：一、刘杳之《要雅》[一]；二、刘伯庄之《续尔雅》[二]；三、徐常吉之《六经类雅》[三]；四、牛衷之《埤雅广要》[四]；五、程端蒙之《大尔雅》[五]；六、董梦程之《大尔雅通释》[六]；七、沈毅斋之《增广大尔雅》[七]；八、罗日褧之《雅余》[八]；九、张萱之《汇雅》[九]；十、张萱之《汇雅后篇》。其《羌尔雅》《番尔雅》《石药尔雅》《本草尔雅》不与焉。而又有短篇小记，如王念孙之《释大》，庄绶甲之《释书名》，程瑶田之《释宫》《九谷考》《释草》《释虫》《果蠃转语》等，成蓉镜①之《释饭鬻》《释饼饵》《释名》等，孙星衍之《释人》以及叶德辉《释人疏证》，虽不标雅名，要亦是《尔雅》之一派，而单字之释不与焉。兹除未经寓目或其书已佚者外，次第记之于后。

【注】

[一]《梁书·文学传》："刘杳，字士深，平原人也。少好学，博综群书，沈约、任昉以下，每有遗忘，皆访问焉。撰《要雅》五卷。"按，《要雅》已佚，惟王应麟《玉海》曰："《周礼疏》，刘杳《要雅》亦以宜成为酒名。"

[二]《唐书·儒学传》："刘伯庄，徐州彭城②人也。"又高似孙《纬略》："刘伯庄又有《续尔雅》。"按，《续尔雅》一卷，

---

① 镜，原作"境"，今改。
② "城"，原脱，今据《旧唐书·儒学传》补。

见于《唐志》,已佚。

[三] 徐常吉,明人,履略无考。《六经类雅》五卷,不见著录。近中国书店有此书,余知之,已为他人购去矣。

[四] 牛衷,明蜀府护千户。据其《自序》,蜀王以陆佃《埤雅》未善,命衷补之。衷因佃之旧文二十卷,增摭群书所载,复成二十卷。

[五] 程端蒙,字正思,宋德兴人,一作鄱阳人,朱子门人。《经义声》作五卷,《新安文献志》作《小学字训》,一作《理学字训》。

[六] 董梦程,字万里,号介轩,宋德兴人,黄幹弟子。陈栎云:端蒙《大尔雅》,同邑董介轩尝为注释(见《经义考》)。

[七] 陈栎云:沈毅斋以程训未备,增广之(见《经义考》)。

[八]《雅余》八卷,见《明志》。

[九] 张萱,字孟奇,明博罗人,万历举人。萱好大言,其自题《汇雅》云:“非十年不敢出,然一出当令古今字书皆废。”萱与赵宧光同时。

[十]《明志》二十卷,《四库全书》作《续编》二十八卷。《四库全书提要》云:“此书每篇皆列《尔雅》,次以《小尔雅》《广雅》《方言》之属。下载注疏,附以萱所自释,亦颇有发明。然如《释诂》:‘肃、延、诱、荐、餤、晋、寅、荩,进也。’郭注‘寅,未详’,萱于他注义未详者无所证据,而晋之为进,人皆解者,乃反详之,殊失体要。又若《释诂》:‘祪,祖也。’萱释之曰:‘祪,远祖也。亲在高祖之上,危矣。’此义犹未安。盖明人不尚确据,而好作新论,其流

弊往往如此也。《续编》二十八卷，则皆割裂陆佃《埤雅》与罗愿《尔雅翼》，合为一集，每条以佃、愿之名别之。"

陆佃之《埤雅》

《埤雅》，宋陆佃著[一]，其子宰为之序，所以为《尔雅》之辅，但《埤雅》不释训诂，专释名物，或者为未成之书与[二]。其释名物也，大抵略于形状，而详于名义，寻究偏旁，比附形声，求其得名之所以然。此种方法，极是考证名物之一助，但陆氏用之不慎，未免多穿凿附会之说。盖陆氏之学，出于王安石，故其中多引王安石《字说》，间亦引《说文解字》之说。王安石《字说》，已不可靠，陆氏自己之说，更是不求证据，说以私意。盖宋人训诂之学，大率如是，如释"鳟"云："鳟，好独行，制字从尊，殆以此也。"释"贝"云："贝，背也，从目从八，言贝目之所背也。"释"麇"云："不践生草，不食生物，而有爱吝之意，故麇从吝。"释"麕"云："麕，麕也，麕如小鹿而美，故从章也。章，美也。麕性善聚善散，故从囷。囷，聚也，亦散也。"释"豹"云："狼贪豹廉，有所程度而食，其字从勺，当为是也。"释"貍"云："今貍脊间，有黑理一道如界，或曰，字从理省以此，与鲤之制字同义，鲤三十六鳞，虽无变而有理焉。理者，里也，可以数度者也。"释"狼"云："犲祭狼卜，又善逐兽，皆有才智者，故犲从才，狼从良作也。"释"貓"云："鼠善害苗，猫能捕鼠，去苗之害，故猫字从苗。"释"麋"云："麋之文从鹿从米，则以麋性善迷故也。"释"貘"云："皮辟温湿，以为坐毯卧缛，则消膜外之气，字从膜省，盖以此也。"释"猨"云："猨，猴属，长臂善啸，便攀援，故其字从援

省。"释"狗"云:"蝇营狗苟,故从苟也。"释"雅"云:"雅从疾省,
隹之疾捷者,故从疾省也,随人所指踪,故从人。"释"鸤鸠"云:
"《禽经》曰'九鸟曰鸠',其字从九,以此故欤?"释"隼"云:"準从
水从隼,今鹰之搏噬,不能无失,独隼为有准,故其每发必中,而古
之制字者以此。"释"蝇"云:"蝇好交其前足,有绞绳之状,故蝇之
为字,从绳省。"释"萤"云:"夜飞,腹下有火,故字从荧省。荧,小
火也。"释"蠮"云:"蠮盖虫之知声者也,字从响省。或曰蠮善令
人不迷,故从向也。"释"蓬"云:"蓬虽转徙无常,其相遇往往而有
也,故其制字从逢。"释"萧"云:"萧可以祭,故其字从肃。"释"电"
云:"雷从回,电从申,阴阳以回薄而成雷,以申泄而为电故也。"此
种望文生义之释,虽不能谓其毫无理由,而律以严格之训诂,则绝
不宜如是。其释"蝇"、释"隼",展转以求其说之合,释"蠮"且游
移其词,皆非训诂学家应有之态度。

又其繁文芜词,有乖训诂之体例。王慎中驳之云:"释翚雉而
释后服,释马而释车,释骐而释服,释龙而释占,释蓍而释重卦,皆
非其著书本旨。释竹而释武公之德,已去之远,而又及于明器。释
仓庚摘引《月令》可耳,而全录其文。释艾则因'五十曰艾'之文,
而录《礼》文全篇。螽斯、甘棠,既不当释《诗》,而复旁引《庄子》
华封之祝,刘歆宗庙之义。"余读《埤雅》一书,如释"龙"云"曾公
亮得龙之脊,王安石得龙之晴",诚如王慎中之所驳,而为费词矣。
王慎中又驳其谬误之处云:"白华之为菅。菅,其名;白华,其词也。
乃立白华一名而释之,由笺有'白华于野'之文而误,不思毛传已
明也。蒲芦之为野蜂,则不当为草,乃两立其名,而两引《中庸》之
文。羊之始生曰达,小曰羔,未成羊曰羜,既成曰羊,则羔与羜乃羊

之小与未成之通名，不当各立以为名也。木之自毙者曰槔，盖毙木之通名，而非一木之名。豕，豬之通名，豩其牝，豚其牡，牡之去势曰豮，而其牡者曰豭，今乃释豕与释豚为不明也。豝、豵、豜，并见于《诗》，毛、郑皆以为小豕，惟毛以岁纪数，郑以生纪数为异，要之皆野猪也。若为豢兽，则岂狩猎之所能射，且虞人致兽，亦不当驱家畜以待田，虽有一岁豵，二岁豝，三岁特，四岁豜，与豕生三豵二师一特之异释，知其当为野兽者，以《诗》之文义推之当然也。今乃释豝而遗其他，而与豕联释，疑其为豢畜欤？大抵所识者多，而所取者博，固不能无失欤。至于释猫引《画谱小言》，释芍药全录《花谱》，此无异儿童之识。农师之学，不宜陋至此，或其家子弟或他人误增入之也。"按《埤雅》一书，殊为芜杂，如"八月断壶"之壶，即瓠之借字；而十卷《释草》，壶为一条，瓠为一条，壶瓠分而为二，已乖其实，而壶一条又泛及壶尊之类，几不别其为《释草》、为《释器》与。惟王慎中之驳《埤雅》，亦有太过之处，《经义考补正》已辨之[三]。要之，《埤雅》亦有可取之处，颇多异物异言，其所援引，亦有今日未见之书。《四库全书提要》曰："其推阐名理，亦往往精凿，谓之驳杂则可，要不能不谓之博奥也。"斯真持平之论矣。

明有千户牛衷者，就陆氏原书二十卷，增摭群书所载，复成二十卷，为四十卷。其书尚存，余未经寓目。清董桂新著《埤雅物异记言》八卷[四]，其书本《埤雅》所引成说，而有关乎物性者，录为一编，复取本书与他书之足相发明者，旁注其下。此书可谓能得《埤雅》之精，足为读《埤雅》者之一助。

【注】

［一］陆佃,字农师,事具《宋史》本传,史称其精于礼家名数之学。

［二］《四库全书提要》云:"凡《释鱼》二卷,《释兽》三卷,《释鸟》四卷,《释虫》二卷,《释马》一卷,《释木》二卷,《释草》四卷,《释天》二卷。刊本《释天》之末,注后阙字,然则并此书亦有佚脱,非完本也。"

［三］《经义考补正》曰:"王慎中曰:白华之菅,菅,其名,而白华,其词也。乃立'白华'一名而释之,由笺有'白华于野'之文而误,不思毛传已明也。丁杰以为白华即菅之名,陆氏不误,王氏驳之非是。又曰:蒲卢之为野蜂,则不当为草,乃两立其名,而两引《中庸》之文。又以《埤雅·释草》,本谓蜂名蒲卢,蒲卢名果蠃,象于蜂。其两引《中庸》,皆指蜂言,王氏驳之,失其语意。又《尔雅》'豕'在《释兽》不在《释畜》,《埤雅》但有《释兽》无《释畜》,豝、豕、豚三物联释不误,王氏驳之亦非是。"

［四］《埤雅物异记言》八卷,清董桂新著。桂新,字柳江,安徽婺源人,嘉庆时翰林。其书未刊行,其稿本予得之其后裔。

罗愿之《尔雅翼》

《尔雅翼》,宋罗愿著[一]。其书"释草"一百二十名,"释木"六十名,"释鸟"五十八名,"释兽"七十四名,"释虫"四十名,"释鱼"五十五名，通为四百七名，而附见者不与焉。谓之翼者，以言为《尔雅》之翼也。《尔雅》之释，于《诗》为多。今罗氏此翼，明《诗》之义者一百二十章，明"三礼"之义一百四十章，《易象》《春秋传》亦颇有之。罗氏此书，专为名物之辨，一枝之木，一茎之草，一飞走之鸟兽，一游泳之虫鱼，靡不别于疑似，究其归宿，虽未必皆确凿不移，而极可为名物研究之助。如《诗》"邛有旨鹝"，旨鹝，小草五色似绶，故名绶草，罗氏以《诗》之旨鹝为鸟，与上"防有鹊巢"为偶，谓鹊善相地而后累巢，若有惊惧则不累也，鹝善相天而后吐绶，若有戕贼之疑则不吐也；又"宁为鸡口，无为牛后"，今本《国策》《史记》皆同，惟《尔雅翼·释猴篇》："宁为鸡尸，无为牛从。尸，主也，一群之主，所以将众者；从，从物者，从随群而往，制不在我矣。"《左传》"季郈之鸡斗，季氏介其鸡"，《尔雅翼》作"芥其羽"，谓以芥菜之芥，播其羽也。凡此所载，皆与自来之说不合，罗氏其别有所据与？抑出于臆说与？惟自宋以来诸儒，详于性理之谈，略于名物之辨，郑樵之《昆虫草木略》、陆佃之《埤雅》、罗愿之《尔雅翼》，皆是有宋一代名物学之著作。郑非专书，如以兰、蕙为一物，疏漏时有；陆多比附王安石《字说》；而罗书为善，《四库书目》称其书考据精博，体例谨严，在陆佃《埤雅》之上。后有陈氏栎议其书，谓"《尔雅翼》好处可以广人之识见者侭多，可恨处牵引失其精当者不少，内引三百篇之《诗》处多不是"，乃删削其书，别为节本。节本今不传，未知删削者果若何。要之，罗氏之书，在名物上自有相当之价值，洵可为《尔雅》之翼也。

【注】

[一] 罗愿,字端良,徽州歙县人。知鄂州,淳熙乙巳卒,高雅精炼,朱熹特重之。著《尔雅翼》三十二卷,《学津讨原》本。

朱谋㙔之《骈雅》

《骈雅》,明朱谋㙔著[一]。谓之"骈"者,骈之为言并也,联也,字与说俱耦,其自序所谓"联二为一,骈异而同"者也。其目曰《释诂》《释训》《释名称》《释宫》《释服食》《释器》《释天》《释地》《释草》《释木》《释虫鱼》《释鸟》《释兽》,其分目略仿《尔雅》而少其七,其文字专收联语,括殊号于同条,标微言于两字,非字之训诂,是辞之训诂也。《四库全书提要》谓"藻井乃屋上方井,刻为藻文,《西京赋》注引《风俗通》义甚明,而谋㙔以为刻扉之属,改易旧文,殊为未确;又谓都御史为大司宪,詹事为端尹,乃流俗之称,亦乏典据"。按,《提要》所言二则,实不足以驳谋㙔。"藻井"异义,见《御览》一百八十八引《风俗通》;"刻扉"之说,见《演繁露》,说并与《文选注》异;至以都御史为大司宪,詹事为端尹,考马端临《通考》卷五十三及卷六十,所载二名,皆龙朔二年改,非俗称也,惟《骈雅》亦有可议者四事:一、以《方言》《广雅》一字一义者骈语,如《广雅》"翘、𦆑、倮、矮、㧈、𥐫、𢱰、𢶏、㩎、㲁,多也",并以一字为一义,非骈语,而《骈雅·释诂》以"㩎㲁"为众多。二、以三字上下互易作骈语,如《广雅》"媓、姒、妭、嫿、嬾、媼、姐,母也",而《骈雅·释名称》以"嫿嬾、妭嫿"为母。三、不立《释言》一目,将《尔雅》《广雅》中重言分收《释诂》《释训》中，如"仳仳、琐琐，细碎也"，在《释诂》；"仇仇、敖敖，傲慢也"，在《释训》。四、《释诂》中"搴产"两见，"众多"重出，并无异义；《释服食》中"褽襟"即"縱襟"，"禪衣"即"单衣"，不应先后错见；又卷一之"肙辛、斧猝"，本取《广雅·释诂》语，而"肙辛"下，间以"裸委、轮菌、硋硈"方接"斧猝"；卷五之"瑭瑈、瑃珚"本取《广雅·释地》语，而"瑃珚"下，间以"婴垣、琭珢、堥黄"方接"瑭瑈"。其他各条排次，亦有故为儳互处[二]。余读其书，有分之极细，而排列失其序次之弊，如释"茂盛"为一条，又有"盛满、盛多、盛长、炎盛、隐盛"及"茂美"等条，其排列不在一处；"深"一条，又有"深广、深平、深远、深空、深微、深极、曲深、縣深、幽深"，其排列或在一处，或不在一处。惟"狭小、短小、猥琐、微末、细碎、短促、短陋、末"，以及"敝裂、敝败、坟裂、伤坏、敝杀"等条，性质相同者，以次排列。此则古人编书，其体不如近人之谨严也。又《释诂》"不安"分为二条，如第二条所收者悉是不平之训，而非不安之训。《说文》："鋃鑃，不平也。"《汉书·司马相如传》注："崴魁，不平也。"《玉篇》："較輆，不平。"《文选·鲁灵光殿赋》注："缯绫，不平貌。"《集韵》："碌磁，石地不平。"《文选·吴都赋》注："'崴襄'，不平也。"又《江赋》注："澎濞，不平之貌。"谋埤皆以不安释之，或则安为平误字，未可知也。至于《释诂》"长也"一条，"朓驮"为长短之长，"爵熙"为长大之长，"铛餭"为消长之长，义不相同，并一条释之，此则同声假借而不可议其杂也。要之，谋埤此书，引征详博，在明人著作中，与方以智之《通雅》，同为不可多得之书也。

　　谋埤《骈雅》，不自作注，读者殊不为便。清道光时，固始祝庆蕃，属阳湖董方立作笺，仅成《释诂》一篇。魏茂林乃取谋埠之书，为之训纂，成十六卷[三]。推原本始，颇为详尽，间亦加以补正，其同声假借之谊，不能上比于王念孙之《广雅疏证》，而就文作注，其搜辑之功，颇不可没。其校正《埤雅》之误字者，如《释诂》："栌遽，舒展也。"据《方言》："摅遽，张也。"《广雅》："遽，张也。"《玉篇》："摅，张也。""栌"当作"摅"，"遽"当作"遽"；"翁蓊，隐蔽也"，据《汉书·司马相如传下》"观众树之翁蓊兮"注："蓊蓊，隐蔽貌。""翁"当作"蓊"；"奸辛、猓委，众多也"，据《广雅·释诂》："翘、襛、猓、矮、恔、姞、奸、铧、孚、孜、犹，多也。""辛"当作"铧"，"委"当作"矮"；"繁愦，叠积也"，据《淮南子·俶真训》"繁愦未发"注："繁愦，众积之貌。""愦"当作"愦"。如是校正，计七十余条。

其校正《埤雅》所据之本，后人已校正，而《骈雅》尚沿旧本者，如《释诂》："轡熙，长也。"据《方言》"轡配，长也"，疏证各本讹作熙，此尚沿旧本作熙。"儗仡，不安也"，据《方言》"儗谓之抚"，疏证"儗"各本讹作伪，"抚"讹作仡。《玉篇》"儗"字注云："儗谓之仡，仡，不安也。"此"儗"字从《玉篇》故不误，"仡"则仍沿旧说也。"趉頎、傪脁，疾速也"，据《广雅》"徇、傪、趉、颣、儵、偺、傪、脁，疾也"，疏证"颣"各本讹作颛，此从水作颛并误，疏证"脁"各本讹作脁，《汉书·五行志》："晦而见月西方谓之脁。"刘向以为脁者疾也，此尚沿旧本作脁。"鈉董，锢也"，据《方言》"鈉董，固也"注："谓坚固也。"疏证"固"各本讹作锢，《广雅》："炳董，固也。"《玉篇》于炳字、董字，并云固也，此尚沿旧本作锢。如是校正，计四十余条。

其《骈雅》之训诂，本出于群书，往往字书类书所引，为今本原书所无者，如《释诂》："匾匦，薄也。"《正字通·匚部》引《方言》：

"物之薄者曰匾匜。"今《方言》无此文。《释训》:"痕瘰,瘢也。"《集韵·平声三》引《广雅》:"痕瘰,瘢也。"今《广雅》无此文。《释宫》:"庱庲,门闩也。"《古乐苑》三十"琴曲歌辞"引"百里奚炊庱庲"事,原注《风俗通》,今《风俗通》无此文。"藻井,刻扉也",《御览》一百八十八"居处部·藻井"引《风俗通》"殿堂象东井形,刻作荷菱。荷菱,水物也,以厌火灾,解与薛综注异",今《风俗通》无此文。如是者计二十余条。

其有魏茂林《训纂》所未详者,如《释诂》"却肸,大也","却肸"未详;"儵悦,疾速也","儵悦"未详;"嶒屹,幽邃也","嶒屹"未详;"矫矅,短促也","矫矅"未详。如是者计三十余条。

其有《训纂》所征引之书,而与《骈雅》之训略异者,如《释诂》"聊浪,广大也",《文选·羽猎赋》:"聊浪乎宇内。"注:"聊浪,放荡也。""磊珂,众多也",《文选·上林赋》:"水玉磊珂。"吕向注:"磊珂,相委积貌。"《鲁灵光殿赋》:"万楹丛倚,磊砢相扶。"注:"磊珂,参差不齐 [1] 貌。""枦逊,舒展也",《方言》:"攄邀,张也。""岭嶙,高峻也",扬雄《蜀都赋》:"叩岩岭嶙。"注:"谓其声岭嶙然。"不作高峻解。如是者计七十余条。

其他之音未详者,如《释诂》之"珐",《释天》之"霾",《释大》之"奡",《释地》之"衒",《释地》之"珴",《释虫鱼》之"鮴",《释鸟》之"鹠",《释鸟》之"姈",《释鸟》之"砺"等。予意谍埠原书,必有许多误字,或所引原书之误,或本书经传写之误,魏氏虽用力极勤,未能一一洗净,故尚有许多未详之处。如《释诂》:"矫矅,短促。"

---

① "齐",原作"奇",今据《六臣注文选》改。

魏云："矯懘，未详。"按，《说文·犬部》："猈，薄蟹切，短胫犬。"段玉裁云："猈之言卑也，言懚猈也。"《广韵》："懚，薄蟹切。猈，苦骇切。"扬子《方言》："桂林人谓短为矯猈。"窃意"矯懘"即"懚猈"之讹，"猈"讹"矯"，而又颠倒耳。其诸未详之处，设能一一细勘，当能得其致误之由。是《骈雅》一书，虽有魏茂林之《训纂》，而犹有待后人之补苴也。

魏茂林之弟子田宝臣，参与校《骈雅训纂》之事，博采经籍，得骈语一百五十三条，厘成八卷，名《小学骈支》。其名"骈支"者，言《骈雅》之支也；冠以"小学"者，以《四库全书·骈雅》隶于小学类也，自为文而自注之，略可以补《骈雅》之所不及[四]。

【注】

[一]《骈雅》七卷，明朱谋㙔著。谋㙔，字郁仪，明宗室，事迹详《明史》本传。谋㙔博闻强识，其所著书，据冷赏所记，凡一百十二种之多，与杨升庵并富，《骈雅》即其一也。四库馆稿本多误字，昭文张氏借月山房本略佳。

[二]见《骈雅训纂·识语》。

[三]《骈雅训纂》十六卷，清魏茂林著。茂林，字笛生，龙岩人，根据二百六十种书（见征引书目），为之作训纂，以《骈雅》十三目为十三卷，分《释诂》《释训》《释器》为上下二卷，共为十六卷，又载序、跋、传、评论、识语、征引书目等于卷首，道光二十八年刊，光绪二十年有石印本。

[四]《小学骈支》六卷，清田宝臣著。宝臣，字少泉，泰州人，

书成于咸丰三年,民国九年石印,有韩国钧跋,为《海陵丛刻》之第六种。

方以智之《通雅》

《通雅》,明方以智著[一]。谓之"通"者,犹之郑樵之为《通志》,马端临之为《通考》,以言乎无所不该也[二]。其书虽名为雅,决非补《尔雅》之所不及,而其范围,已轶出于《尔雅》之外矣[三]。其卷首、卷一、卷二,与卷五十、卷五十一、卷五十二,皆非《尔雅》体例之所有。其自第三卷起,至四十九止,略同于《尔雅》而大为加广。要之皆训诂名物事言之考证,虽不能谓无所不该,而亦庶乎博洽者矣。其略同于《尔雅》而大为加广者,曰《释诂》,分"缀集、古隽、謰语、重言"四子目;曰《天文》,分"释天、历测、阴阳、月令、农时"五子目;曰《地舆》,分"方域、水注、地名异音、九州建都考、释地"五子目;曰《身体》;曰《称谓》;曰《姓名》,分"姓氏、人名、同姓名、鬼神"四子目;曰《官制》,分"仕进、爵禄、文职、武职、兵政"五子目;曰《事制》,分"田赋、货贿、刑法"三子目;曰《礼仪》;曰《乐曲》,"乐器"附;曰《器用》,分"书札、碑帖、金石、书法、装潢、纸墨笔砚、印章、古器、杂用诸器、卤簿、戎器、车类戏具"十三子目;曰《衣服》,分"彩物、佩饰、布帛、彩色"四子目;曰《宫室》;曰《饮食》;曰《算术》;曰《植物》,分"草、竹苇、木、谷蔬"四子目;曰《动物》,分"鸟、兽、虫鱼"三子目,曰《金石》;曰《谚原》。其分目较《尔雅》《广雅》为细。惟既分子目,"纸墨笔砚"合而为一,不如分而为四;"竹苇、谷蔬、虫鱼"合而为一,不如分而为二。又《释器》中,"金石"一目,是金石之文字,总目之"金石"一目,是矿物,二者不同。同一"金石"之标目,似乎嫌浑。又《释诂》之"缀集、古隽"二目,亦不甚明了。明之中叶,以博洽著者,称杨慎、陈耀文,然慎好伪说以集欺,耀文好蔓引以求胜;次则焦竑,亦喜考证,辄牵缀佛书,伤于芜杂。惟以智崛起以求胜,考据精核,迥出其上[四]。据其自述,与方技游,即欲通其艺也,遇物欲知其名也,物理无可疑者疑之,而必欲深求其故也,以至于颓墙败壁之上,有一字吾未之经见,则必详其音义,考其原本,既悉矣,然后释然于吾心,故吾三十年间,吾目之所触,耳之所感,无不足以恣其探索而供载记,吾盖乐此不知疲也[五]。则是《通雅》一书,其三十年心力之所萃也。

余读其书,颇可为多识之助,考订之资,如执礼乃蓻礼,可备《论语》之异解[六];三商即三刻,可得《仪礼》之确诂[七];劳田即及时摩劳,可以订欧文荣田之误[八];迁方即西方,可以证汉时之音读[九]。云汉为细星之光[十],两戒为荒唐之说[十一],基于天文学而辟相传之神话。九苍、九重、九关、九乾、九灵、九阁、九陔、九位之说,详于《释天》;河东、河西、河南、河北、河内、淮北、淮西、江北、江南、山东、陕西之辨,详于《方域》[十二],謰语之"逶迤、逶蛇、逶迆、逶迆、逶徎、委蛇、委佗、委它、委移、委陀、委维、委壝、委也、委迆、蜲蛇、倭迟、倭夷、倭他、遗蛇、威夷、威迟、郁夷、祎隋、祎它、遏迆、隔倚、蝒蚎、蛾蚎、踒跔、归邪、靡區"之各自为呼;重言之"悠悠、遥遥、攸攸、繇繇、滺滺、浟浟、鷔鷔、就就"之通作为训[十三],或则得同条共贯之理,或则一名一释,引经据典以求之,颇少悬揣之空谈。千虑一失,虽不能免,而穷源溯委,词必有征。在明考据中,颇不多见。《四库书目提要》推为开顾炎武、阎若璩、朱彝尊之先声,亦有以也。

【注】

[一] 方以智,字密之,号鹿起,孔炤子,安徽桐城人。明季四
公子之一,崇祯进士,官检讨,入清为僧,名弘智,字无
可,人称药地和尚。精考据,所著《通雅》一书,论者谓
在杨慎、陈耀文、焦竑之上。其书五十二卷,其初旴江何
印尼、徐仲光为刊十之二;康熙五年,龙眠姚文燮为之
刊竟;光绪六年桐城方氏重刊。

[二] 见钱澄之《通雅序》,此序方氏重刊本无。

[三] 卷首《音义杂论》《读书类略》《小学大略》《诗说》《文
章薪火》,卷一、卷二之《疑始》,卷五十《切韵声原》,卷
五十一之《脉考》,卷五十二之《古方解》,皆非《尔雅》
范围矣。

[四] 见《四库全书提要·子部·杂家类》。

[五] 见钱澄之《通雅序》转述方密之之言。

[六]《论语·述而》篇:“子所雅言,《诗》《书》执礼,皆雅言
也。”郑注以下,皆以执为执守之解,《通雅》以执即蓺
字,蓺为乐,可备一解。

[七]《士昏礼》:“日入三商为昏。”公彦曰:“商谓商量。”言
之未析。《通雅》引《诗·东方未明》疏云:《尚书纬》
谓刻为商。”其解遂确。

[八]《说文》:“耰,摩田器。”今人亦名劳曰摩,欧阳公通进
上书云:“久废之地,其利倍于劳田。”本《六韬》劳地之

劳,诸刻误作荣田,得此可以较之。

[九]《前汉志》:"少阴者迁方。"《白虎通》:"西者迁方也,万物迁落也。"则知汉时西读为迁。

[十]《夏小正》"七月,汉案户",言天河直户也。《埤雅》曰:"河精上为天汉。"杨泉①《物理论》曰:"水气发而升,精华浮上。"西学以窥天镜窥之,皆为至细之星如郎位旄头,而微望之则若河耳。

[十一]星土分野,《隋书志》为详。然目西法图成,则两戒之说荒矣,两戒即两界也。

[十二]《释天》在天文类卷十一,《方域》在地舆类卷十三。

[十三]"謰言"卷六,"重言"卷九。

吴玉搢之《别雅》

《别雅》,清吴玉搢辑[一]。谓之"别"者,同音而别字者也。原名《别字》,王家贲以体似《尔雅·释训》《释诂》,因为易其名曰《别雅》[二]。经籍史传中,字形错互,音义各别,间见于释文、注疏,及诸字书韵书中者,率略而不详,是书取字体之假借通用者,依韵编之,各注所出,而为之辨证。由此可以通知古今文字分合异同之由,如"空同、空桐,崆峒也""从颂,从容也""须糜,须眉也""效邮,效尤也",凡同声假借,转韵变异,字别义同之故,皆可以声韵得之。惟其书挂漏殊多,第以东、冬二韵覈之,若《大戴礼》"一室而有四

①"泉",原脱,今据《物理论》补。

户八牕",牕即窗。《楚辞·九叹》:"登逢龙而下陨兮。"注:"古本逢作蓬。"《荀子·荣辱篇》引《诗》:"下国骏蒙。"注:"今《诗》作骏庞。"《庄子·盗跖篇》:"士皆蓬头突鬓。"注:"蓬本作鎽。"《吴越春秋·吴王寿梦传》:"史公子盖余烛傭。"注:"《左传》傭作庸。"《史记·秦始皇本纪》:"秦王为人蜂准。"徐广曰:"蜂,一作隆。"《龟策传》:"雄渠蠡门。"注:"《新序》有熊渠子。"《汉书·古今人表》:"鬼臾区。"师古云:"即鬼容区。""陈丰",师古云:"即陈锋。"《卫青传》:"青至笼城。"师古注云:"笼读为龙。"皆佚而不载,推之《仪礼》之古文,《周礼》之故书,及汉人笺注某读作某①之类,一一考之,所漏多矣[三]。按,同声相通之字,在中国书中,俯拾即是。《别雅》中东、冬二韵,佚而不载。如上所举者外,略举之,如《越绝书》之"冯同",《史记·吴越世家》作"逢同",《吴越春秋》作"扶同";《初学记·乐部》"作之空中",《广雅·释乐》作"宫中";《后汉书·马融传》之"丰肜",《文选·嵇康〈琴赋〉》作"丰融";《竹书纪年②·周康王元年》之"丰宫",《左传·昭公四年》作"鄷宫";《左传·昭公十四年》之"贫穷",《后汉书·虞延传》注作"贫空";《尔雅·释天》"穹隆",《古文苑·中山王文木赋》作"穹窿";《淮南子·兵略》之"冲隆",《泰族训》作"冲降";《易·蒙卦》之"童蒙",《国语·鲁语》作"僮蒙";《后汉书·蔡邕传》"瞳矇",《后汉书·张融传》作"瞳朦",《抱朴子》作"重蒙";《淮南子》之"笼蒙",《荀子·富国篇》作"逢蒙",贾谊《新书·劝学》作"风蝱",《易林·咸

---

① "某",原作"汉",今据《四库全书总目提要》改。
② "年",原作"元",今据《竹书纪年》改。

之夬》作"聋聱";《诗·商颂》之"骏厖",《荀子·荣辱篇》引《诗》作"骏蒙",《家语·弟子行》作"骏庞";《庄子·在宥篇》之"鸿蒙",《淮南子·俶真训》作"鸿濛",《精神训》作"澒濛";《汉书·扬雄传》之"嶐嵸",《司马相如传》作"巃嵸",《文选·司马相如〈子虚赋〉》作"隆崇";《后汉书·文苑·祢衡传》之"蒙冲",《释名·释船》作"艨冲",《玉篇·舟部》作"艨艟";《方言一》之"娙容",《后汉书·章德窦皇后纪》作"风容",《南匈奴传》作"丰容",沈约诗作"丰容",《文选·宋玉〈神女赋〉》作"丰盈";《战国策·楚策》之"劀脑",《史记·贾谊传》作"冲匈",《刺客荆轲传》作"揕胸",《汉书·贾谊传》作①"冲胸";《左传·文公十八年》之"龙降",《潜夫论·五德氏姓篇》作"龙降",《路史后纪》作②"庞江",皆为《别雅》东冬韵内所不收。其他如重言融融即肜肜,惢惢即愿愿,儚儚、梦梦、瞢瞢、懵懵即蒙蒙,懞懞、懵懵、蚩蚩、充充、忪忪即忡忡,蓬蓬、韸韸即逢逢,虫虫、烔烔即爞爞,凶凶、恼恼、恟恟即兇兇,邕邕、噰噰即雝雝。似此之伦,多不胜举,而三《传》、四《诗》之同音异字者,更不可胜极矣。《别雅》一书,虽足以通籍之异同,实则不过太仓之一粟。《四库书目提要》推为"小学之资粮,艺林之③津筏",未免太过,要亦足以为后参考之助也。许瀚有《别雅订》一书[四],其所订亦有益于原书,惟其"委蛇"一条,许云"委蛇"变体,先生所著《金石存》仅二十事,此则三十余事,实则此三十余事,即方以智《通雅》之三十余事。吴玉搢在《通雅》以外,并未多收一条,而"祎隋"与"祎隋",

---

① "作",原作"之",今据文意改。

② "作",原脱,今据文例补。

③ "之",原脱,今据《四库全书总目提要》补。

"隋"即"隋"字，不当重出，《通雅》重之，《别雅》仍而不删，许瀚亦未订正，此不能不谓其疏略者也。

【注】

［一］《别雅》五卷，清吴玉搢著。玉搢，字山夫，江苏山①阳人，康熙时廪贡生，官凤阳府训导。《四库全书》旧本，小蓬莱馆重刊，《益雅堂丛书》本。

［二］见王家贲《别雅叙》。

［三］见《四库书目提要》。

［四］《别雅订》五卷，清许瀚著。瀚，字印林，山东日照人，道光时举人，官峄县教谕。其书刊在《滂喜斋丛书》第三函内。

陈奂之《毛诗传义类》

《毛诗传义类》，陈奂辑[一]。谓之"传义类"者，将毛传之义，本《尔雅》十九篇之例而类记之，实则可谓之"毛传雅"。大毛公生当六国，去周初未远，其传义是训诂之最古者，如《北山》传曰："贤，劳也。"不作"贤才"解。《论语·宪问篇》："赐也，贤乎哉？夫我则不暇。"贤训劳，言赐劳而我无暇也。《阳货篇》："不有博弈者乎？为之犹贤乎已。"贤训劳，言博弈犹劳其心也。《小宛》传曰："齐，正也。"不作"齐截"解。《里仁篇》："见贤思齐焉。"齐训正，

---

① "山"，原作"小"，今据《四库全书总目》改。

言见贤而思就正也。今义日昌,古义遂晦,而见之于《诗》毛传者犹可考如是也。世传《尔雅》为释《诗》而作,而毛传之义,不尽具于《尔雅》,如"善"字一条,《尔雅》共十六字,《毛诗传义类》共十二字,其相同者"淑、臧、穀、祥、类、价、仪"七字;《尔雅》有《传义类》无者,"若、鲜、省、嘉、令、綝、穀、攻、徽"九字;《传义类》有《尔雅》无者,"吉、良、时、义、庆"五字。"大"字一条,《尔雅》共三十九字,《毛诗传义类》共五十字,相同者"弘、廓、溥、介、纯、夏、幠、坟、嘏、诞、戎、濯、訏、骏、假、京、硕、淫、路、甫、废、壮、冢、简、皈、将、席、景"二十八字;《尔雅》有《传义类》无者,"宏、厖、丕、奕、洪、宇、穹、壬、钊、晊、业"十一字;《传义类》有《尔雅》无者,"任、荒、阜、广、肤、元、祁、空、芊、项、皇、王、倬、光、奄、张、汾、封、丰、佛、供、桓"二十二字。"安"字一条,《尔雅》共五字,《毛诗传义类》共十一字,相同者"宁、绥、康、柔"四字;《尔雅》有《传义类》无者,"豫"一字;《传义类》有《尔雅》无者,"静、慰、宴、燕、保、遂、密"七字。"长"字一条,《尔雅》共六字,《毛诗传义类》共十五字,相同者"永、引、融、骏"四字;《尔雅》有《传义类》无者,"羕、延"二字;《传义类》有《尔雅》无者,"育、条、正、俏、猗、伯、罩、襃、肆、修、曼"十一字。据此四条而观,《尔雅》不足尽《诗》传义。再《尔雅·释诂》共计一百九十条,《毛诗传义类·释诂》共计一百二十条,虽少六十七条,而《毛诗传义类》有《尔雅》无者,"求、列、升、就、往、辞、满、平、去、击、居、行、正、出、度、怒、过、深、顺、逮、伤、俱、极、遗、之、穷、用、无、除、加、急、终、积、生、为、盛、齐、遶、助、曲、老、持、本、明、开、反、恶、灭、来、配、广、任"五十二条。以此类推,毛传之训诂,《尔雅》断不足以该之也。

【注】

［一］《毛诗传义类》十九篇，清陈奂著。奂，字硕甫，长^①洲人。
　　　其书在《诗毛氏传疏》内。

朱骏声之《说雅》

《说雅》，朱骏声辑^[一]。谓之"说"者，"说"即《说文解字》之说。以《说文解字》九千三百五十三字，循《尔雅》之条例，分为十九篇而类记之，故谓之《说雅》也。体例一同《尔雅》，训诂稍与《尔雅》不同，"初、俶、元"，《尔雅》统曰"始也"，《说雅》："元、俶，始也。初，裁衣之始也；始，女之初也。"则有分别。"帝、王"，《尔雅》统曰"君也"，《说雅》："帝，王天下之号也；王，天下所归往也。"则有分别。"始"字一条，三十九字，《尔雅》统曰"大也"。《说雅》："丕、皇、壮、戟、奃、奆、夵、甫、奄、奕、叚、弪、埏、圹、单、誧、侯、俟、俺、嘏、恢、溥、奂、廫，大也。奯、宎，空大也；巆，壮大也；隆，丰大也；倬，箸大也；奄，大有余也；奘、驵大也；穰，肥大也；兖，瞋大也；奦，稍前大也；奰、伴、侗，大貌。"分析更细。盖《尔雅》以义近者为共同之训诂，《说文解字》则各有其字之本义，所谓以一条言之为转注，以一字言之为假借也。如"大"字一条：皇，大君也^[二]；壮，大士也；戟，秩秩然之大也；奃，窀下之大也；夵，虚张之大也；奆，榓物之大也；夵，根柢之大也；夵，分画之大也；甫，矫拂之大也；奄，敦厚之大也^[三]；叚，土宇之大也^[四]；弪，心之大也^[五]；埏，阬之大

---

① "长"，原作"辰"，今据《清史稿·儒林传》改。

也^[六];圹,穴之大也^[七];单,言之大也^[八];誧,亦言之大也^[九];
俣,容貌之大也^[十];嘏,喜乐之大也^[十一];恢,亦心之大也;溥,水
之大也^[十二];廫,心之宽大也^[十三]。奂不训大^[十四],其训大者,为
涣之假借,水之流散而大也。求其本义,虽同训为大,而各有其大
之性质状况不同。"丕、奕、俟、俺"四字,虽不能分析言之,义求其
朔,当自有说。"俟、俺"皆从人得义,则亦可以寻其故矣。

【注】

[一]《说雅》十九篇,清朱骏声著。骏声,字丰芑,清江苏吴
县人,精文字学,著《说文通训定声》等书,《说雅》即在
其内。

[二]《说文》:"皇,大也,从自王。自,始也。始皇者三皇,大
君也。"

[三]壮、戬、烾、㚰、㞦、㚅、乔、弇、奄九字之训,本段玉裁说。

[四]《系传》云:"畈训为大,畈是阪之借字。"按,畈,土宇之
大也。《诗·大雅》:"尔土宇畈章。"

[五]段玉裁、朱骏声皆云:"烃与恢音义同。"《说文》:"恢,
大也,从心灰声。"当是心之大。

[六]《说文》:"埐,阮也,一曰大也。"《尔雅》:"阮,虚也。"按,
虚有大义,当是阮之大者。

[七]《说文》:"圹,埐穴也,一曰大也。"当是穴之大者。

[八]《说文》:"单,大也,从吅甲,吅亦声。"朱骏声云:"大
言也。"

[九]《说文》:"誧,大也,从言甫声。"当是言之大。

[十]《诗·简兮》:"硕人俣俣。"传:"俣俣,容貌大。"

[十一]《说文》:"嚭,大也,从喜否声。"喜,乐也。当是喜乐
　　之大。

[十二]《说文》:"溥,大也,从水尃声。"当是水之大。

[十三]《说文》:"廙,阔也,一曰广也大也,一曰宽也,从心广,
　　广亦声。"当是心之宽大。

[十四]朱骏声云:"《诗·卷阿》:'泮奂尔游矣。'传:'广大有
　　文章也。'盖以广大训泮,以文章训奂,自纵弛之貌,笺
　　得之。"《说文》:"奂,一曰大也。"盖本毛传而误矣。按,
　　奂训大,是涣之借字,《说文》:"涣,散流也,从水奂声。"
　　《诗·溱洧》:"方涣涣兮。"传:"涣,盛也。"盛有大义。

程先甲之《选雅》

《选雅》,程先甲辑[一]①。谓之"选"者,"选"即《文选》之选,
用《尔雅》十九篇之体例,搜辑《文选》之李注,依类记之,故谓之
《选雅》也。李善之注《文选》也,所采用之书,自经史以下,以及诸
子百家,都凡千有余种,求之马氏《经籍考》,存者已不过十之二三,
至今日则所亡又多矣。李善之《文选注》,网罗极富,唐以前之训
诂,大率存于是焉。俞氏樾有言:"《文选》一书,不过总集之权舆,
词章之輨辖,而李则包罗群籍,羽翼六艺,言经学者取焉,言小学者
取焉。"有清一代,段玉裁之《说文解字注》,王念孙之《广雅疏证》,

---

① "[一]",原脱,今据全书文例补。

郝懿行之《尔雅义疏》，皆采取李注，以资佐证，而明朱谋㙔之《骈雅》，清洪亮吉之《比雅》，夏味堂之《拾雅》，及杭世骏之《续方言》，张金吾之《补释名》，从李注中搜辑者尤多，则李注之有裨于训诂可知，特未成为专著，以供学者之检阅。程氏此书，分类比附，皆有条例，可为李注之总汇也。余读其书，觉可以补诸书所未及者甚多。如"安"字一条，《尔雅》"豫、宁、绥、康、柔"五字，《广雅》"虞、宴、镇、抚、慁、愿、塞、宓、毒、嘆、湛、抑、佚、便、㽕、㛄、㑊、㪇、焉、媞、尼、靖、澹、隐、集、息"二十七字，《毛诗传义类》"宁、绥、静、慰、宴、燕、保、遂、密、柔、康"十一字，《拾雅》"提、枕、隤、保、静、怀、燕、遂、密、那、亿、据、宿、艾、扰、委、酳、处、晏、固、阜、鸠、乐、恬、宜、妥、摄、恤、载、谍、魁、濡、㦅、逸、俞、居、匡、便、错"三十九字；又"恶、乌"二字，《选雅》虽仅"康、焉、抚、怀、柔、乌、澹、㦅、耵、慰、委、燕、摄、提、宴、静、保、厌"十八字，而为《尔雅》《广雅》《毛诗传义类》《拾雅》诸书所无者，"耵、委、厌"三字，《拾雅》本以拾《尔雅》《广雅》之遗者，而犹遗"耵、委、厌"三字。以此类推，则《选雅》一书所存之古义实多也。

【注】

［一］《选雅》二十卷，清程先甲著。先甲，字一夔，江苏江宁人，其书光绪二十八年刊。

洪亮吉之《比雅》

《比雅》，洪亮吉辑[一]。谓之"比"者，征引经史及汉魏疏注，属辞比事,本《尔雅》之体例,因名《比雅》也[二]。其书之训诂,多两两相比,如:嬴,长也;缩,短也;涸,乱也;浊,贪也;洸洸,武也;溃溃,怒也;战战,恐也;兢兢,戒也;伤良为谗,害良为贼;杂比曰音,单出曰声;堪,天道也;舆,地道也;天地四方曰宇,古往今来曰宙;谷地曰田,麻地曰畴;垄上曰亩,垄中曰畎;南口曰襃,北口曰斜;小曰丘,大曰垄;有水曰泽,无水曰薮;畜小水谓之潢,水不泄谓之污;万人为英,百人为豪;阳之精气曰神,阴之精气曰灵;背曰负,荷曰担;见形为容,象体为貌;吊生曰唁,吊死曰吊;行曰商,止曰贾;无谷曰饥,无菜曰馑;台所以御暑,笠所以御雨;宫其外,室其内;有墙曰苑,无墙曰囿;谷藏曰仓,米藏曰廪;方曰筐,圆曰筥;有足曰錡,无足曰釜;金曰雕,玉曰琢;八寸为咫,十寸为尺;小曰舟,大曰船;沉者曰蘋,浮者曰藻;未秀曰芦,已秀曰苇;樵取薪也,苏取草也;枝曰条,干曰枚;丛木曰林,草木交错曰薄;有足谓之虫,无足谓之豸;小曰蛟,大曰龙;大曰鸿,小曰雁;雄曰凤,雌曰凰;骋马曰磬,止马曰控;草养曰刍,谷养曰豢;养之曰畜,用之曰牲。似此之类,凡联绵字浑为一解者,皆可分别而得其训诂。此等训诂,由于言语之习惯,而非尽基于文字之本义,故有同一事物,而所释各有不同者,如《毛传》:"小曰橐,大曰囊。"《史记索隐》引《埤①仓》,高诱注《国策》:"无底曰橐,有底曰囊。"则不同也。《玉篇》:"大曰仓,小曰庾。"《史记集解》引胡广:"在邑曰仓,在野曰庾。"则不同也。郑玄《周礼注》:"养牛羊曰刍,养犬豕曰豢。"高诱《淮南注》:"草养曰刍,谷养曰豢。"则不同也。晋灼《汉书注》:

---

① "埤",原作"广",今据《史记索隐》改。

"南北为经,东西为纬。"高诱《吕览注》:"子午为经,卯酉为纬。"
则不同也。实则此等不过因言语之不同,其意义仍然相同,牛羊食
草,犬豕食谷,子午为南北线,卯酉为东西线,刍豢、经纬之释一则。
据此以推,安知不是"小而无底者为橐,大而有底者为囊;小而在
野者为庾,大而在邑者为仓"乎? 惟各书训诂,确有相反者,如《释
名·释山》"石戴土曰岨,土戴石曰崔巍",《诗》毛传①、《说文》皆
与此同,《尔雅》则与此正相反;《诗》毛传"山无草木曰岵,山有草
木曰屺",《说文》则与此正相反。亦有虽不相反,而训诂不同,如
《尔雅》:"邑外谓之郊,郊外谓之牧,牧外谓之野,野外谓之林,林外
谓之坰。"《说文》无"郊外谓之牧"一语,则野、林、坰之距离,小于
《尔雅》也,此皆由于语言之习惯。此书类比记之,殊便于学者也,
但其书是洪氏随手辑录,未加整理,稿旋遭火,首尾焦烂,付刊时仍
照原稿,颇多误入之处。《释木》误入《释诂》,《释鸟》误入《释诂》
等极多[三],此则后人所应当整理者也。有与《比雅》相同而不以
雅名者,则为《骈字分笺》[四],其书搜辑骈字计七百五十余条,与
《比雅》同者颇多,而亦有《比雅》所未及收者。如《西京杂记》"雷
其相击之声也,电其相击之光也",《淮南·天文训》"天之偏气怒
者为风,地之含气和者为雨"等。若将《比雅》加以整理,而以《骈
字分笺》为《比雅》所未收者附益之,则《比雅》一书,在训诂学上
更为有用矣。

---

① "传",原作"诗",今据《毛诗正义》改。

【注】

[一]《比雅》,清洪亮吉著。亮吉,字稚存,江苏阳湖人。《粤雅堂丛书》本十九卷,《益雅堂丛书》本十九卷,《授经堂遗书》本十卷。

[二]见《授经堂遗书》亮吉曾孙用懋《比雅跋》。

[三]见《粤雅堂丛书》伍崇曜《比雅跋》。

[四]《骈字分笺》不分卷,清程际盛著。际盛,字东冶,江苏长洲人。其书刊在《昭代丛书》内癸集。

夏味堂之《拾雅》

《拾雅》,夏味堂辑,其弟纪堂为之作注[一]。谓之"拾"者,所以拾《尔雅》《广雅》之遗也。《尔雅》一书,综摄都凡,纲挈目布,包含万有。自汉以后,事物日多,文字日广,张稚让作《广雅》,依《尔雅》部居,罗群籍以补所未逮,惟甄录尚有挂漏,且间收僻字,其用未宏。夏氏广为辑录,仍依《尔雅》部居,以事摭补,故名曰《拾雅》也。分为三部:一曰《拾雅释》,凡《尔雅》已释而未详,拾《尔雅》已释之所未备也。如《尔雅》"初、哉、首、基、肇、祖、元、胎、俶、落、权舆,始也",《拾雅》"载、殆、徂、兆、统、生、迺、开、正、春、幼、父、且、昉、素、端、经、新、枢、鼎,始也",则"始"字一条,于《尔雅》之外,更拾得二十字。《尔雅》"殷、齐,中也",《拾雅》"黄、准、衷、陆、宫、内、当、间、冲、督、次、皇、正,中也",则"中"字一条,于《尔雅》之外,更拾得十三字。此部篇目,一照《尔雅》十九之数。一曰《拾广释》,凡《广雅》已释而未详,拾《广雅》已释之所未备也。《广雅》"轸、敔、榘、鏫、厓、厉，方也"，《拾雅》"乡、道、章、鼎、觚、句、断、倨、比、隅、正，方也"，则"方"字一条，于《广雅》之外，更拾得十一字。《广雅》"昶、达、圣、明、泰、菅、疏、亨、彻，通也"，《拾雅》"睦、睿、道、宣、逞、汨、开、至、畅、贯、辟、关、棣、桐、洞、空、传、简、路、洽、诵、行、回、大、纪、济、浃、窍、遂、理、公、融，通也"，则"通"字一条，于《广雅》之外，更拾得三十二字。此部篇目，只有《释诂》《释言》两篇，凡字已见于《尔雅》者，亦不复出也。一曰《拾遗释》，凡《尔雅》《广雅》所遗释，拾《尔雅》《广雅》之遗也。如《释诂》之"蒙、公、崇、雄"等，《释言》之"踪、双、詷、供"等，《释训》之"重、同、丰、通"等。此部篇目，一照《尔雅》十九篇之数。此书虽专以拾《尔雅》《广雅》之遗，其所不录者，亦有六焉：一、经传所已释之字，如，刑，侀也；富，福也；春，惷也；秋，愁也；以及《易》象传、序、杂卦之类；二、官名详于《周礼》，药名详于《本草》，各有专书之类；三、"初，始""之，往""天，帝""帝，后"，前雅已反覆互训之类；四、"届艐""载疌"古体字之类；五、"鼀鼀""皼鼕"，不为经史群籍所采用字之类；六、已见于《小尔雅·释名》者，亦不复出。虽所释不无稍有遗漏，如"耺、委、厌"训"安"之类。要其大致，可谓纷纭散漫，咸网罗于中也。

【注】

[一]《拾雅》二十卷，清夏味堂著。味堂，字澹人，江苏高邮人。其弟纪堂为之注，嘉庆廿五年刊。

史梦兰之《叠雅》

《叠雅》，史梦兰辑[一]。谓之“叠”者，以经典群籍中之重言，依《尔雅》之例，不复显分门类，略依类记之，故名曰《叠雅》也。叠字之训诂，《尔雅·释训》中已有七十六条，《广雅·释训①》中亦有七十五条，似未备也。杨慎有《古音复字》[二]，以韵部分目，虽便检查，不能同条共贯，论者议其有未免臆造之嫌[三]。惟是升庵撰《古音复字》，在谪居滇南以后，携书不多，或有误记，并非有意臆造[四]，然其书固不足重也。方以智《通雅·释诂》篇中之重言，搜辑二百八条，比《尔雅》《广雅》富矣。惟方氏之意，只以明通转之义，如“暚暚”犹“睽睽”也，或作“瞒瞒”，转作“睆睆、暉暉”，是搜辑叠字，为通转之诂，不是搜辑叠字，为同条共贯，如《尔雅》之《释训》也。史氏此书，专搜辑叠字，蔚然自成一巨著，凡诸雅所已载者，旁搜以参其异同，诸雅所未载者，博采以考其源委，字异而义同，则汇归一部，文异而解异，则别为一条，此其例之大概也。如第一条“高”字，而搜辑“岩岩、峩峩、隗隗、渐渐、巉巉、嵬嵬、岌岌、崇崇、潼潼、揭揭、嶷嶷、蘧蘧、亭亭、苕苕、嶢嶢、尧尧、翘翘、锷锷、烈烈、律律、業業、从从、孑孑、枞枞、首首、頠頠、峻峻、将将、卓卓、绎绎、磑磑、崔崔、魄魄、礅礅、頟頟、屹屹、孱孱、颜颜、峭峭、颠颠、卬卬、藏藏、嶟嶟、落落、崚崚、䡵䡵、崖崖、巘巘、磳磳、危危、掀掀、岑岑、崟崟、巇巇、嶔嶔、垄垄、坻坻”五十七叠字。其至多者，“盛”字一条，则搜辑七十六叠字；“行”字一条，则搜辑七十叠字。其他

① “训”，原作“计”，今据《广雅》改。

每一条，搜辑叠字在三十以上者颇多，共计四百六十条，可谓集叠字之大成矣。凡托词^①达意，全在于词，词之中形容词之用尤广，形容词中重言形容词之用尤妙。《叠雅》一书，关于声之形容词，所收尤富，声之形容词九，此总言之也。析言之，众声之形容词十七，大声之形容词十七，小声之形容词九，和声之形容词八，塞声之形容词十，坚声之形容词二，裂声之形容词一，破声之形容词一，叫声之形容词二，啼声之形容词一，喊声之形容词一，呼声之形容词二，诃声之形容词一，病声之形容词一，食声之形容词三，鸣声之形容词二十九，激声之形容词四，击声之形容词二十五，惊怪声之形容词六，叹息声之形容词二，口吃声之形容词二，催促声之形容词三，相应声之形容词二，忍寒声之形容词五，小儿声之形容词六，拊儿声之形容词一，鬼声之形容词一，车声之形容词十四，鼓声之形容词十二，钲声之形容词三，篷声之形容词一，漏声之形容词一，杵声之形容词一，衣声之形容词二，石声之形容词三，草声之形容词一，竹声之形容词一，叩门声之形容词二，伐木声之形容词一，送舟声之形容词一，打麦声之形容词二，凿冰声之形容词一，啄木声之形容词二，刈禾声之形容词二，淅米声之形容词一，罟入水声之形容词一，呼猪声之形容词二，呼犬声之形容词三，呼鸡声之形容词三，商声之形容词二，角声之形容词二，徵声之形容词二，羽声之形容词二，鸡声之形容词五，兽声之形容词一，蛙声之形容词一，虫声之形容词一。凡声之类五十七，计二百三十七叠韵形容词，托词达意之应用，可以左右弋取矣。虽尚有未收者，如"发发"形容鱼掉

---

① "词"，原脱，今据文意及下文补。

尾之声,"肃肃"形容羽飞之声,"登登"形容筑土之声,"哼哼"形容大车之声,虽毛传不作声解,其实旨是声之形容词,而《叠雅》未收,是有赖于后之补也。王筠有《毛诗重言》三篇[五]。上篇为正,或同字而其迥别,或字异音同而义则比附,凡二百二十一重言。中篇或取引申之义,凡一百三十二重言。下篇单字之重言,如"凄其以风",凄即凄凄;"咥其矣矣",咥即咥咥;"嘤其鸣矣",嘤即嘤嘤;"敦彼独宿",敦即敦敦。凡五百六十一言,以其与《叠雅》同类,附记于此。

【注】

[一]《叠雅》十三卷,清史梦兰著。梦兰,字香厓,乐亭人,道光举人,同治间曾国藩、李鸿章聘之,皆辞不就。其书同治六年刊,书封面误题丁丑,丁丑是光绪三年,同治六年是丁卯。

[二]《古音复字》五卷,明杨慎著。慎,字升庵,成都人。函海本。

[三]《通雅》,升庵云:"愧愧,戒也。"《说文》引《抑》诗,今《说文》无此字,而《尔雅》有"兢兢、愧愧,戒也",邢昺曰:"《抑》篇'子孙绳绳',小心戒也。"

[四]见李调元《古音复字叙》。

[五]《毛诗重言》三篇,清王筠著。筠,字篆友,山东安丘人。其书道光三十年刻。

刘灿之《支雅》

《支雅》，刘灿辑[一]。谓之"支"者，照《尔雅》之体例，而不用其篇目，其所释者为《尔雅》之支也。其书分目，"释词、释人、释官、释学、释礼、释兵、释舟、释车、释岁、释物"十目。《尔雅》："粤、于、爰，曰①也。""爰、粤，于也。""爰、粤、于、那、都、繇，於也。"已见《释诂》中。此则为《释词》一篇，分为"发词、顿词、疑词、急词、缓词、设词、断词、仅词、几词、专词、别词、概词、继词、承词、转词、单词、总词、叹词、余词、极词、或词、原词、复词、信词、戒词、愿词、拟词、问词、应词、反词、到词、互词、省词、增词、进词、竟词"三十六类，每类搜辑四字至八字不等。三十六类词之分，虽无所师承，然亦可为语词参考之资。"释人、释舟、释车"三篇，搜辑亦富，颇有统绪。"释官、释学、释礼、释兵、释岁"五篇，略似汇书，不足重矣。"释物"一篇，分子目廿二，一通论鸟兽草木、二鸟、三兽、四草、五木、六化生、七牝牡、八孕育、九灵知、十形异、十一形似、十二形奇、十三山中物名、十四性各异、十五性相制、十六移易人性、十七禽虫称虎、十八修短数、十九谷、二十竹、二十一果、二十二异果。颇有异闻，无关训诂，《埤雅》之流也。刘氏自未作注，所引出于何书，殊难稽，后亦无有为之作注者，其书在群雅中最不重要也。又有《彬雅》一书[二]，虽以雅名，实非雅体，兹不复述。

---

① "曰"，原作"日"，今据《尔雅》改。

【注】

[一]《支雅》二卷,清刘灿著。灿有《续广雅》,履略见前。
　　　《支雅》道光六年刊。

[二]《彬雅》八卷,墨庄氏撰,其人未详。以偏旁笔画多寡
　　　分部,似乎文字书,原名为《字林经策萃华①》。道光二
　　　十六年刊,后刊入《益雅堂丛书》内,题名《彬雅》。

类于《雅》之短篇小记

中国训诂,托始于《尔雅》。《尔雅》以后之群雅,曾经寓目者,
次第记之于上矣。《尔雅》派之训诂史,求之以上书中,当能得之。
其他短篇小记,释一名一物,为《尔雅》十九篇每篇中之事,亦雅之
类也,记之于下。

一、王念孙之《释大》

《释大》者,专释一“大”字之义也[一]。按,大之训诂,《尔雅》
三十九字,自《尔雅》以下,《小尔雅》六字,《广雅》五十八字,《毛
诗传义类》五十字,《拾雅》九十字,可谓备矣。王氏之《释大》,搜
辑“冈、公、康、麿、勃、耆、眼、吴、灂、翘、昜、己、王、允、宏”等一百
七十六字,再由此一百七十六字,展转孳乳。关于“大”字之释,如
“冈,山脊也”“允,人颈也”,二者皆有大义,山脊谓冈,亦谓之岭,
人颈谓之领,亦谓之允,强谓之刚,大绳谓纲,特牛谓之牺,大贝谓
之魠,大瓮谓之瓨,其义一也。冈、颈、劲,一声之转,故强谓之刚,

---

① “字林经策萃华”,原作“字林策莘莘”,今据《字林经策萃华》改。

亦谓之劲；领谓之颈，亦谓之亢。由"冈"之一字，孳乳为"亢、岭、领、纲、刚、犅、魟、劲、颈、瓨"十字，则一百七十六字之孳乳，使牙喉八母之字，得以大备，并由此可知牙喉八母之字，皆有大之义，亦言语学上可以研究之一事也。

二、庄绶甲之《释书名》

《释书名》者，释关于书类各称之称谓也[二]。八卦结绳而后，书契代兴而有文字，自是书名之称谓，日以增多，如：书，如也、舒也、庶也、箸也、纪也，各明一义，所释不同，皆能言之成理。庄氏之《释书名》，凡"文、字、书、籀、篆、隶、草、行、楷"以及"券、契、方、板、策、简、札、牒、篇、簿、笔、纸、墨"之类，搜辑群义，贯穿成文，虽非甚精博，要亦可谓书名小史。

三、程瑶田之《释宫》《九谷考》《释草》《释虫》《果臝转语》

《释宫小记》，所以补《尔雅》之《释宫》而作也[三]。按《尔雅》有《释宫》一篇，文字简古，后世不见古时之宫室，不仅制度不详，即名称亦往往移易。程氏博考群书，求诸文字声韵之原，确定栋梁本义。栋，宗之半在上者；楣，宗之半在下者；梁，其楣之霤者也。以是知今之所谓栋，极之横材也；今之所谓梁，枅之正材也。以今释古，极为有用。其他诸释，亦皆精确不移。

《九谷考》，亦所以补《尔雅》之缺[四]。按《尔雅·释草》，九谷俱载，独于麦不载来麰，而载雀麦、燕麦。程氏于麦，释来为小麦，麰为大麦，虽尚有缺略，以待后人（宝应刘宝楠有《释谷》四卷，本程氏之说，于豆麦麻三者，征引尤富），已足补《尔雅》之缺，其辨别禾、黍、稷三谷，最为详实。余姚邵晋涵著《尔雅正义》，犹沿旧说，以粢、稷、众秫为今之小米，以秬、黑黍为今之高粱。程氏尝致书论之,邵氏不从。是邵氏不以程氏之说为然,然程氏之释禾黍稷之谷,刘宝楠则认为最精确者也。

《释草小记》,亦《尔雅·释草》之余,其实验则为近世注疏家所不及[五]。植物之学,在于目验,《释草小记》计十余篇,大抵皆取证于目验,如"藜",取证山西农人之说,识一种叶小无定形,或椭或圆或收或阙者为落藜;一种高八九尺,有红心或白心者为灰藋。又取证奚童之说,识细叶为落藜之别一种。释"荼"取证野人之说,识"苦荬"即《月令》之"苦菜",虽非自己目验,亦犹之目验也。至于释"芸",乃莳一本于盆盎中,观其枝叶之变化。后人求之山径间,验其拆甲与未拆甲之花胎,以正《夏小正》之言,与今日采标本为植物之研究者,同一方法。其他名词之考证,亦皆汇萃众说,互求其是。

《释虫小记》,亦《尔雅·释虫》之余[六]。《释虫小记》共五篇,其《螟蛉蜾蠃异闻记》一篇,辨释极析,不仅以声音训诂相推求,而尤注重于目验,其言曰:"陈言相因,不如目验,物类感化,诚亦有然。"以目验知螟蛉、果蠃非一物。《鸬鹚吐雏辨》一篇,取证渔人之言,知鸬鹚亦能生卵,吐雏之说不可信。事事物物,取证于目验,程氏之学所以精也。

《果蠃转语》,释双声叠韵之转,亦雅之类也[七]。凡草木鸟兽鱼虫之名,绝代别国之异语方言,由经典之所载,以至俚巷之歌谣,苟为双声叠韵之转者,无不触类旁通。王石臞称《果蠃转语》为训诂家未尝有之书,亦不可无之书,其推崇至矣。

四、成蓉镜之《释饭鬻》《释饼饵》《释祭名》

《释饭鬻》者,释饭鬻之类及异名也[八]。饭之类有"餐饭、麦饭、杂饭、干饭"及"水浇饭"等；同一干饭，而有"糒、糗、䊆、糊、糇、糒、粸、㷶、㒵、䊖、㒨、粉、糷、餕、餥"之异名；鬻之类，有"麦甘粥、寒粥、薄粥、厚粥"等，同一厚粥，而有"饘、糜、餬、粿、㲉、鬵、粥、糪"之异名。成氏博收群籍，比类记之，虽仅饭鬻一事，而颇可观也。

《释饼饵》者，释饼、饵之异名也[九]。近世饼饵不分，实则溲米屑蒸之曰饵，溲麦屑蒸之曰饼。饵之异名，有"糕、餈、飷、馎、飦、齍"等；饼之异名，有"飥、饦餭、馄饨"等。成氏博收群籍，比类记之，虽饼、饵一事，而亦颇可观也。

《释祭名》者，释祭之异名也[十]。凡祭之名，有"郊、享、旅、类、宜、造、有事、燔柴、瘗埋、庪县、浮沉、布、碟、朝、夕、雩、禜、社、望、禘、祫、祠、礿、尝、蒸、释奠、释菜、蜡、腊、禡、伯、祷、祓、奠、虞、卒哭、成事、祔、小祥、大祥、禫、绎、肜①、复昨、祓"等。同一"奠"，而有"始死奠、小敛奠、大敛奠、朝夕奠、设祖奠、大遣奠"之异。是等祭名，虽不用于现代，然颇可以考古时制度也。

五、孙星衍之《释人》及叶德辉之《释人疏证》

《释人》者，释人自胚胎，以至手足须发也[十一]。挈六书之菁华，得医经之纲领。叶德辉为之疏证[十二]，则凡人之一身，可由此而得其称谓之所由也。

【注】

[一]《释大》八篇，清王念孙著。念孙，字石臞，江苏高邮人。此《释大》手稿王国维得之，以铅字排印。

———

① "肜"，原作"肜"，今据《释祭名》改。

[二]《释书名》一篇,清庄绶甲著。绶甲,字卿珊,江苏武进人。光绪十五年刊,为《拾遗补艺斋遗书》之二。

[三]《释宫小记》一篇,清程瑶田著。瑶田,字易畴,安徽歙县人。此篇为《通艺录》之一,《安徽丛书》第二集。

[四]《九谷考》四卷,清程瑶田著。《通艺录》之一,《安徽丛书》第二集。

[五]《释草小记》一篇,清程瑶田著。《通艺录》之一,《安徽丛书》第二集。

[六]《释虫小记》一篇,清程瑶田著。《通艺录》之一,《安徽丛书》第二集。

[七]《果臝转语记》,清程瑶田著。《解字小记》载其目而无书,尹石公得稿本于北平,寄程演生,演生嘱陈慎登、方景略校之,洪泽丞复加校勘,合方、陈二校语,作一札记。《安徽丛书》第二集。

[八]《释饭鬻》一篇,清成蓉镜著。蓉镜,字芙卿,江苏宝应人。在《心巢文录》中,《南菁书院丛书》本。

[九]《释饼饵》一篇,清成蓉镜著。在《心巢文录》中,《南菁书院丛书》本。

[十]《释祭名》一篇,清成蓉镜著。在《心巢文录》中,《南菁书院丛书》本。

[十一]《释人》一篇,清孙星衍著。星衍,字渊如,江苏阳湖人。此篇在《问字堂集》中,《平津馆丛书》本,商务印书馆景印《四部丛刊初编》本。

[十二]《释人疏证》两卷,清叶德辉著。德辉,字焕彬,湖南长沙人。《观古堂汇刊》本。

第二章　传注派之训诂

一、毛传郑笺

(一)毛、郑之历略

《汉书·艺文志》:"《毛诗》二十九卷,《毛诗故训传》三十卷。"但称毛公,不著其名。《后汉书·儒林传》始云"赵人毛长传《诗》,是为《毛诗》",其字不从草作苌。《隋书·经籍志》载"《毛诗》三十卷,汉河间太守毛苌传,郑氏笺",于是《诗》传始称毛苌。然郑玄《诗谱》云:"鲁人大毛公为训诂传于其家,河间献王得而献之,以小毛公为博士。"所谓大毛公,毛亨也;小毛公,毛苌也。陆玑《毛诗草木虫鱼疏》云:"孔子删《诗》授卜商,商为之序,以授鲁人曾申,申授魏人里克,克授鲁人孟仲子,仲子授根牟子,根牟子授赵人荀卿,荀卿授鲁国毛亨,毛亨作训诂传,以授赵人毛苌。"据二书而观,作传者毛亨,非毛苌。《隋志》所云,殊为错误。孔颖达正义云:"大毛公为其传,由小毛公而题毛。"是一种斡旋之说,或者如是。朱彝尊《经义考》乃以《毛诗》二十九卷,题毛亨撰,注曰佚,

《毛诗训故传》三十卷，题毛苌撰，注曰存。此种调停之说，殊无谓矣。郑玄，字康成，北海高①密人，游于马融之门，其所注，有《周易》《尚书》《毛诗》《仪礼》《礼记》《论语》《孝经》《尚书大传》《中候》《乾象历》《天文七政论》《鲁礼禘袷义》《六艺论》《毛诗谱》《驳许慎异义》《答临孝②存周礼难》，郑氏发明毛义，自命曰笺。按，《说文》云："笺，表识书也。"言于毛传有发明，表识于上也。其《六艺论》云："注《诗》宗毛为主，毛义若隐略，则更表明，如有不同，即下己意，使可识别。"据是以论，郑氏笺毛，因毛传而表识其旁，如今人之笺记，积而成帙，故谓之笺。不必如张华《博物志》所云："毛公尝为北海郡守。"康成为北海人，推公府用记郡将用笺之意，致敬毛公而用笺也。三家诗并行于两汉之世，郑氏兼习三家，其笺毛也，亦不废三家之说，然自郑笺既行，三家原书，皆次第悉废矣。郑学盛行，魏太常王肃独反对之，郑笺与毛传稍有异同，王乃述毛而攻郑，其攻郑之著作，有《毛诗注》《毛诗驳议》《毛诗奏事》《毛诗问难》，今其书皆佚，是非得失，无由判断。宋欧阳修引其释《卫风·击鼓》，郑不如王。（欧阳修云："《击鼓》五章，自'爰居而下'三章，王肃以为卫人从军者与室家诀别之辞，而郑氏以为军中士伍相约誓之言，夫卫人暂出从军，其卒伍岂宜相约偕老十军中，此非人情也，当以王肃为是。"）而当时魏荆州刺史王基，反对王肃，著《毛诗驳》，以驳王而申郑，今其书亦佚，是非得失，亦无由判断。宋王应麟引其说《芣苢》一诗，谓王不如郑。（王应麟云：王肃引

---

① "高"，原脱，今据《后汉书·郑玄传》补。
② "孝"，原脱，今据《后汉书·郑玄传》补。

《周书》"苬苩如李,出于西戎",王基驳云:"远国异物,非周妇人所采。")仅此二条,未能据为定论。要之,王肃难郑,王基难王,大概门户之见,未必能得学术之真。自此以后,习《毛诗》者,大概沿郑、王是非之习。豫州刺史孙毓著《毛诗异同评》以申王说,徐州从事陈统著《难孙氏毛诗评》以明郑义,祖分左右,互相攻击。至唐孔颖达,奉敕作《诗义疏》,用郑氏《毛诗笺》,守疏不破注之例,而各家之说悉废。至宋以后,始有异说,已非训诂之范围矣。

(二)传笺之例

康成笺《诗》,多与毛异字,如《关雎》首章:"君子好逑。"传:"逑,匹也。"笺:"怨耦曰仇。"改逑为仇也。《雄雉》首章:"自诒伊阻。"传:"伊,维也。"笺:"伊当作繄,繄犹是也。"改伊为繄也。《氓》六章:"隰则有泮。"传:"泮,陂也。"笺:"泮读为畔。畔,涯也。"改泮为畔也。《大叔于田》二章:"叔善射忌。"传:"忌,辞也。"笺:"忌读如彼己之子之己。"改忌为己也。《鸤鸠》二章:"其弁伊骐。"传:"骐,骐文也。"笺:"骐当作璂,以玉为之。"改骐为璂也。《下泉》首章:"浸彼苞稂。"传:"稂,童粱。"笺:"稂当作凉,凉草,萧蓍之属。"改稂为凉也。《车攻》二章:"东有甫草。"传:"甫,大也。"笺:"甫草,甫①田之草也,郑有圃田。"改甫为圃也。《鸳鸯》三章:"摧之秼之。"传:"摧,挫也。"笺:"摧,今莝字也。"改②摧为莝也。《苑柳》首章:"上帝甚蹈。"传:"蹈,动也。"笺:"蹈读曰悼。"改蹈为

---

① "甫",原作"圃",今据《毛诗正义》改。

② "改",原作"政",今据文意及上下文例改。

悼也。《板》七章："价人惟藩。"传："价,善也。"笺："价,甲也。被甲之人,谓卿士掌军事者。"改价为甲也。《抑》四章："用遏蛮方。"传："遏,远也。"笺："遏当作剔,剔,治也。"改遏为剔也。《桑柔》四章："孔棘我圉。"传："圉,垂也。"笺："圉当作御。"改圉为御也。《云汉》三章："先祖于^①摧。"传："摧,至也。"笺："摧当作嶊。嶊,嗟也。"改摧为嶊也。《韩弈》首章："虔共尔位。"传："共,执也。"笺："共,古之恭字。"改共为恭也。《江汉》四章："来旬来宣。"传："旬,徧也。"笺："旬当作营,女勤劳于经营^②四方。"改旬为营也。《召旻》四章："草不溃茂。"传："溃,遂也。"笺："溃茂之溃当作汇。汇,茂貌。"改溃为汇也。学者多以毛传无破字例,而以郑笺改字为疑,朱氏琦作《毛传郑笺破字不破字辨》,其说极精。兹本其说,而得其例有二十一。

（一）有毛既易字,而郑即如其意为说者。如《小弁》："譬彼坏木^③。"传云："坏,瘣也,谓病伤也。"明已易坏为瘣,故《尔雅·释木》："瘣木,符娄。"某氏引《诗》作"譬彼瘣木",而郑只云"犹内伤病之木",不云"坏当为瘣也"。此类甚多,不独"采蘋之湘""载驰之茒",万不能作本字解也。

（二）有郑改字而不甚异于毛者。如《氓》之"隰则有泮",传云："泮,陂也。"泮本不训陂,笺云："读为畔。畔,涯也。"泮、陂双声字,泮、畔叠韵字。正义谓："郑实以申毛也。"

---

① "于",原作"是",今据《毛诗正义》改。
② "营",原作"劳",今据《毛诗正义》改。
③ "木",原作"本",今据《毛诗正义》改。

（三）有郑改字与毛异仍可通者。如《菀^①柳》："上帝甚蹈。"传云："蹈，动也。"笺云："蹈读曰悼。"释为心中悼病，然《桧风》传亦曰："悼，动也。"则知蹈、悼音义同。段以为郑仍申毛，非易毛也，此与《鼓钟》"忧心且妯"，传云"妯，动也"，笺云"妯之言悼也"正同。

（四）有相传之本异者。如《终风》："愿言则嚏。"传云："嚏，跲^②也。"笺云："嚏当读为不敢嚏咳之嚏。今俗人嚏云人道我，此古之遗语也。"段谓经之嚏，本不从口，故传训跲，嚏不得训跲明矣。然安知非毛如他处借字之例，以嚏为疐之假借，而郑从本训。若谓既云读为，即宜疐读为嚏，不得上下俱作嚏，则郑《礼》注中引他经以为例，或证其音，或证其义，而上下只一字者，盖不一处，《说文》亦多，固不容以此相难，否则疐当读为嚏，不必引《内则》语，郑于他改字，尠似此也，况《狼跋》"载疐其尾"，郑何尝不从毛训跲耶？

（五）有郑已易义而不易其字者。如《芄兰》："容兮遂兮。"传云："容仪可观，佩玉遂遂然。"笺云："容，容刀也。遂，瑞也。"正义举《大东》"鞙鞙佩璲"为证，则当"遂"易为"璲"，而郑仍用遂字也。

（六）有郑已异义复异字而未尝异者。如《无衣》："与子同泽。"传云："泽，润泽也。"笺云："襗，亵衣，近污垢。"正义谓上章言袍，下章言裳，则此亦衣名，故易传为襗，《说文》正

---

① "菀"，原作"苑"，今据《毛诗正义》改。
② "跲"，原作"给"，今据《毛诗正义》改。下"跲"同。

作"襌",云"袴也",然郑不云"泽当襌也"。

（七）有毛不定为易字，郑申之而始知者。如《氓》之"信誓旦旦",传但云："信誓旦旦然。"《说文》引作"愻愻",愻愻犹怛怛也。笺云："我其以信相誓旦旦耳,言其恳恻款诚。"正与《说文》合,知非旦明之义,不必云"旦当为愻"也。

（八）有不易毛字而似易者。如《伐檀》："不素飧兮。"传云："熟食曰飧。"笺云："飧读如鱼飧之飧。"正义谓传意以飧为飧饔之飧,客始至之大礼,其食熟致之。笺用《公羊传》赵盾食鱼飧事,则是饭之别名,方与不素餐相配,故但云读如也。

（九）有郑已易毛字而不自谓易者。如《车攻》："东有甫草。"传云："甫,大也。"笺云："甫草者,甫田之草也,郑有圃田。"《释文》云："甫,毛如字,郑音补,谓郑薮。"而郑不云甫当为圃,以圃、甫本通用,故圃田亦称甫田也。

（十）有毛郑俱易字而各异者。如《采薇》："小人所腓。"《说文》："腓,胫腨也。"断非本义。传云："腓,辟也。"王肃述毛,以为避患之义,是破腓为避。笺云："腓当作①芘,言戍②役之所芘倚。"芘即庇字,是又破腓为庇,避庇音同而字与义俱别也。

（十一）有毛郑俱不易字,因异义而其字遂各异者。如《敬之》："佛时仔肩。"传云："佛,大也。"是借佛为废,《尔雅》义也。笺云："佛,辅也。"是又借佛为弼,似不易而实易也。

---

① "作",原脱,今据《毛诗正义》补。
② "戍",原作"戎",今据《毛诗正义》改。

（十二）有毛易字而郑转不易者。如《泉水》："不瑕有害。"传云："瑕，远也。"是以"瑕"假借为"遐"。笺云："瑕，过也。行无过差。"则瑕，玷字之本义也。

（十三）有毛郑俱未易字，但异其义，而后人改之者。如《十月之交》："悠悠我里。"《释文》："里，如字。"毛"病也"，郑"居也"，本或作"悝"，后人改也，是毛借"里"为"悝"，《尔雅》义也，郑乃如字训之，盖毛易而郑不易也。

（十四）有毛借义而郑易字与之同者。如《召旻》云："不云自频。"传云："频，厓也。"是以频为濒之省借。笺云："频当作滨。"滨与濒一也。

（十五）有毛不借字，而郑易之，实即其字者。如《那》："置我鞉鼓。"传以为"殷人置鼓"，笺云："置读曰植。"《书·金縢》"植璧秉珪"，注云："植，古置字。"是植即置也。

（十六）有郑易两处同一字，而毛各异者。如《斯干》："无相犹也。"《鼓钟》："其德不犹。"笺俱云："犹当作瘉。瘉，病也。"观《角弓》"交相为瘉"，相瘉即相犹。经正作瘉，是其证也，而传于《斯干》云："犹，道也。"是借犹为由。于《鼓钟》则曰"犹，苦也"，苦亦病也，即郑义也。

（十七）有毛不借字实借义，郑始易其字者，如《都人士》："垂带而厉。"传云："厉，带之垂者。"《说文》："厉，旱石也。"断非本训。带之垂者，言带之余也。段以传意，谓厉即烈之假借。烈，余也。笺云："厉字当作裂。"盖裂，余也，烈又裂之转借也。

（十八）有毛无文，郑亦不直易其字者，如《北风》："其虚其邪。"传不释邪,笺云:"邪读如徐。"曰读如,不曰读为,然《尔雅》释《诗》正作徐,是邪当为徐也。

(十九)有郑易毛而其字可通者。如《大东》:"舟人之子,熊罴是裘。"传云:"舟人,舟楫之人。熊罴是裘,言富也。"笺云:"舟当作周,裘当作求,声相近故也。周人之子,谓周世臣之子孙,退在贱官,使搏熊罴,在冥氏、穴氏之职。"正义谓周人私人,即东人西人,则无缘忽及舟楫之人,似笺较胜。然周、舟本通字,《说文》:"裘,皮衣①也。"求,古文裘,求即裘字,非有异也。

(二十)有郑疑当易字,而稍异其辞者。如《甘棠》:"勿翦勿拜。"拜不得用本义,笺乃云:"拜之言拔。"不直云"拜当为拔也"。

(二十一)有郑但举其误不为改字者。如《静女》:"说怿女美。"笺云:"怿当作释。"《说文》无"怿"字,怿只作释。《君子偕老》:"其之展也。"传云:"《礼》有展衣。"笺云:"展衣字误,《礼记》作襢衣。"则此二处俱非改其字也。

本此例以求传、笺全部,必能愈知其异同之所以然矣。又有陈氏启源有《郑笺破字异同辨》,其说与朱氏有出入。其言曰:"康成释《诗》,多改经字以就己说,说《诗》者讥之,然其间得失悬殊,不能无辨。"有自据当时读本未尝改者,如"素衣朱绣",绣为绡(《鲁诗》作绡,见《士昏礼》注);"串夷载路",串为患(《释文》云:"串,

---

① "衣",原脱,今据《说文解字》补。

一本作患。"）；"好是稼穑""稼穑维宝"，稼穑皆家啬（《释文》云：
"寻郑本，二字皆无禾。"）；"景员维河"，河为何是也（《释文》云：
"河，本作何。"）。有古时音义本相通者，"篷篨不殄"，殄为腆（疏引
《仪礼》注云："腆，古文作殄。"）；"其鱼鲂鳏"，鳏为鲲（疏云："鳏、
鲲古通用。"）；"烝在栗薪"，栗为烈；"公孙硕肤""诒厥孙谋"，孙皆
为逊；"示我周行"，示为寘；"视民不恌"，视为示；"抑此皇父"，抑为
噫；"饮酒温克"，温为蕰；"既匡既敕"，匡为筐；"维其劳矣"，劳为
辽；"靡人不周"，周为赒；"懿厥哲妇"，懿为噫，是也。此二者似改
字而实非改也。又有改其字而不改其义者，如"茅纯束"，纯为屯，
是也。有所改之字，义虽小异，而不甚相远者，如"自诒伊阻""所
谓伊人""伊可怀也""伊谁云[①] 憎"，伊皆为繄[②]；"出其闉[③] 阇"，
阇为都；"既敬既戒"，敬为儆；"立我烝民"，立为粒；"幅陨既长"，
陨为圆，是也。有改之而有补于文义者，如"良马祝之"，祝为属；
"齐子岂弟"，岂弟为闿圛；"勿罔君子"，勿为末；"莫肯下遗"，遗为
随；"谓之尹吉"，吉为姞；"应田县鼓"，田为朄，是也。有改之而亦
无妨于文义者，"山有桥松"，桥为槁；"其人美且鬈"，鬈为权；"有
蒲与蕑"，蕑为莲；"攘其左右"，攘为饟；"有兔斯首"，斯为鲜；"其
政不获"，政为正；"实墉[④] 实壑"，实为是；"何天之龙"，龙为宠，是
也。又改所不必，而文义返迂者，"绿兮衣兮"，绿为褖；"俟我乎堂

---

① "云"，原作 "之"，今据《毛诗正义》改。
② "伊"，原作 "字"，今据上下文例改。
③ "闉"，原作 "闟"，今据《毛诗正义》改。
④ "墉"，原作 "增"，今据《毛诗正义》改。

兮^①",堂为枨;"他人是愉",愉为偷;"不可与明",明为盟;"似续妣祖",似为巳(辰巳之巳);"先祖^②是皇""烝烝皇皇",皇为暀;"无自瘵焉",瘵为际,是也。陈氏条例,虽不如朱氏之缜密,而其有自据当时读本未尝改者一条,为朱氏所未有。要之,毛传、郑笺之例,当合二氏之说而观之。至于陈氏乔枞《毛传郑笺改字说》已独立成书,引证颇详,设例似未分析,要亦可为传笺改字之参考也。

(三)传笺在训诂学上之价值

文字有古今方国之殊,训诂亦有古今方国之异。古人文字义书,存于今者,首推《尔雅》。《诗经》传笺之训诂,求之《尔雅》,同者固多,然亦有相违者。《说文》一书,虽为文字之汇归,而不能极假借之变化,而《诗经》用字,假借为多,马氏瑞辰^③有《毛诗古文多假借考》一篇,遂录于下,以资参证。

> 《毛诗》为古文,其经字类多假借,毛传释《诗》,有知其为某字之假借,因以所假借之正字释之者,有不以正字释之,而即以所释正字之义释之者。说《诗》者必先通其假借,而经义始明。齐、鲁、韩用今文,其今文多用正字,经传引《诗》,亦多有正字者,正可藉以考证《毛诗》之假借。如《毛诗·汝坟》:"惄如輖饥。"据《韩诗》作"惄如朝饥",知輖即朝之假借也。《毛诗》:"何彼襛矣。"传:"襛犹戎戎也。"据《韩诗》作"何彼

---

① "兮",原作"乎而",今据《毛诗正义》改。
② "先祖",原作"祖先",今据《毛诗正义》乙正。
③ "辰",原脱,今据《毛诗传笺通释》补。

茇矣"，知襪即茇之假借也。《毛诗·芄兰》："能不我甲。"传："甲，狎也。"据《韩诗》作"能不我狎"，知甲即狎之假借也。《毛诗·小旻①》："是用不集。"传："集，就也。"据《韩诗》作"是用不就"，知集即就之假借也。《毛诗·文王》："陈锡哉周。"传："哉，载也。"据《春秋传》及《国语》皆引作载，知哉即载之假借也。《毛诗·大明》："倪天之妹。"传："倪，磬也。"据《韩诗》作"磬天之妹"，知倪即磬之假借也。凡此皆《毛传》知其为某字之假借，即以所假借之正字释之者也。如《毛诗·葛覃》："害澣害否。"传："害，何也。"据《尔雅·释言》"曷，盍也"，《广雅》"曷、盍，何也"，知害即曷之假借，传正以释曷者释害也。《采蘋》"于以湘之"，传："湘，烹也。"据《韩诗》作"于以②鬺之"，知湘即鬺之假借，传正以释鬺者释湘也。《毛诗·甘棠》："勿翦勿拜。"传："拜之言拔也。"据《广雅》引《诗》作"勿翦勿扒"，云："扒，拔也。"知拜即扒之假借，传正以释扒者释拜也。《毛诗·柏舟》："如有隐忧。"传："隐，痛也。"据《韩诗》作"如有慇忧"，《说文》"慇，痛也"，知隐即慇之假借，传正以释慇者释隐也。凡此皆传知为某之假借，而因以所释正字之义释之者也。

马氏此文，论《毛诗》假借辨矣，然而未备也。盖马仅有二例，一以正字释借字，一不以正字释借字，而以正字之例释借字。要之，

---

① "旻"，原作"缗"，今据《毛诗正义》改。
② "以"，原脱，今据《韩诗》补。

马氏仅论毛传释字之例,而未偏及于《诗经》《尔雅》字义异同之例,及传笺假借转注之例,犹未足以见传笺在训诂学上之价值。兹乃约各家之著,明《诗经》之训诂于下。

（一）《毛诗》与《尔雅》同训。如"左、右,助也""流,求也""悠,思也""公,事也",此《诗》传与《尔雅》字义悉同者也。又如,"吁,忧也",《释诂》作"盱",吁、盱皆不训忧,《说文》:"忬,忧也。"知吁、盱俱为忬之借字。"任,大也",《释诂》作壬,郝氏云:"壬,象人裹妊之形,故训为大。"知任即壬之借字。"殆,始也",《释诂》作胎,《汉书·枚乘传》:"祸生有基,福生有胎。"服注:"基、胎皆始也。"胚胎,物之始,知殆即胎之借字。"里,病也",《释诂》作"瘒",《说文》:"悝,病也。"里者,悝之借字;瘒者,悝之俗字。此《诗》传与《尔雅》字虽不同,而义无异者也。

（二）《毛诗》与《尔雅》不同训。如《毛诗》:"寤寐思服。"服,思之也。《尔雅·释诂》:"服,事也。"服思之服,为伏思之引申;服事之服,为反治之引申,义不同也。(朱骏声云:"服思之者,伏而思之也。"《说文》:"反,治也。"服事字当用此,经传皆以服为之。)《毛诗》:"左右芼之。"芼,择也。《尔雅·释言》:"芼,搴也。"芼择之为选择,芼搴之为拔取,义不同也。(《说文》:"覒,择也。"芼即覒之借。孙炎云:"择菜是也。")《毛诗》:"野有死麕。"郊外曰野。《尔雅·释地》:"郊外谓之牧,牧外谓之野。"远近不同也。(《说文》:"邑外谓之郊,郊外谓之野。"与毛同。)《毛诗》:"心焉惕惕。"惕惕犹忉忉。《尔雅》:"惕惕,爱也。"毛以惕为忧劳,《尔雅》以惕为爱悦,不同也。(《齐风·甫田》传:"忉忉,忧劳也。"惕之训为忧劳者,《说文》:"惕,敬也。"敬者必恭而惧,忧劳之义,与恭惧近,惕无有爱悦训,郭引《韩诗》,以为悦人,故言爱,盖借惕为怿也。)以上所举,皆《毛诗》之训诂与《尔雅》不同者也。

（三）一字数义。中国文字,有本义,有借义,有展转相借义,任举何文字,无有一义者,少则数义,多则十数义而未已。此种一字数义之故,在《诗经》上尤可考见。凡此一字数义,皆因假借而然。"谷"本为百谷之总名,《毛诗》假为善也,生也,禄也;"时"本四时之时,《毛诗》假为善也,是也;"义"本己之威仪之义,《毛诗》假为善也,宜也;"述"本干述之述,《毛诗》假为匹也,合也;"流"本流水之流,《毛诗》假为求也,下也;"干"本干犯之干,《毛诗》假为求也,厓也,扞也,涧也;"怀"本怀思之怀,《毛诗》既用本义,又假为和也,伤也,求也,归也;"康"本谷皮之康,《毛诗》假为安也,乐也;烈本烈火之烈,《毛诗》假为列也,光也,业也;"阜"本山阜之阜,《毛诗》假为大也,盛也;"将"本将帅之将,《毛诗》假为大也,养也,行也,齐也,送也,愿也,请也,壮也,侧也;"荒"本荒芜之荒,《毛诗》假为大也,有也,奄也,虚也;"空"本空窍之空,《毛诗》假为大也,穷也,尽也。观以上所举,则知一字数义,悉由于假借。而其假借也,其例有二:一由义之引伸而假,一由声之相近而假。其义之引申而假借者,原于"本无其字,依声托事"之假借,其假借也,皆一义之引申,不必别有本字以当之,如"阜"本山阜之大者,小曰自,大曰阜,阜原有大之义,不必别有一阜以当大义也。其声之相近而假借者,即郑康成所谓"仓卒无其字"是也,其假借也,皆声韵相近,必别有本字以当之,如"将"本将帅之将,假为大、为壮,其本字当为壮也;假为行、为养、为送,其本字当为牂也;假为侧,其本字当为旁也。明假借之理,一字数义,不烦言已解矣。

(四①)数字一义。戴氏东原以互训释转注,段氏懋堂注《说文解字》本之。建类一首,谓分立其义之数字而一首;同意相受,谓无虑诸字,意指略同,义可互相灌注而为一首。举是为例,则数字一义者皆转注之类。《毛诗》用字,假借为多,此仅举一字言之也。若夫观其汇通,于一字分言之而为假借者,于数字合言之即转注也。如《毛诗》逑、仪、特、仇,皆训为匹也,于是知逑、仪、特、仇,虽各有本义,若夫以匹之训汇通之,逑、仪、特、匹,可以互训。又如宁、绥、静、慰、宴、燕、保、遂、密、柔、康,皆训为安也,于是知宁、绥、静、慰、宴、燕、保、遂、密、柔②、康,虽各有本义,若夫以安之训汇通之,宁、绥、静、慰、宴、燕、保、遂、密、柔、康,可以互训。陈氏奂本《尔雅》之例,著《毛诗传③义类》十九篇,其《释故》一篇,皆所以明数字一义之例,如"淑、吉、良、臧、谷、时、义、祥、仸、类、价、仪,善也""虺、颓、瘏、闵、痗、疚、瘥、瘟、痒、瘉、里、瘁、邛、祇、痱、瘼、痋、瘵、瘅、梗、铺、痛,病也"(不悉举)。以上皆数字一义,律以转注之例,可以观文字之通也。

---

① "四",原作"三",今改。
② "密、柔",原作"柔、密",今据上下文乙正。
③ "传",原脱,今据《毛诗传义类》补。

（四）毛、郑学各家

清乾隆以后，研究《诗经》学者，多标汉学之名。所谓汉学者，毛传、郑笺也。开其先者，为陈启源之《毛诗稽古编》，实为汉学家之先导，训诂一准《尔雅》，篇义一准《小序》，《诗》旨一准毛郑，有《尔雅毛传异同》《郑笺破字异同》《康成他注与笺诗异同》《释文正义异同》《集传用颜注韩诗异同》等篇，又有《字形》《字义》《字音》等篇，皆是研究文字训诂声音之故，及后李黼平之《毛诗纨义》，戴震之《毛郑诗考》，段玉裁之《诗经小学》，一宗汉诂，惟是择言短促，门户虽立，壁垒未坚也。至马瑞辰著《毛诗传笺通释》，胡承珙著《毛诗后笺》，清代汉学家治《诗》之著作，遂有专书矣。马氏之书通释传笺，时有新说而不凿，如《蒹①葭》之诗：“宛在水中央。”马氏谓央、旁同意，《诗》多以中字为语词，水中央，犹水之旁，与下二章“水中坻②”“水中沚”同意，此其说新而不凿者也。胡氏之书，引征极为丰富，断制亦颇谨严，惟时有申毛纠郑之处，已开舍郑用毛之先路，如《芄兰》之诗“能不我知”“能不我甲”，胡氏谓虽服成人之佩，而不自谓我知，所以为柔润温良而有成人之德，下章“能不我甲”亦当云不自谓我已狎习。（中略）此皆正言之，以反刺惠公之骄慢，所谓陈美以刺恶，传用此意释《诗》，词旨最为深妙，若如笺说，“不如我众人之所知为”“不如我众人之所狎习”，则浅直少味矣，此其申毛纠郑者也。

---

① “蒹”，原作“兼”，今据《毛诗正义》改。
② “坻”，原作“泿”，今据《毛诗正义》改。

　　乾嘉时治《诗经》学者，多以文字声音训诂名物，为研究《诗经》之方法，郑氏笺诗，所释与《毛诗》或异，如《关雎》首章："君子好逑。"传："逑，匹也。"笺："怨耦曰仇。"《车攻》二章："东有甫草①。"传："甫，大也。"笺："甫草，甫田之草也。"《板》七章："价人维藩。"传："价，善也。"笺："价，甲也。被甲之人，谓卿士掌②军事者。"《长发》"何天之龙"，传："龙，和也。"笺："龙当作宠。宠，荣名③之谓。"因之学者多以郑笺改字为疑，陈奂作《毛诗传疏》，遂舍郑用毛，谓近代说《诗》，兼习毛郑，不分时代，毛在齐、鲁、韩之前，郑在毛后四百余载，不尚专传。毛自谓子夏所传，郑则兼用韩鲁。陈氏之意，以郑笺多韩、鲁之说，不仅文字声音训诂，名物间有异乎毛已也，所以陈氏专为毛传作疏，以《毛诗》多记古文，倍④详前典，或引申，或假借，或互训，或通释，或文生上下而无害，或辞生顺逆而不违，要明乎世次得失之迹，而吟咏性情，有以合乎诗人之本意，故读《诗⑤》而不读《序》，无本之教也；读⑥《诗》《序》而不读传，失守之学也。文简而义该，语正而道精，洵乎小学之津梁，群书之钤键也。陈氏之书，确守《毛传》，笃信小序，不杂入韩鲁之说，其书于传疏外，更释《毛诗》音，以存汉以前之声音。《毛诗传义类》以存汉以前之训诂，《郑氏笺考微》以证郑笺之用韩鲁说，而其治《诗》

① "甫草"，原作"圃"，今据《毛诗正义》改。
② "掌"，原作"长"，今据《毛诗正义》改。
③ "名"，原脱，今据《毛诗正义》补。
④ "倍"，原作"信"，今据《诗毛氏传疏》改。
⑤ "诗"，原作"书"，今据《诗毛氏传疏》改。
⑥ "读"，原脱，今据《诗毛氏传疏》补。

条例,备于《诗说》一篇,如字借字同训说、一义引伸说、一字数义说、一义通训说、古字说、古义说《毛诗》章句例《毛诗》渊源通论、《毛诗》《尔雅》字义异同说、《毛诗》《尔雅》训异字同说、《毛传》不用《尔雅》说、《毛传》用《尔雅》说、三家诗不如《毛诗》义优说、宫室图说等篇,洵足为治《诗经》学者研究文字训诂声音名物之助,此为汉学家专宗《毛传》之一派也。

当时朱氏琦以近人说《诗》率尊毛抑郑,作《毛传毛郑破笺不破字辨》一篇,意在调和毛郑,谓古书多用假借字,倘今悉以本义解之,必扞格难通,故郑不得不破字,不知毛之借,即郑之破字,共举二十余例(见“传笺之例”章),颇能举毛郑所释之义而汇其通,惜未成为专书,此为汉学家调和毛郑之一派也。又有江都梅植之,专治郑笺,拟为郑笺作疏,书亦未成,此为汉学家专宗郑笺之一派也。

二、陆德明之《经典释文》

《经典释文》,唐陆[①]德明著[一]。此书为汉魏至于南北传注派训诂之总汇。其书首为《序录》,次《周易》《古文尚书》《毛诗》《周礼》《仪礼》《礼记》《春秋左氏》《春秋公羊》《春秋穀梁》《孝经》《论语》《老子》《庄子》《尔雅》,所采汉魏六朝音切,凡二百三十余家,又兼载诸儒之训诂,各本之异同,后之人欲考见唐以前之训诂者,注疏以外,惟赖此书。寻其条例,约略有九:(一)古人音书,止为譬况之说,孙炎始为反语,魏朝以降,蔓衍实繁,世变人移,音

---

① “陆”,原脱,今据《经典释文》补。

讹字替，如徐仙民反易为神石，郭景纯反餤为羽盐，刘昌宗用承音乘，许叔重读皿若猛，若斯之俦，今亦存之音内。（二）两本俱用，二理兼通，今并出之，以明同异，其泾渭相乱，朱紫可分，亦悉书之，随加刊正。（三）经籍文字，相承已久，如悦字作说，闲字为閒，智但作知，汝止为女，若此之类，今并依旧音之。（四）《尚书》之字，本为隶古，既是隶写古文，则不全为古字，今宋齐旧本及徐、李等音，所有古字，盖亦无成，穿凿之徒，务欲立异，依傍字部，改变经文，疑惑后生，不可承用，今皆依旧为音，其字有别体，则见之音内，然亦兼采《说文》字诂，以示同异。（五）春秋人名字氏族及地名，或前后互出，或经传更见，如此之类，不可具举，若国异名同，及假借之字，不容疏略，皆斟酌折衷，务使得宜。（六）《尔雅》本释坟典，字读须逐五经，岂必飞禽即须安鸟，水族便应着鱼，虫属要作虫旁，草类皆从两中，如此之类，实不可依，今并校量，不从流俗。（七）方言差别，固自不同，河北江南，最为巨异。夫质有精粗，谓之好恶（并如字），心有爱憎，谓之好恶（好，呼报反；恶，乌路反），当体即云名誉（音预），论情则曰毁誉（音余），及夫自败（败，薄迈反）、败他（败，补迈反）之殊，自坏（坏，呼怪反）、坏撤（坏音怪）之异，此等或近代始分，或古已为别，余承师说，皆辨析之。（八）比人言者，多为一例，"如、而"靡异，"邪、也"弗殊，莫辨复（扶又反，重也）复（音服，反也），宁论过（古禾反，经过）过（古卧反，超过），如此之俦，恐非为得，将来君子，幸留心焉。（九）五经字体，乖替者多，如䨲鼍从龟，乱辞从舌，席下为带，恶上安西，析旁著厅，离边作禹，如宠（丑陇反）字为竉（力孔反），锡（思历反）为錫（音阳），用支代文，将无（音無）混旡（音既），若斯之流，便成两失。又束旁作力，俗以为约勒字,《说文》以为劳俫之字。水旁作曷,俗以为饥渴字,字书以为水竭之字。如此之类,改便惊俗,止不可不知耳。以上九例,虽有涉于字形字音之处,要之皆与字义有关系。陆氏《释文》,集录诸家,往往不能断定而兼存之,寻其条例,当以先者为优,后者为劣,今考之亦不尽然。如《周礼》:"搏埴之工。"《释文》兼收團、搏二音,依前音宜从专,依后音宜从團,据郑氏注:"搏之言迫也。"迫与博声相近,则经文当用搏而读如博矣。《尔雅·释山》:"小山岌大山,峘。"《释文》:"胡官反。"又兼存袁、恒二音,依前音字当为峘,依后音字当为峘,二字《说文》皆无之,寻小山岌大山,当取绵亘之义,则读如恒者为正矣。《释草》"菱,蕨攗",《释文》兼收忘悲、居邻、居群之音,依前音宜从麇,依后二音宜从麋,《说文》有攗无攗,则蕨、攗为双声,则文当作攗而读如麇矣。《释草》"蒇,小叶",《释文》"猪叶反,又阻留反",依前音宜从耴,依后音宜从取,《说文》有蒇无耴字,亦当以后音为正。《左氏》成四年"取汜祭",《释文》兼释凡、祀二音,依前音当从已,依后音当从巳,杜注"成皋县东有汜水",今土人读如祀音,则文当作汜而读如祀矣。文十一年"锡穴",哀十二年"戈锡",《释文》并音羊[①],又星[②]历反,依前音当为鍚,依后音当为锡,今无以[③]辨之[二]。音读与训诂之关系极切,古今异义,每每以音读之异而致异,假使不明其异读,则异义几无由明。陆氏《释文》兼出异音,有助于异义之考证极多也,其可为读《经典

---

① "羊",原作"年",今据《潜研堂文集》改。
② "星",原作"是",今据《潜研堂文集》改。
③ "无以",原作"从",今据《潜研堂文集》改。

释文》之助者,其书有四:一、卢文弨之《经典释文^①考证》^[三];二、
沈淑之《经典异文辑》;三、沈淑之《经典异文补》^[四];四、马叙伦
之《唐写本〈经典释文〉残卷校语补正》^[五]。记之于下。

　　卢文弨,字弨弓,清浙江余姚人。以《经典释文》一书,毛居正
讥陆氏偏于土音,辄他字以易之,后人信其说,遂以改本书。《通志
堂经解》本,虽多所校正,而误改亦所不免。卢氏校刊《经典释文》,
别为《考证》十卷,附于《经典释文》之后。

　　沈淑,字季和,清江苏常熟人。以《经典释文》中文字之异者,
录为六卷,又以经传中文字互异者,及注疏《史》《汉》《说文》诸
书所引经传文异者,为《经典异文补》六卷,极足为读《经典释文》
之参考。

　　近人杭县吴士鉴有《经典释文校语》,余未之见。杭县马叙伦
有《唐写本〈经典释文〉残卷校语补正》,即补正吴氏之校语也。

【注】

[一]《经典释文》三十卷,唐陆德明著。此书有《通志堂经解》
　　　本,卢文弨校刊本,崇文书局本,商务印书馆《四部丛刊
　　　初编》本。《丛刊初编》本,即《通志堂经解》本景印。

[二]见《潜研堂文集》二十七卷《跋经典释文》。

[三]《经典释文考证》十卷,清卢文弨著,附在《经典释文》后。
　　　《抱经堂丛书》本。

[四]《陆氏经典异文辑》六卷,《陆氏经典异文补》六卷,清

---

① "文",原脱,今据注[三]补。

沈淑著。《后知不足斋丛书》本。

［五］《唐写本〈经典释文〉残卷校语补正》一卷,近人马叙伦
著。民国七年排印本。

三、孔颖达、贾公彦之义疏

汉魏以来之训诂,萃于《经典释文》。但是《释文》一书,大概
以音读明训诂,不如《十三经注疏》中之训诂,更为丰富也。戴氏
震云:"许氏《说文》,于古训未能尽,从友人假《十三经注疏》读之,
则知一字之义,当贯群经,本六书,然后为定。"[一]据戴氏言,《说
文》所明者多本字之义,《十三经注疏》所明者多借字之义。不明
本字之义,则不足以识字;不明借字之义,则不能读经。所以段氏
玉裁又云:"必就其字之声类,而后不以经妨字。训诂必就其原文,
而后不以字妨经。"[二]《十三经注疏》中之训诂,必就其原文,所
以训诂之材料,《十三经注疏》之中较《说文解字》为多也。戴氏
虽合汉人之传注而言,而唐人之义疏,亦在其内。毛传、郑笺,汉人
之训诂,已另为一篇,记之綦详。兹篇所记,则为孔颖达、贾公彦之
义疏。又以内容过富,不能备记,仅从孔颖达《毛诗正义》中摘录
若干条,以见唐人训诂之一班,上承汉而下启宋也。

汉人训诂,极其简括,而唐人则加析矣。如《桃夭》之"宜其家
人",笺:"家人犹室家。"正义:"家犹夫也,人犹妇也。"《雄雉序》
之"淫乱不恤国事",笺:"淫乱者荒放于妻妾。"正义:"淫谓色欲过

度,乱谓犯悖人伦。言荒放者,放①恣情欲,荒废政事。"《北门》之"终窭且贫",传:"窭者,无礼也;贫者,困于财。"正义:"窭谓②无财可以为礼,故言窭者无礼;贫谓无财可以自给,故言贫者困于财。"《出其东门序》之"兵革不息",无笺,正义③:"兵谓弓矢干戈之属,革谓甲胄之属,以皮革④为之。"《山有枢》之"弗曳弗娄""弗驰弗驱",传:"娄亦曳也。"驰、驱无。正义:"曳者衣裳在身,行必曳之,娄与曳连,则同为一事。走马谓之驰,策马谓之驱,驱、驰俱是乘车之事,则曳娄俱是着衣之事。"《羔裘》之"羔裘豹祛",传:"祛,袂也。"正义:"袂是袖之大名,祛是袖头之小称。"《驷驖序》之"园囿之乐焉",无笺,正义:"囿者,域养禽兽之处。园者,种菜殖果之处。"《小戎》之"厹矛鋈錞",传:"錞,鐏也。"正义引《礼记》注:"锐底曰鐏,取其鐏地;平底曰錞,取其錞地。"《宛丘序》之"淫荒昏乱",无笺,正义:"淫荒谓耽于女色,昏乱谓废于政事。"《衡门序》之"诱僖公",笺:"诱,进也。掖,扶持。"正义:"诱谓在前导之,掖谓在旁扶之。"《丰序》之"婚姻之道缺",笺:"婚姻之道,谓嫁娶之礼。"正义:"嫁谓女适夫家,娶谓男往娶女。论其男女之身,谓之嫁娶。指其好合之际,谓之婚姻。"《扬之水》之"忠臣良士",无笺,正义:"言其事君则为忠臣,指其德行则为良士。"《了衿》传:"古者教以诗乐,诵之歌之弦之舞之。"正义:"诵之谓背文暗诵之,歌之谓引声长咏之,弦之谓以琴瑟播之,舞之谓以手足舞之。"凡此

---

① "放",原作"荒",今据《毛诗正义》改。
② "谓",原作"为",今据《毛诗正义》改。
③ "正义",原脱,今据《毛诗正义》及上下文例补。
④ "革",原脱,今据《毛诗正义》补。

皆唐人之训诂而较析者也。贾公彦之疏，其析更甚，如郑注："大曰邦，小曰国，邦之所居亦曰国。"贾疏："《周礼》凡言邦国者，皆是^①诸侯之国。此言大曰邦，小曰国者，只据此文，邦在上，国在下，故为此解。又云邦之所居亦曰国，即据王国而言。"郑注："百官所居曰府。"贾疏："言百官所居曰府者，欲以官府为一事，解与上府史之府别，彼府主藏文书，此府是百官所居处。"郑注："柄，所秉执以起事者也。"贾疏："柄者若斧斤之柄，人所秉执以起事，故以柄言之也。"如是甚多，不悉举，此所谓训诂必原其原文也。义疏中之训诂，其训诂之资料，多于陆德明之《释文》倍蓰，学者多以此为经之正书，而不以训诂书视之，特在训诂学史上，略发凡于此。

【注】

[一]见《戴东原文集·与是仲明书》。

[二]见《经韵楼文集·周礼汉读考序》。

四、宋理学家之训诂

宋理学家言义理，不言训诂，然理学家亦自有理学家之训诂，如朱熹《论语集注》："尽己之谓忠，推己之谓恕。"又云："中心为忠，如心为恕。"虽不是训诂正轨，而亦颇有意义。陈淳有《北溪字义》一书^[一]，则为集理学家训诂之大成，兹略记于下：

---

① "是"，原作 "其"，今据《周礼注疏》改。

　　命犹令也,性即理也,心者一身之主宰也,情者性之动也,志者心之所之,意者心之所发,仁是爱之理,义是宜之理,礼是敬之理,智是知之理,尽己之谓忠,以实之谓信,无妄之谓诚,主一之谓敬,恭是敬之见于外,敬是恭之存于中。道犹路也,德者得也,万古通行者道也,万古①不易者理也,鬼神者造化之迹也。

　　此等训诂,上不承于汉儒,而亦有与汉儒合者,如"道,路也;德,得也"之类,惟其主观太过,似乎训诂必就其原文,实则有望文生义之弊。自宋至于清初,用此等训诂,解释经传,颇有相当之历史,在训诂学史上不能一概抹杀之,如王昭禹《周礼详解》[二],极多此等训诂,或谓承王安石《字说》之遗,要之皆望文生义之类,兹略记于下:

　　格于上下谓之王,或而围之谓之国。散其所藏曰匪,以等级之曰颁,园有众甫谓之圃。鱼之鲜者包以致之谓之鲍,鱼之干者肃以致之谓之鱐。物类所聚而通上下者方也,人所立而下覆上承者位也。为治之所覆有主治者若阜焉,则谓之官;所守在下以听乎上而无或伤焉,则谓之职。官②言其所司之人,职言其所掌之事。陈而饰之谓之设,别而制之谓之分。

① "古",原脱,今据《北溪字义》补。
② "官",原作"宫",今据《周礼详解》改。

全书中此等训诂，几及十之三四，而元景星《学庸集说启蒙》[三]，每字为训，兹亦略记于下：

支流余裔　支者木之末，流者水之末，余者食之末，裔者衣之末。

晦盲否塞　晦如月之晦，盲如目之盲，否如气之否，塞如川之塞，晦盲言其不明，否塞言其不行。

发其归趣　趣言其始，归言其终。

虚灵不昧　虚者心之寂，灵者心之感，不昧是明，虚则明存于中，灵则明应于外，惟灵故能具众理，惟灵故能应万事。

此三者大学之纲领也　纲如网之有纲，领如衣之有领。

壹是　一切也，一切如以刀切物，取其整齐。

苟日新日日新又日新　苟字是志愿真确于其始，又字是工夫不断于其终。

缉熙　缉，连续无间断之谓；熙是光明无蔽隔之谓。

瑟僩赫喧　瑟，严密之貌；僩，武毅之貌；赫喧，宣著盛大之貌。

敖惰　敖只是简于为礼，惰只是懒于为礼。

贪戾　贪则不让，戾则不仁。

骄泰　骄者不肯下同民之好，恶泰者必至横敛民之财用。

关于理学家训诂，除《北溪字义》以后，只明辑《性理大全》中略有所录，然皆不多。若有人能于宋儒所著六经中，汇而记之，亦训诂学史之资料也。

【注】

〔一〕《北溪字义》二卷,宋陈①淳著。淳,字安卿,漳州龙溪人。光绪九年学海堂重刊本。

〔二〕《周礼详解》四十卷,宋王昭禹著。昭禹爵里未详,大约徽钦时人。商务印书馆印《四库全书》珍本初集。

〔三〕《学庸集说启蒙》,元景星著,至正时人,继姓黄,名元吉,字子文。《通志堂经解》本。

五、阮元之《经籍籑诂》

清代汉学家,关于训诂之著述,如段玉裁之《周礼汉读考》,陈寿祺之《礼记郑读考》,王引之之《经义述闻》《经传释词》等,其书极多,已采取为"清代训诂学方法"一章,且亦限于篇幅,故各家之训诂书,皆不详述。惟阮元之《经籍籑诂》,则确为集传注派之大成,而且上及经文之训诂,因殿于此章之末。

传注之训诂,散见于经传中者,浩如烟海,戴东原、朱筍河皆欲纂集传注,以示学者,未及成编。阮氏抚浙时,自为体例,命诂经精舍诸生分辑成书〔一〕,搜集极其丰富,以韵部分目,亦便检查,其例大者有三:

(一)经传本文之训诂。如《周书·谥法》:"和,会也;勤,

---

① "陈",原脱,今据正文补。

劳也。"《国语·周语》："基，始也；命，信也。"《易·彖传》："需，须也；师，众也。"《孟子》："畜君者，好君也。"《周语》："敬，文之恭也；忠，文之实也；正，德之道也；端，德之信也。"《左氏》文元年传："忠，德之正也；信，德之固也。"成十三年传："礼，身之干也；敬，身之基也。"襄九年传："元，体之长也；亨，嘉之会也。"昭九年传："陈，水属也；火，水妃也。"昭十二年传："黄，中之色也；裳，下之饰也。"昭十七年传："汉，水祥也；水，火之牡也。"《公羊》桓公八年传："春曰祠，夏曰礿。"《穀梁》桓四年传："春曰田，夏曰苗。"《左氏》襄三年传："师众以顺为武。"昭二十八年传："经纬天地①曰文。"《鲁语》："咨才为诹。"《左氏》襄四年传："咨亲为询。"宣十二年传："止戈为武。"昭元年传："皿虫为蛊。"《大戴记·小辨》："无患曰乐，乐义曰终。"《礼记·曲礼》："约信曰誓，涖牲曰盟②。"凡此皆经传本文之训诂，为训诂之最先者也。

（二）传注之训诂。如《易·乾》子夏传："元，始也。"《丰》子夏传："芾，小也。"《诗·关雎》传："淑，善；逑，匹也。"此传注中"某，某也"之类。《书大传》："颛者，事也。""禹者，辅也。"此传注中"某者，某也"之类。《书大传》："尧者，高也，饶也。""受者，推也，循也。"此传注中"某者，某也，某也"之类。《周礼·天官·序官》注："体犹分也。""佐犹助也。"此传注中"某犹某也"之类。《冢宰》注：郑司农云："士谓学

---

① "天地"，原作"千里"，今据《左传正义》改。
② "牲曰盟"，原作"信曰变"，今据《礼记》改。

士。""两谓两丞。"此传注中"某谓某某"之类。《诗·召南》
笺："蘋之言宾也,藻之言澡也。"此传注中"某之言某也"之
类。《论语》郑注："同门曰朋,同志曰友。"此传注中"某某曰
某"之类。《周礼·醢人》注："郑大夫、杜子春皆以拍为膊,
谓胁也。"此传注中"以某为某曰某"之类。《论语》郑注："恂
恂,恭顺貌。""便便,言辨貌。"此传注中"某某,某某貌"之
类。《仪礼·士冠礼》注："吾子,相亲之辞。""子,男子之美
称。""伯仲叔季,长幼之称。""甫是丈夫之美称。"此传注中
"某某,某某之辞;某是某某之称"之类。《论语》郑注："纯读
为缁。""厉读为赖。"此传注中"某读为某"之类。《礼记·曲
礼》注："扱读曰吸。""缮读曰劲。"此传注中"某读曰某"之
类。《吕览·夏季》注："饬读如勅。"《士容》注："胕读如府。"
此传注中"某读如某"之类。《考工记》注："郑司农云:函读
如国君含垢之含。""泐读如再扐而后卦之扐。"此传注中"某
读如某某之某"之类。《仪礼·乡饮酒礼》注："如读若今之若。"
《聘礼》注："籔①读若不数之数。"此传注中"某读若某某之某"
之类。《诗·鹿鸣》笺："视,古示字。"《礼记·曲礼》注："或
者攘,古让字。"此传注中"某,古某字"之类。《周礼·外史》
注："古曰名,今曰字。"《论语》郑注："古者曰名,今世曰字。"
此传注中"古曰某,今曰某"之类。《诗·东山》笺："古者声
栗裂同也。"《常棣》笺："古声填、真、尘同。"此传注中"古声
某某同"之类。《论语》郑注："古字材哉同耳。"《周礼·外府》

---

① "籔",原作"薮",今据《仪礼注疏》改。

注："齎资同耳。"此传注中"古字某某同"之类。《周礼·天官·序官》注："嫔，故书作宾。"《典枲》注："故书齎作资。"此传注中"故书作某"之类。《仪礼·士冠礼》注："今文扃为铉，古文冪为密。"“古文紒为结，今文禮作醴。"此传注中"古文某为某，今文某为某"之类。《周礼·小宰》注："杜子春云：廉辨或为廉端。"《掌金》注："杜子春云：棘门或为材门。"此传注中"某某或为某某"之类。《大戴记·保傅》卢注："瞽与鼓，声误也，夜史为字误。"此传注中"某误为某"之类。《周礼·醢人》注："齐当为齑。"《内司服》注："狄当为翟。"此传注中"某当为某"之类。《内司服》注："郑司农云：屈者音声与阙相似，襢与展相似。"此传注中"某声近某"之类。《公羊》庄二十八年传注："伐人者为客，读伐长言之；见伐者为主，读伐短言之。"此传注中"长言、短言"之类。《公羊》宣八年传注："言乃者内而深，言而者外而浅。"此传注中"内言、外言"之类。《淮南·本经》注："螣读近殆，缓气言之。"《墬形》注："旄读近绸缪之缪，急气言乃得之。"凡此皆传注中之训诂，而其训诂皆与声韵相近者也。

（三）以训诂代正文。如《史记·五帝纪》引《尧典》"克明俊德"作"能明驯德"，以能代克，以驯代俊也。"慎徽五典"作"慎和五典"，以和代徽也。《夏本纪》引《禹贡》"覃怀底绩"作"覃怀致功"，以致功代底绩也。"九江孔殷"作"九江甚中"，以甚中代孔殷也。凡此代字，即是训诂也。

以上三者，《经籍籑诂》悉为采入，其他如碑碣之假借，古人名与字之相应，凡含有训诂之性质者，亦采入无遗。凡传注中之训诂，以派别之不同，凡时间相隔，而训诂各别者，颇多有之。学者生千百年之后，以定较善之训诂，当网罗众说而折衷之。王引之云："如《易·屯》六二'女子贞不字'，陆绩训字为爱，已觉未安，至宋耿南仲误读'女子许嫁笄而字'之文，遂以字为许嫁，更不可通，不如虞翻训为妊娠之善也。《尧典》'克谐以孝，烝烝乂，不格奸'，传训'烝烝乂'为'进进以善自治'，颇为不辞，不如蔡邕《九疑山碑》读'以孝烝烝'为句，且依《广雅》'烝烝，孝也'之训为善也。《皋陶①谟》'万邦作乂'，《禹贡》'莱夷作牧''云土梦作乂'，《史记·夏本纪》皆以'为'字代'作'字，文义未安，不如用《诗·駉篇》传训作为始之善也。《禹贡》'嵎夷既略'，传谓'用功少曰略'，乃望文生义，不如训略为治之善也。《康诰》'远乃猷裕乃以民②宁'，传读猷字为句，而训猷为谋，不如断'猷裕'为句，而用《方言》'猷裕，道也'之训为善也。《诗·鄘风·定之方中篇》：'匪直也人。'《桧风·匪风篇》：'匪风发兮，匪车偈兮。'《小雅·小旻篇》：'如匪行迈谋。'笺并训匪为非，不如用《左传》杜注训匪为彼之善也。《王风·中谷有蓷篇》'暵其湿③矣'，传笺并解为水湿，与暵字之义相反，不如读湿为曝，用《通俗文》'欲燥曰曝'之善也。《魏风·陟岵篇》'夙夜无寐'，传以为寤寐之寐，不如读寐为沬，而用《楚辞》注'沬，已也'之训为善也。《小雅·南有嘉鱼篇》'烝然罩罩，烝

---

① "皋陶"，原作"陶皋"，今据《尚书》乙正。
② "民"，原脱，今据《尚书》补。
③ "湿"，原作"温"，今据《毛诗正义》改。

然汕汕’，传依《尔雅》云："罩罩，篧①也；汕汕，樔也。"不如《说文》训为鱼游水貌之善也。《菁菁者莪篇》"我心则休"，释文、正义并以休为美，不如用《国语》注'休，喜也'之训为善也。《北山篇》'我从事独贤'，笺以为贤才之贤，不如毛传②训贤为劳之善也。《菀柳篇》'无自瘵焉'，传训瘵为近，与'无自瘵焉'之文不类，不如《广雅》'瘵，病也'之训为善也。《都人士篇》序'衣③服不贰，从容有常'，郑训从容为休燕，不如《缁衣》正义训为举动之善也。《大雅·緜篇》'曰止曰时'，笺训时为是，与曰止异义，不如训时为止之善也。《卷阿篇》'有冯有翼'，传云：'道可冯依以为辅翼。'不如训为'冯冯、翼翼，满盛之貌'为善也。《民劳篇》'无纵诡随'，传云：'诡人之善，随人之恶。'以叠韵之字而上下异训，不如读随为憜而训诡谲之善也。《云汉篇》'昊天上帝，则不我虞'，笺训虞为度，文义未允，不如训为有与助之善也。《月令》'养壮佼'，正义以佼为形容佼好，与壮异义，不如训佼为健之善也。桓十一年左传：'且日虞四邑之至也。'昭六年传：'始吾有虞于子。'杜注并训为度，不如训为望之善也。宣十二年传：'董泽之蒲，可胜既乎。'杜训既为尽，不如读既为塈，用《摽有梅》诗传'塈，取也'之训为善也。襄二十五年传'冯陵我敝邑，不可亿逞'，杜训亿为度，逞为尽，不如训为盈满也之善也。"据王氏言，罗列各书训诂，彼此互参，而较善之训诂自能发见。《经籍④籑诂》一书，详列诸义，俾学者择善而从，后

---

① "篧"，原作"籱"，今据《毛诗正义》改。

② "传"，原作"贤"，今据文意改。

③ "衣"，原作"序"，今据《毛诗正义》改。

④ "籍"，原作"传"，今据上文改。

之读是书者，取古人之传注，得其声音之理，以知其所以然，其传注
有不安者，则博考以正之，则此书有裨于训诂学也大矣。

【注】

［一］《经籍籑诂并补遗》一百六卷，清阮元辑。原刻本，光绪
六年淮南书局补刻本，石印本。

第三章 《释名》派之训诂

一、《释名》

（一）《释名》之作者与其时代

《隋书·经籍志》"《释名》八卷,刘熙撰",今本《释名》题"汉征士北海刘熙成国撰",陈振孙《书录解题》、马端临《文献通考》皆如是题。按《馆阁书目》云:"汉征士北海刘熙字成国撰,推揆事源,释名号,致意精微。"《崇文总目》云:"熙即物名以释义。"颜之推亦云:"刘熙制《释名》。"熙作熹。《释名》作者,原无问题,惟又有刘珍《释名》三十篇。刘熙,《汉书》无传,刘珍见于《后汉书·文苑传》:"珍,字秋孙,一名宝,南阳蔡阳人。永初中为谒者,延光四年拜宗正,明年卒。撰《释名》三十篇,以辨万物之称号。"是珍安帝时人,卒于顺帝永建元年。刘珍《释名》,后无传书,且不见著录。刘熙《释名》,历见著录,而事略颇少可征。《续博物志》有"汉博士刘熙",《书录解题》《馆阁书目》《文献通考》皆作"汉征士"。又《隋·经籍志》"《大戴礼记》十三卷"注:"梁有《谥法》三卷,后汉安南太守刘熙注，亡”，因之《释名》有题为安南太守刘熙撰者。于是《释名》作者，遂有疑问。清《四库书目提要》“《后汉书·刘珍传》称珍撰《释名》三十篇，其书名相同，姓又相同。郑明选作《秕言》，颇以为疑。然历代相传，无引刘珍《释名》者，则珍书久佚，不得以此书当之也”云云，亦无确实之证据。清毕沅辨之略析，其云：“《三国·吴志·韦曜传》‘曜在狱中上辞，有云见刘熙《释名》，信多佳者，然物类众多，难得详究，故时有得失。而爵位之事，又有非是’云云。玩曜之语，则熙之书，吴末乃始流布，是熙之去曜年代必当不远，一也。旧本题‘安南太守刘熙撰’[一]，近时校者，以二汉无安南郡，或云当作南安。今考刘昭注《续汉书》，称《三秦记》曰：‘中平五年，分汉阳置南安郡。’《元和郡志》亦云汉灵帝已立郡，是郡置已在汉末，二也。此书《释州国篇》有司州，案《魏志》及《晋·地理志》，魏以汉司隶所部河东、河南、河内、宏农并冀州之平阳，合五郡置司州，是建安以前无司州之名，三也。又云西海郡，海在其西，据刘昭注，则西海郡亦献帝建安末立，其时去魏受禅不远，四也。《释天》等篇，于光武列宗之讳均不避，五也。以此而推，则熙为汉末或魏受禅以后之人无疑[二]。”毕沅之辨虽析，尚不能确定刘熙为何时人。关于此节，钱大昕考之较确，其云：“近时校书以司州之名，曹魏有之，而《释州国篇》有司州，疑其为魏初人，以予考之，殆非也。《吴志·程秉传》‘避乱交州，与刘熙考论大义，遂博通五经’；《薛综传》‘少依族人，避地交州，从刘熙学’；《韦曜传》‘曜因狱吏上书，见刘熙所作《释名》，信多佳者’。据此三文推之，则刘君汉末名士，建安中避地交州，故其书行于吴，而韦宏嗣因有《辨释名》之作也。交州与魏隔远，不当有入魏之事。史又不言其曾仕吴,殆遁迹以终者,清风亮节,亦管宁之流亚欤^[三]。"钱大昕所考刘熙之时代,视毕沅为切实。至于司州一事,钱大昕以为即司隶,汉司隶领一州,其州属于司隶校尉,则司隶部亦可云州。《左雄传》"司冀复有大水",司与冀对举,此书《释天篇》一云豫司兖冀,一云兖豫司冀,与《左雄传》文正同,不得以司州单词,即以刘熙为魏初人。毕沅的结论,疑《释名》兆于刘珍,踵于刘熙,至韦曜又补职官之缺。钱大昕的结论,范蔚宗以《释名》为刘珍所撰,今据《吴志》则为熙无疑。承祚去成国未远,较之蔚宗,为可信矣。两者相较,自以钱大昕之论为善。毕沅序作于乾隆五十四年,至五十五年又作一序,《程秉传》《薛综传》皆已引及。其云:"吴之立国方五十二年,而韦曜下狱时,年已七十,则曜少壮时,与刘熙并世而同国,或尝见熙亦未可知,谓《释名》为刘熙所作,审矣。^{[四]①}"毕沅后序之说,已修改前序之说,而与钱大昕一致矣。统观毕沅、钱大昕之所考,或有两《释名》。刘珍之《释名》早佚,刘熙之《释名》独传;或只有刘熙之《释名》,范蔚宗以为刘珍,皆不可确知。今所传之《释名》,为刘熙所撰,决无可疑者也。刘珍卒于顺帝永建元年,阅九十四年汉亡,又十年吴建国。程秉、薛综皆从刘熙游,则刘珍与刘熙,相去至少亦在五十年以上也。

【注】

[一]《隋书·经籍志》有"安南太守刘熙注"字,《册府元龟》亦云"后汉安南太守刘熙",因之旧本据以为题。

---

① "[四]",原脱,今据文例补。

［二］见《释名疏证序》，此序成于乾隆五十四年。

［三］见《潜研堂文集》二十七卷《释名跋》。

［四］见篆文《释名疏证序》，此序成于乾隆五十五年。

（二）《释名》之内容及其条例

《释名》者，释事物之名而作也，共计二十七篇，其分类略同《尔雅》，而无《尔雅》之《释诂》《释训》《释言》及《释草》《释木》《释虫》《释鱼》《释鸟》《释兽》《释畜》十篇。由《释亲》广为《释长幼》《释亲属》，由《释器》广为《释采帛》《释首饰》《释床帐》《释用器》《释兵》《释车》《释船》，由《释地》广为《释地》《释州国》《释道》，而《释天》《释山》《释水》《释丘》《释宫室》《释乐器》则如《尔雅》之旧。《释形体》《释姿容》《释言语》《释饮食》《释书契》《释典艺》《释疾病》《释丧制》则为《尔雅》所未有。其内容之大体，已超轶《尔雅》之外。毕氏沅谓其书参校方俗，考合古今，晰名物之殊，辨典礼之异，洵为《尔雅》《说文》以后不可少之书［一］。其辨晰名物典礼，时出于《尔雅》《说文》之外［二］；即同一名物典礼，而称谓殊异者，亦颇有之［三］。盖因时代更易，称谓遂别，亦有称谓虽同，以声韵言语之流变，而说解遂别［四］。至于每篇之内容，虽未能纤细具备，其书在《尔雅》《小尔雅》后三百余年，在《说文解字》后略一百年，当时之名物典礼，颇有可以资参考者。兹详记每篇之内容于下。

《释天》第一

天、日、月、光、景、暑、曜、星、宿、气、风、阴、阳、寒、暑、热、雨、春、夏、秋、冬、时、岁、年、载、祀、金、木、水、火、土、子、丑、寅、卯、辰、巳、午、未、申、酉、戌、亥、甲、乙、丙、丁、戊、己、庚、辛、壬、癸、霜、露、雪、霰、霚、霖、云、雷、电、震、雹、虹、霓、晕、暄、霾、珥、食、朒、霸、晦、朔、望、昏、晨、祲、氛、雾、蒙、彗星、孛星、笔星、流星、枉矢、厉、疫、札、灾、害、异、眚、愿、妖、蠥

《释地》第二

地、土、田、壤、原、陆、衍、隰、泽、卤、黎、埴、鼠肝、漂①、卢

《释山》第三

山、阜、陵、冢、陂、冈、涌、嵩、岑、乔、巏、磝、礐、岵、屺、坳、岨、朝阳、夕阳、𭃘、林、麓、石、砾

《释水》第四

渎、江、淮、河、济、川、涧、滥泉、沃泉、氿泉、肥泉、雍沛、涌泉、渎泉、掌、汜、澜、沦、泾、湄、海、沟、浍、洲、渚、沚、坻、潏、岛

《释丘》第五

顿丘、陶丘、昆仑丘、髦丘、宛丘、阿丘、亩丘、圜丘、方丘、融丘、乘丘、陼丘、泥丘、都丘、梧丘、画丘、载丘、昌丘、阺丘、阻丘、沚丘、营丘、阳丘、宗丘

《释道》第六

道、路、岐旁、剧旁、衢、康、庄、剧骖、崇期、逵、隒、蹊、径、

---

① "漂"，原作"淠"，今据《释名》改。

兖、涂

《释州国》第七

青州、州、徐州、扬州、荆州、豫州、凉州、雍州、并州、幽州、冀州、兖州、司州、益州、营州、燕、宋、郑、楚、周、秦、晋、赵、鲁、卫、齐、吴、越、河南、河内、河东、河西、上党、颍川、汝南、汝阴、东郡、南郡、北海、西海、南海、东海、济南、济北、济阴、南阳、邦、都、井、邑、丘、甸、鄙、县、郡、伍、里、党、乡

《释形体》第八

人、体、躯、形、身、毛、皮、肤、肌、骨、肌、肉、筋、膜、血、脓、汁、津、沴、汗、髓、发、囟、髦、眉、头、首、面、额、角、颂、目、眼、睫、童子、鼻、口、颊、舌、齿、牙、颐、耳、唇、吻、立人、髭、承浆、鬑、髯、鬓、距、项、颈、咽、胡、胸、臆、膺、腹、心、肝、肺、脾、肾、胃、肠、脐、胪、阴、胁、肋、膈、腋、肩、甲、臂、肘、腕、掌、手、节、爪、背、脊、尾、要、髋、臀、尻、枢、髀、股、膝、脚、胫、膊、足、趾、蹴、踝、跟

《释姿容》第九

姿、容、妍、蚩、行、步、趋、走、奔、仆、超、跳、立、骑、乘、登、载、儋、负、驻、坐、伏、偃、僵、侧、据、企、竦、视、听、观、望、跪、踞、跌、扶、攀、掔、牵、引、掬、撮、擓、捉、执、拈、抉、蹋、批、搏、挟、捧、怀、抱、戴、提、挈、持、操、揽、拥、抚、拍、摩娑、攃、践、踏、履、蹈、跳、蹑、匍匐、偃蹇、望羊、沐秃、卦卖、倚筵、婆娑、啮掣、嶙摘、贷骇、卧、寐、寝、眠、觉、寤、欠、嚏、笑

《释长幼》第十

婴儿、男、女、孺子、悼、龀、长、幼、童、弱、壮、强、艾、耆、

耄、耋、鲐背、期颐、老、仙

《释亲属^①》第十一

亲、属、父、母、祖、曾祖、高祖、兄、弟、子、孙、曾孙、玄孙、来孙、昆孙、仍孙、云孙、世父、伯父、仲父、叔父、季父、从祖祖父母、姑、姊、妹、姪、舅、姑、舅、外舅、外姑、外甥、出、离孙、归孙、姨、私、甥、女君、嫂、叔、公、姒、娣、稙长、孰、亚、婚、姻、后夫人、内子、命妇、妻、妾、媵、妃、匹、耦、嫡、庶、鳏、寡、孤、独

《释言语》第十二

道、德、文、武、仁、谊、礼、智、信、孝、慈、恭、悌、敬、慢、通、达、敏、笃、厚、薄、懿、良、言、语、说、序、批、发、拨、导、演、颂、赞、铭、勒、纪、识、视、是、非、基、业、事、功、取、名、号、善、恶、好、丑、迟、疾、缓、急、巧、拙、燥、湿、彊、弱、能、否、躁、静、逆、顺、清、浊、贵、贱、荣、辱、祸、福、进、退、赢、健、哀、乐、委、曲、踪、迹、扶、将、缚、束、覆、盖、威、严、政、教、侍、御、雅、俗、艰、难、吉、凶、停、起、翱、翔、出、入、候、望、狡、夬、始、消、息、姦、宄、谁、往、来、麤、细、疏、密、甘、苦、安、危、成、败、乱、治、烦、省、间、剧、贞、淫、沈、浮、贪、廉、洁、污、公、私、勇、怯、断、绝、骂、詈、祝、诅、盟、誓、佐、助、饰、荡、啜、嗟、噫、呜、念、忆、思、克、虑

《释饮食》第十三

饮、食、啜、餐、吮、嗽、含、咀、嚼、啄、啮、饼、糁、饵、餈、馈、飧、羹、腥、糜、粥、浆、汤、酪、齑、菹、醢、醯、监、酱、豉、麴、

欟、鲊、腊、脯、膊、脍、炙、脯炙、釜炙、脂炙、貊炙、脍细切、生
脡、血脂、膏鐕、兑、韩羊、韩兔、韩鸡、腜胪、分乾、肺朘、鸡纤、
兔纤、饧、饴、餔、酒、缇齐、盎齐、汎齐、沈齐、醴齐、醳酒、事酒、
苦酒、寒粥、干饭、糗、餈、麬、奈油、杏油、桃滥、奈脯、鲍鱼、蟹
胥、蟹蓝、桃诸、瓟蓄

《释采帛^①》第十四

青、赤、黄、白、黑、绛、紫、红、缃、绿、缥、碧缥、天缥、骨
缥、缁、皂、布、绢、缣、练、素、绨、锦、绮、绫、绣、罗、纚、笭辟、
疏、谷、緟、纨、蒸栗、绀、绵、纶、絮、细、莫

《释首饰》第十五

冠、缨、笄、冕、衮冕、鷩冕、毳冕、黻冕、章甫、冔、牟追、
收、委貌、弁、爵弁、皮弁、韦弁、纚、总、帻、帽、巾、簪、掃、导、
镜、梳、比、刷、镊、绡头、副、步摇、编、次、髲、鬄、簂、华胜、钗、
爵钗、瑱、充耳、珰、脂、粉、黛、唇脂、香泽、旳

《释衣服》第十六

衣、裳、领、襟、袂、袪、袖、衿、带、系、衽、裾、玄端、素积、
襌衣、摇翟、阙翟、鞠衣、襢衣、褖衣、戟、佩、襦、绔、襌衣、襺、
褠、中衣、裲襠、帕腹、抱腹、膺、衫、複、襌、反闭、袿、襆、裙、缘
裙、缘襦、披、直领、交领、曲领、襌襦、要襦、半袖、留幕^②、袍、
侯头、被、衾、汗衣、禈、幅、韎、履、屩、屐、鞲、鞍鞮、鞻、帛屐、晚
下、鞔、仰角

① "帛"，原作"色"，今据《释名》改。
② "幕"，原作"慕"，今据《释名》改。

《释宫室》第十七

宫、室、奥、屋漏、窔、宦、中霤、宅、舍、宇、屋、宗庙、寝、城、郭、睥睨、寺、廷、狱、亭、传、瓦、梁、柱、檼、桷、栺、楣、梲儒、梧、栾、櫨、斗、笮、甍、壁、墙、垣、墉、篱、栅、殿、陛、阶、陈、屏、萧墙、宁、序、夹室、堂、房、楹、檐、霤、阙、罘罳、观、楼、台、榭、门、障、户、窗、茨、庐、蒲、庵、庑、井、灶、爨、仓、库、厩、廪、囷、庾、囤、圈、厕、泥、涂、垩、墼

《释床帐》第十八

床、榻、独坐、枰、几、筵、席、簟、荐、蒲平、毡、褥、衺溲、榻登、貂席、枕、帷、幕、帟、幔、帐、斗帐、幰、幢容、户嫌、帖、幄、承尘、搏壁、扆、屏风

《释书契》第十九

笔、砚、墨、纸、板、奏、札、简、笏、椠、牍、籍、檄、检、玺、印、谒、符、传、券、莂、契、策书、册、示、启、书、画、刺、题、署、告、表、约、勑、谓

《释典艺》第二十

三坟、五典、八索、九丘、经、纬、图、谶、易、礼、仪、传、记、诗、尚书、春秋、国语、尔雅、论语、法、律、令、科、诏书、论、赞、叙、铭、诔、谥、谱、碑、词

《释用器》第二十二

斧、镰、斫、仇矛、锥、椎、凿、镌、耒、耜、犁、檀、锄、櫼、鹤、枷、锸、杷、梻、耨、镈、鉤、鑺、铚、斤、鉏、锯

《释乐器》第二十二

钟、磬、鼓、鞉、鼖、笥、虡、业、瑟、筝、筑、箜篌、枇杷、埙、

篪、箫、笙、竽、搏拊、柷敔、舂牍、籥、篴、铙、歌、吹、吟

《释兵》第二十三

弓、弩、矢、服、箙、鞬、刀、削、琫、琕、拍髀、佩刀、翦刀、书刀、封刀、铰刀、削刀、戟、戈、车戟、手戟、矛、矟、仇矛、夷矛、矜矛、殳矛、盾、吴魁、滇盾、陷虏、步盾、孑盾、犀盾、木盾、彭排、甲、剑、鋋、钩镶、常、旂、旃、旗、旟、物、旐、旞、旌、緌、绥、白旆、翳、幢、旛、校、节、铎、金鼓、戚、戉

《释车》第二十四

车、路、金路、玉路、象路、革路、木路、钩车、胡奴车、元戎车、辇车、柏车、羊车、墨车、重较、役车、軘车、容车、衣车、猎车、小车、高车、安车、羸车、羊车、槛车、轺车、辎车、軿车、辀、衡、游环、胁驱、阴、靷、沃、续、文鞇、靴、軾、鞋鞲、毂、辕、枕、荐版、较、立人、楅、隆强、棨、辋、轮、舆、轴、釭、锏、辖、輠、轵、笭、盖、弮、轑、杠、蜱蜺、屐、钩心、輴、棠、韅、绁、纷、辔、勒、镳、鞅、樊缨、鞪、靽、鞧、韁、鞧、鞙

《释船》第二十五

船、桅、柁、橹、笮、櫂、帆、笭、覆、庐、飞庐、爵室、先登、艨冲、赤马舟、槛、斥候、艑、艇

《释疾病》第二十六

疾、病、疹、疚、痛、痒、眩、历瑙、秃、盲、瞽、矇、瞍、瞎、通视、眇、瞶、浸、聋、齆、龋、瘖、瘿、痈、消渴、呕、咳、喘、吐、妬、疝、脴、哺、注病、泄利、隤、疼、痔、酸、消、懈、厥、疟、疥、癣、胗、肿、痈、痳、创、痍、瘢、痕、瘤、赘、肬

《释丧制》第二十七

死、不禄、卒、薨、崩、殂、徂落、杀、诛、溺、烧、兵、弑、缢、雉经、考竟、弃市、斩、輾、烹、掠、寿终、夭、殇、考、妣、物故、尸、袭、冒、绞衿、含、握、敛、棺、槨、柩、殡、櫕、纊、絰①、绞带、斩斋、大功、小功、缌、麻、锡缞、疑缞、繐、疏、环绖、弁绖、葬、圹、輀柳、墙、翣、披、绋、綍、缄、小要、明器、涂车、刍灵、奠、殷奠、虞、卒哭、祔、小祥、大祥、禫、冢、墓、丘、陵、塸、碣、慢、埋、弃、捐

《释名》所释名物典礼,计一千五百二事。虽不完备,亦可以略窥见当时名物典礼之大概矣。至其条例,据顾千里《释名略例》,其例有十[五]。兹本顾氏之例,记之于下:

(一)本字例:如"冬曰上天,其气上腾与地绝也",以上释上,此本字之例也。

(二)叠本字例:如"春曰苍天,阳气始发,色苍苍也",以苍苍释苍②,此叠本字之例也。

(三)本字而易字例:如"宿,宿也,星各止宿其处也",以止宿之宿,释星宿之宿,此本字而易字之例也。

(四)易字例:如"天,显也,在上高显也",以显释天,此易字之例也。

---

① "絰",原作"绖",今据《释名》改。下"弁绖"之"绖"亦同。
② "苍",原脱,今据文意及文例补。

（五）叠易字例：如"雲，犹云云，众盛意也"，以云云释雲①，此叠易字之例也。

（六）再易字例：如"腹，复也，富也"，以复也、富也再释腹，此再易字之例也。

（七）转易字例：如"兄，荒也；荒，大也"，以荒释兄，而以大转释荒，此转易字之例也。

（八）省易字例：如"绨，似蝀虫之色，绿而泽也"，如不省，当云"绨，蝀也"，以蝀释绨，而省"蝀也"二字，此省易字之例也。

（九）省叠易字例：如"夏曰昊天，其气布散颢颢也〔六〕"，如不省，当云"昊犹颢颢"，以颢颢释昊，而省"昊犹颢颢"四字，此省叠易字之例也。

（十）易双字例：如"摩娑，末杀也"，以"末杀"双字，释"摩娑"双字，此易双字之例也。

以上十例，总之不外本字与易字二例。本字可以说明者，即用本字释之，如冬天所以名为上天者，以其气上腾也。本字不可以说明者，即易字以字以说之，如夏天所以名为昊天者，以其气布散颢颢也，"昊"无布散广大之义，故易"颢②"字以释之。但顾氏十例尚有漏略，亦有不甚的处。如以其气上腾释上天，一为向上之上为动词，一为在上之上为名词，惟省"上，上也"三字，当为省本字

---

① "雲"，原作"云云"，今据文意改。
② "颢"，原作"灏"，今据《释名》改。

而易字例。其本字例者，如"布，布也，布列众缕为经，以纬横成之也"，即以布列众缕以为布名，此真本字例也。又有省本字例者，如"凉州，西方所以寒凉也"，凉州之凉，即寒凉之凉之意，惟省"凉，凉也"三字。又有加本字例，如"素，朴素也，已织则供用，不加功饰也"，"素"之一名，即取朴素之意，惟加一"朴"字。此外有不以音释而以意释者，如"道出其右曰画丘，人尚右，凡有指画，皆用右也"。又有不以音释而以形释者，如"鼻下曰立人，取立于鼻下狭而长似人也"。此种在全书中虽不甚多，亦是全书中之例。更有不释者，如"朏，月未明也"，不释"月未明"所以名"朏"之故，此虽极少，亦宜列一例。又有不释随事名之者，如"山东曰朝阳，山西曰夕阳"，随日所照名也。又有不释只言亦如者，如"妇人蔽膝亦如之"。凡此皆宜列例。照顾氏十例外，当增八例：（一）省本字而易字例；（二）省本字例；（三）加本字例；（四）以意释例；（五）以形释例；（六）不释例；（七）随事名之例；（八）亦如例。

【注】

［一］见毕沅《释名疏证序》。

［二］《说文》无"鞿"字，《新附》有之，鞿属。《释名·释衣服》"鞿，跨也，两足各以一跨骑也"，本胡服，赵武灵王服之。《尔雅·释丘》无"阳丘"，《释名·释丘》"丘高曰阳丘，体高近阳也"。此类甚多，略举二条为例。

［三］《说文》"平土有丛木曰林"，《释名·释山》"山中丛木曰林，林，森也，森森然也"；《尔雅·释宫》"狭而修曲曰楼"，《释名·释宫室》"楼言牖户诸射孔娄娄然也"。

此类亦甚多,略举二条为例。

[四]《说文》"天,颠也",《释名·释天》"豫司兖冀,以舌腹言之,天,显也,在上高显也。青徐以舌头言之,天,坦也,坦然高而远也";《说文》"山,宣也,宣气散,生万物",《释名·释山》"山,产也,产生万物"。此类亦甚多,略举二条为例。

[五]顾广圻,字千里,清江苏元和人,精校勘之学,道光十九年卒,年七十。《释名略例》刊在《清经解·经义丛钞》中。

[六]毕沅曰:"颢,今本作皓。皓,俗字也。《说文》'颢,白貌,从页景',《楚辞》'天白颢颢'。据此当作颢。"

(三)《释名》在训诂学上之价值

训诂由于假借,假借与声韵有甚切之关系[一]。《释名》一书,皆以双声叠韵释义,而双声尤多。即以《释天》一篇言之,如:天,显也,坦也;昊天,其气布散颢颢也;旻天,旻,闵也;乾,健也;玄,县也;日,实也;月,缺也;光,晃也,广也;景,竟也;曙,规也;曜,耀也;星,散也;宿,宿也(下"宿"读如秀);气,忾也;风,汜也,放也;阴,荫也;阳,扬也;寒,扞也;暑,煮也;热,爇也,雨,羽也,辅也;春,蠢也;夏,假也;秋,緧也;冬,终也;时,期也;岁,越也;祀,巳也;金,禁也;木,冒也;水,准也;火,化也,毁也;土,吐也;子,孳也;丑,纽也;寅,演也;卯,冒也;辰,伸也;巳,已也;午,仵也;未,昧也;申,身也;酉,秀也;戌,恤也;亥,核也;乙,轧也;丙,炳也;丁,壮也[二];戊,茂也;己,纪也;庚犹更也;辛,新也;壬,妊也;癸,揆也;霜,丧也;露,虑也;雪,绥也;霰,星也;雲犹云,云又运也;雷,硠也;电,殄也;震,战也;雹,跑也;虹,攻也;霓,啮也;晕,捲也;暡,翳也;霾,晦也;珥,耳也;晦,灰也;朔,苏也;昏,损也;晨,伸也;祲,侵也;氛,粉也;雾,冒也;疫,役也;札,截也;灾,栽也;害,割也;眚,省也;慝,态也;妖,夭也;孽,櫱也。以上诸字之义,皆以双声叠韵释之,其非双声叠韵者,则叠本字以释,如:苍天,阳气始发,色苍苍也;蒙,日光不明蒙蒙然也;孛星,星旁气孛孛然也。或于本字上下加一字以释,如:甲,孚甲也;霸,月始生霸然也。或就本字而释,如:上天,其气上腾与地绝也;唐虞曰载,载生物也;霢霂,小雨也,言裁霢历霑渍如人沐头,惟及其上枝而根不濡也;震又曰辟历辟析也,所历皆破析也;虹又曰美人,男美于女,女美于男,互相随奔之时,则此气盛,故以其盛时名之也;日月亏曰食,稍稍侵亏如虫食草木叶也[三];弦,若张弓施①弦也;望,遥相望也;彗星,光梢似彗也;笔星,末锐似笔也;流星,如流水也;枉矢,言其光行若射矢之所至也;厉,中人如磨厉伤物也;异者,异于常也。但此等颇少,亦有非双声叠韵并非本字以释,且有不释者,如:年,进也,进而前也;朏,月未明也。此等尤少。据《释天》而言,全部《释名》皆可谓双声叠韵释义。其"乾,健也"等见于"经典","日,实也"等见于《说文》,其不见于"经典"《说文》者甚多,或为古时训诂之流传,或为当时训诂之特征,要皆在训诂学上有重要之价值,分析以求,有二十八例:(一)与经典同训,(二)与经典不同训,(三)与经典同训而实不同,(四)与经典不同训而实同,(五)与

---

① "施",原脱,今据《释名》补。

《尔雅》同训,(六)与《尔雅》不同训,(七)与《尔雅》同训而实不同,(八)与《尔雅》不同训而实同,(九)与《说文》同训,(十)与《说文》不同训,(十一)与《说文》同训而实不同,(十二)与《说文》不同训而实同,(十三)与诸子同训,(十四)与诸子不同训,(十五)与诸子同训而实不同,(十六)与诸子不同训而实同,(十七)与纬同训,(十八)可以解说经典者,(十九)可以解说《尔雅》者,(二十)可以与《说文》互相证者,(二十一)可以解说传注者,(二十二)有孤说无他证者,(二十三)有自为说者,(二十四)有古语之遗者,(二十五)有当时之方言者,(二十六)有当时器物之称谓者,(二十七)有汉代之制度者,(二十八)有可以校正古书之误者。记之于下:

(一)与经典同训。所谓经典者,《诗》《书》《易》、"三礼""三传"、《孝经》《论语》《孟子》也。不举《尔雅》者,以《尔雅》为训诂之专书,另条言之也。如《释天》"乾,健也,健行不息也",《易·象》曰"天行健,君子以自强不息",又《系辞》"夫乾者,天下之至健也";《释地》"坤,顺也,上顺乾也",《易·系辞》"夫坤,天下之至顺也";《释天》"春,蠢也,万物蠢然生也;夏,假也,宽假万物,使生长也",《礼记·乡饮酒义》"春之为言蠢也,产万物者圣也;夏之为言假也,养之长之,假之仁也";《释长幼》"二十曰弱,言柔弱也;三十曰壮,言丁壮也;四十曰强,言坚强也;五十曰艾,艾,乂也,乂,治也;六十曰耆,耆,指也,不从力役,指使人也";《礼记·曲礼》"二十曰弱,冠;三十曰壮,有室;四十曰强,而仕;五十曰艾,服官政;六十曰耆,指使",郑注:"指事使人也。"凡此之属,皆与经典同训者也。

(二)与经典不同训。如《释天》"秋,緧也,緧迫品物使时成也[四]"，《礼记·乡饮酒义》"秋之为言愁也，愁之以时，察守义者也[五]"；《释天》"冬，终也，物终成也[六]"，《礼记·乡饮酒义》"冬之为言中也，中者，藏也"；《释长幼》"七十曰耄，头发白耄耄然也。八十曰耋，耋，铁也，皮肤黑色如铁也。九十曰鲐背，背有鲐文也"，《礼记·曲礼》"七十曰老，而传；八十、九十曰耄"。凡此之属皆与经典不同训者也。

（三）与经典同训而实不同。如《释亲属》"士、庶人曰妻"，《礼记·曲礼》"士曰妇人，庶人曰妻"，《释名》浑言士、庶人，《曲礼》单言庶人也；《释亲属》"无妻曰鳏。鳏，昆也；昆，明也，目恒鳏鳏然也。无夫曰寡。寡，踝也，踝踝单独之言也"，《礼记·王制》"老而无妻者谓之矜，老而无夫者谓之寡"，《孟子》"老而无妻曰鳏，老而无夫曰寡"，《释名》凡无妻无夫者皆谓之鳏寡，《王制》《孟子》必老而无妻无夫者，始谓之鳏寡也；《释亲属》"无父曰孤。孤，顾也，顾望无所瞻见也"，《礼记·王制》"少而无父者谓之孤"，《孟子》"幼而无父曰孤"，《释名》凡无父者皆谓之孤，《王制》《孟子》必幼少无父者，始谓之孤也。凡此之属，皆与经典同训而实不同者也。

（四）与经典不同训而实同。如《释天》"艮，限也，时未可听物生止之也"，《易·象传》"艮，止也"，限止义通[七]；《释天》"巽，散也，物皆生布散也"，《易·序卦传》"巽者，入也，入而后说之，故受之以兑。兑者，说也，说而后散之"，入而说，说而散，义相通也；《释州国》"五家为伍，以五为名也，又谓之邻"，《周礼·小司徒》及《党正》皆云"五人为伍"，言人者以人计，言家者以家计，家可以代表人也，《周礼·遂人》云"五家为邻"，《周礼》盖析言之。《释名》

又谓之邻,《释名》盖浑言之也。凡此之属,皆与经典不同训而实同者也。

（五）与《尔雅》同训。《尔雅》者,训诂专书之最古者也。宋代以后,虽列入十三经之内,兹以其是训诂专书,特另列不与经典相浑。如《释山》"山顶曰冢,山脊曰冈,山大而高曰嵩,小而高曰岑,山锐而高曰乔,山上有水曰埒",《尔雅·释山》"山顶,冢;山脊,冈;山大而高,崧;山小而高,岑;锐而高,乔;山上有水,埒"。凡此之属,皆与《尔雅》同训者也。

（六）与《尔雅》不同训。如《释山》"石戴土曰岨,土戴石曰崔嵬",《尔雅·释山》"石戴土谓之崔嵬,土戴石为砠",与此相反;《释宫室》"宫,穹也,屋见于垣上穹隆然也。室,实也,人物实满其中也",《尔雅·释宫》"宫谓之室,室谓之宫",《尔雅》谓宫室同实而异名,《释名》谓环其外者谓之宫,其内为室;《释宫室》"楼,言牖户诸射孔娄娄然也",《尔雅·释宫》"狭而修曲曰楼",《释名》牖户诸孔娄娄者谓之楼,《尔雅》凡狭而修曲谓之楼,不必牖户诸孔也。凡此之属,皆与《尔雅》不同训者也。

（七）与《尔雅》同训而实不同。如《释水》"侧出曰氿泉。氿,轨也,流狭而长,如车轨也",《尔雅·释水》"氿泉穴出。穴出,侧出也",侧出之训虽同,但流狭而长如车轨者,未必皆穴出;穴出之泉,其流虽狭,未必皆长如车轨也。《释丘》"锐上曰融丘。融,明也;明,阳也,凡上锐皆高而近阳者也",《尔雅·释丘》"再成锐上为融丘",《释名》凡上锐高而近阳者,皆谓之阳丘;《尔雅》必再成而锐上者,始谓之阳丘,郭注"成,重也。再成,再重也"。凡此之属,皆与《尔雅》同训而实不同者也。

（八）与《尔雅》不同训而实同。如《释水》"天下大水四,谓之四渎,江河淮济是也。渎,独也,独出其所而入海也",《尔雅·释水》"江河淮济为四渎。四渎者,发原注海者也"。《释名》以独出入海释渎,《尔雅》以发原注海释渎。独出其所,其所者即发原之处也。《释水》"风行水波成文曰澜。澜,连也,波体转流相及连也",《尔雅·释水》"大波为澜"。《释名》虽不言大波,但波体转流相及连,即大波之谓也。凡此之属,皆与《尔雅》不同训而实同者也。

（九）与《说文》同训。《说文解字》是文字、声韵、训诂之总书,其训诂之谊必求其朔,且必与形声应。是《说文解字》之书,虽在《尔雅》之后,而其本字之训诂,尚在《尔雅》之先也,故特举之。如《释天》"日,实也,光明盛实也。月,阙也,满则阙也。水,准也,准平物也。火,毁也,物入中皆毁坏也。土,吐也,能吐生万物也。丑,纽也,寒气自屈纽也。卯,冒也,载冒土而出也。巳,已也,阳气毕布已也。午,仵也,阴气从下上,与阳相忤逆也",《说文》"日,实也,大易之精不亏。月,阙也,太阴之精。水,准也,北方之行。火,毁也,南方之行炎而上。土,地之吐生万物者也。丑,纽也,十二月万物动用事。卯,冒也,二月万物冒地而出。巳,已也,四月阳气已出,阴气已藏,万物见,成文章。午,牾也,五月阴气牾逆,阳气冒地而出也"。凡此之属,皆与《说文》同训者也。

（十）与《说文》不同训。如《释天》"金,禁也,气刚毅能禁制物也。未,昧也,日中则昃,向幽昧也。酉,秀也,秀者物皆成也。戌,恤也,物当收敛矜恤之也",《说文》"金,五色金也,黄为之长,久薶不生衣,百炼不轻,从革不韦,西方之行。未,味也,六月滋味也,五行木老于未。酉,就也,八月黍成可为酎酒。戌,灭也,九月阳气微,万物毕成,阳下入地也"。凡此之属,皆与《说文》不同训者也。

（十一）与《说文》同训而实不同。如《释天》"木,冒也,华叶自覆冒也",《说文》"木,冒也,冒地而生,东方之行"。《释名》之冒为叶之自覆,《说文》之冒为木之冒地。《释天》"癸,揆也,揆度而生,乃出土也",《说文》"癸,冬时水土平可揆度也"。《释名》之揆,言万物自身之癸度,所谓阳气动于下也;《说文》之揆,言水土既平,可以揆度土地也。《释天》"霜,丧也,其气惨毒,物皆丧也",《说文》"霜,丧也,成物者"。《释名》训丧,以丧物为言,霜所以肃杀物也;《说文》训丧,以成物为言。《诗·秦风》传:"白露为霜而四时成。"按所谓丧于彼成于此也。凡此之属,皆与《说文》同训而实不同者也。

（十二）与《说文》不同训而实同。如《释天》"岁,越也,越故限也",《说文》"岁,木星也,越历二十八宿,宣遍阴阳,十二月一次"。《说文》之"越历"即《释名》"越也"之义,《说文》"十二月一次"即《释名》"限也"之义。《释天》"申,身也,物皆成,其身体各申束之,使备成也",《说文》"申,神也,七月阴气成体,自申束",身与神之训虽不同,而成体申束之义同也。《释天》"亥,核也,收藏百物,核取其好恶真伪也",《说文》"亥,荄也,十月微阳起,接盛阴"。《释名》之核为考核之核,《说文》之荄为根荄之荄,所训虽不同,考核而知其为根荄,好恶真伪知其实,乃始得其根荄也。《释天》"乙,轧也,自抽轧而出也",《说文》"乙,象春草木冤曲而出,阴气尚强,其出乙乙也"。《说文》之"冤曲而出",即《释名》之"抽轧而出"也。凡此之属,皆与《说文》不同训而实同者也

（十三）与诸子同训。诸子者,周秦诸子及两汉人之书也。两

汉以前人之著作,绝少空言,而训诂之存于著述极为丰富,故亦举之。如《释天》"火,化也,消化万物也",《白虎通》"火之为言化也,阳气用事,万物变化也";《释天》"时,期也,物之生死各应节期而止也",《白虎通》"时者,期也,阴阳消息之期也";《释天》"雲犹云云",《吕氏春秋》"雲气西行云云然";《释天》"子,孳也;戊,茂也",《白虎通》"子者,孳也;戊者,茂也"。凡此之属,皆与诸子同训者也。

（十四）与诸子不同训。如《释水》"江,公也,诸水流入其中所公共也",《风俗通》"江者,贡也,珍物可贡献也";《释水》"渎,独也,各独出其所而入海也",《白虎通》"渎者,浊也,中国垢浊,发源东注海";《释州国》"县,悬也,悬系于郡也",《风俗通》"悬,玄也,言当玄静平徭役";《释丧制》"诸侯曰薨,薨坏之声也",《白虎通》"薨之为言奄也,奄然亡也"。凡此之属,皆与诸子不同训者也。

（十五）与诸子同训而实不同。《释长幼》"男,任也,典任事也",《白虎通》"男者,任也,任功业也"。事之范围普遍,凡人所任者皆可谓之事;功业之范围稍别,凡人所任者不可皆谓之功业。《释亲属》"匹,辟也,往相辟耦也",《白虎通》"庶人称①匹夫者,匹,偶也,与其妻为阴阳相偶之义也。一夫一妇成一室,明人君者,不可使男女有过失时无匹偶也"。《释名》之"辟耦",即《白虎通》之"匹偶"。《释名》之辟耦,自相辟耦;《白虎通》之匹偶,人君毋使男女失其匹偶。《释言语》"凶,空也,就空亡也",《墨子·七患篇》"三谷不收谓之凶",《释名》之凶指一般空亡而言,是凶之通名;《墨子》

---

① "称",原脱,今据《白虎通义》补。

之凶指三谷不收而言,是凶之专名。凡此之属,皆与诸子同训而实不同者也。

（十六）与诸子不同训而实同。《释天》"丁,壮也,物体皆丁壮也",《白虎通》"丁者,强也",按,强、壮义同;《释言语》"良,量也,量力而动,不敢越限也",《贾子·道术篇》"安柔不苟谓之良",按,安柔不苟,即量力不敢越限之义。《释言语》"名,明也,名实使分明也;号,呼也[①],以其善恶呼名之也",《春秋繁露》"鸣而命施谓之名,名之为言鸣与命也,号之为言謞而效也,謞而效天地者为号,鸣而命者为名",训虽不同,而其义则一也。凡此之属,皆与诸子不同训而实同者也。

（十七）与纬同训。纬书盛行于汉代,康成注经,间引证之,后儒引证纬书者极多。纬之训诂,与经殊科,多奇异之说。《释名》成于东汉之末,间有与纬同训者,特举之。如《释天》"云又言运也,运行也",《初学记》引《春秋说题辞》"云之为言运也,动阴路触石而起谓之云,合阳而起以精运也"。《释天》"虹,攻也,纯阳攻阴气也",《春秋元命苞》"阴阳为虹蜺",按,即阳攻阴之义。《释天》"雾,冒也,气蒙乱覆冒物也",《春秋元命苞》"雾,阴阳之气也,阴阳怒而为风,乱而为雾,气蒙冒覆地之物也"。《释天》"辛,新也,物初新者,皆收成也",《春秋元命苞》"辛者阴始成",与初新收成之义合。凡此之属,皆与纬同训者也。

（十八）可以解说经典者。经典中之名词,有可解其当然而不能解其所以然者。《说文解字》有单词之训,未有合二字为名词之

---

① "也",原脱,今据《释名》补。

训;《尔雅》虽颇有之,而不释其所以然;《释名》每一名词,皆言其所以然之故,虽未免或有牵强附会之处,然古人制名词之思想,或可由此而窥其一二。如《诗·邶风·泉水》"我思肥泉",传"所出同所归异为肥泉",《正义》引《尔雅》"泉归异出同流为肥",何以名肥之故,终言之未析也。《释名·释水》"所出同所归异曰肥泉,本同出时所浸润[①]少,所归各枝散而多,似肥者也";《邶风》"旄丘之葛兮",传"前高后下曰旄丘",《正义》引《尔雅》而亦不能明所以名旄丘之故,《释名·释丘》"前高曰髦丘(旄、髦通),如马举头垂髦也";《左文》十六年传"楚大饥,戎又伐其东南至于阳丘",注:"阳丘,楚邑。"疏不言何以名为阳丘,莫之知也。《释名·释丘》"丘高曰阳丘,体高近阳也";《诗·大雅·抑》"相在尔室,尚不愧于屋漏",传:"西北隅谓之屋漏。"《礼记·中庸》亦引此诗,注同,西北隅何以谓之屋漏不能明也。《释名·释宫室》"西北隅曰屋漏,礼每有亲死者,辄彻屋之西北隅薪,以爨灶煮沐供诸丧用,时若值雨则漏,遂以名之也"。凡此之属,皆可以解说经典者也。

(十九)可以解说《尔雅》者。《尔雅》为训诂最古之书,然其为训诂也,而无解说。如《尔雅·释丘》"当途,梧丘",而不解说何以名梧丘之故;"途出其右而还之,画丘",而不解说何以名画丘之故;"途出其前,戴丘",而不解说何以名戴丘之故;"泽中有丘,都丘",而不解说何以名都丘之故。《释名·释丘》:"当途曰梧丘。梧,忤也,与人相当忤也;道出其右曰画丘。人尚右,凡有指画皆用右也;道出其前曰载丘(戴、载通),在前故载也;泽中有丘曰都丘,言虫鸟

---

① "润",原作"阔",今据《释名》改。

往所都聚也。"又如《尔雅·释宫》"四达谓之衢",而不解说何以名衢之故;"五达谓之康",而不解说何以名康之故;"六达谓之庄",而不解说何以名庄之故;"七达谓之剧骖",而不解说何以名剧骖之故。《释名·释道》:"四达曰衢,齐鲁间谓四齿杷为櫂,櫂杷地则有四处,此道似之也;五达曰康。康,昌也;昌,盛也。车步并列并用之,言充盛也;六达曰庄。庄,装也,装其上使高也;七达曰剧骖,骖马有四耳,今此道有七,比于剧也。"凡此之属,皆可以解说《尔雅》者也。

（二十）可以与《说文》互相证者。《说文》是整理文字学之书,形声义皆互相关应,虽其解说未免有牵强附会之处,要为当时相传之说,决非出于许君私人之臆见。刘成国之解说名词,极有许君解说单字之精神,惜成业盖寡,不足媲美于《说文》,而其解说,要亦为当时相传之说,决非出于刘成国私人之臆见。所以《释名》与《说文》,有可以互相证者。如《说文·禾部》"秦,伯益之后所封国。地宜禾,从禾,舂省",段玉裁疑之曰:《职方氏》'雍州谷宜黍稷',岂秦谷独宜禾与?"王绍兰订之曰:"《沟洫志》'韩使水工郑国说秦令凿泾水,于是关中沃野。又赵中大夫白公复奏穿渠引泾水,民得其饶。歌之曰:泾水一石,其泥数斗。且溉且粪,长我禾黍',此战国秦汉以后,秦地宜禾之证也。"《释名·释州国》"秦,津也,其地沃衍有津润也",此更足为秦地宜禾之证。《说文·壬部》"壬,位北方①也。阴极阳生,故《易》曰:'龙战于野。'战者,接也。象人裹妊之形",壬之形并不象人裹妊,壬之为妊则古流传之义,《释

---

① "方",原脱,今据《说文解字》补。

名·释天》"壬,妊也。阴阳交,物怀妊也。至子而萌也",即段玉裁《说文注》"所亥壬合德。亥壬包孕,阳气至子则滋生矣"是也。《说文·丁部》"丁,夏时万物皆丁实",《释名·释天①》"丁,壮也,物体皆丁壮也"。按丁之双声为当,《广韵》"丁,当也",当、强、壮叠韵。《白虎通》"丁者,强也",强壮即实义。《说文·帛部》"锦,襄邑织文也,从帛金声",照文字学例,声多兼义,锦从金声,其义难言;照言语发达之程序而言,襄邑织文,所以名为锦者,必有声韵互相关系之故。《释名·释采帛》"锦,金也,作之用功重,其价如金,故其制字,从帛与金也",名襄邑文为锦之故。虽无他证,或亦如是。凡此之属,皆可与《说文》互相证者也。

(二十一)可以解说传注者。汉人作注,多以今物释古物。至于今日,汉时之今物,又为今日之古物矣,所以汉时之物,汉人所共知者,作注者不必加以说明,人人共晓。今日不加以解说,即不能知其为何物。如郑注《礼记·闲居》传云"芦,今之蒲平也",芦固不知为何物,即蒲平亦不知为何物也。《释名·释床帐》云"蒲平,以蒲作之,其体平也"。郑笺《氓》诗云"帷裳,童容也",帷裳尚可以意会,童容则更难知矣。《释名·释床帐》云"幢容,幢童也。施之车盖,童童然以隐蔽形容也"。凡此之属,皆可以解说传注者也。

(二十二)有孤说无他证者。刘成国之著《释名》,必本古时流传之说,与当日通行之语,其孤说而无证者,必今日而已泯灭也。此种泯灭之孤说,在训诂学上自有其本身之价值,不可以其无证而漠视之也。如《释天》"辰,伸也。物皆伸舒而出也",毕沅曰"伸

---

① "天",原脱,今据《释名》补。

之义训,孤而无据,当训震为安"。《释天》"戌,恤也。物当收敛矜恤之也",毕沅曰"《律书》《白虎通》《说文》皆说戌为灭,与恤义不合"。《释丧制》"狱死曰考竟,考得其情,竟其命于狱也","考竟"一名词,亦不见于经传。又如《释典艺》"八索,索,素也。著素王之法,若孔子者,圣而不王,制此法者有八也",与相传所解八索之说不合。然《文选·闲居赋》引贾逵《左传注》"八索,素王之法",仅此一证。据此可见古训之逸者甚多也。凡此之属,皆其孤说无他证者也。

(二十三)有自以为说者。刘成国以声韵为训诂,每一名词义,必以声韵释之,即不免有自以为说之处。如《释天》:"雨,羽也,如鸟羽动则散也,雨小从云上也;暑,煮也,热如煮物也;雪,绥也,水下遇寒气而凝,绥绥然也;霰,星也,水雪相搏,如星而散也;雹,跑也,其所中物皆摧折,如人所蹴跑也。"《释床帐》:"筵,衍也,舒而平之衍衍然也;㫰,廉也,自障蔽为廉耻也。"《释丧制》:"死于水者溺,溺,弱也,不能自胜之言①也;即定死曰尸,尸,舒也,骨节解舒,不复能自胜敛也。"凡此之属,皆自以为说者也。

(二十四)有古语之遗者。言语时时变迁,文字略为固定,群经之记载,如《尚书》数篇外,难寻古时言语之遗留,欲知古语,当求之训诂诸书。《释名》虽作于汉末,古语之遗留,往往有之。如《释天》"露,虑也,覆虑②物也",皮锡瑞曰:"覆虑盖古语,亦谓之覆露,《汉书·晁错传》'覆露万民',《严助传》'陛下垂德惠以覆露之',《淮

---

① "之言",原作"言之",今据《释名》乙正。
② "虑",原脱,今据《释名》补。

南子·时则篇》'包裹覆露',皆以'覆露'连文,即覆虑也,虑、露一声之转。"孙诒让曰:"《释宫》云'庐虑也,取自覆虑也'。"《释天》"虹又曰美人",郭璞注云:"俗名美人虹。"《异苑》曰:"古语有之曰'古者有夫妻荒年,菜食而死,俱化成青虹,故俗呼为美人虹'。"凡此之属,皆古语之遗者也。

（二十五）有当时之方言者。汉以前之方言,有扬子云一书为之记载,《释名》虽非记载方言之书,而当时之方言,或可见之于《释名》之中。如《释天》"天,豫司兖冀,以舌腹言之,天,显也,在上高显也。青徐以舌头言之,天,坦也,坦然高而远也。风,兖豫司冀,横口合唇言之,风,氾也,其气博氾而动物也。青徐言风,蹴口开唇推气言之,风,放也,气放散也"。又如《释水》"今兖州人谓泽为掌也",《释兵》"镝,敌也,言可以御敌也,齐人谓之镞。约胁而邹者曰①陷房[八],言可以陷破房敌也,今谓之曰露见是也",《释丧制》"汉以来谓死为物故,言其诸物皆就朽故也"。凡此之属,皆存当时之方言者也。

（二十六）有当时器物之称谓者。汉代器物,不传于今者多矣。今日器物,原始于汉,有其器物尚沿用,而称谓已异;有称谓尚同,而不知原始者。如《释床帐》"搏壁,以席搏著壁也",即后世之壁衣;《释饮食》"鸡纤,细擗其腊令纤,然后渍以酢也,免纤亦如之",即后世之鸡松;《释首饰》"香泽者,人发恒枯顇,以此濡泽之也",即今日之生发油;《释衣服》"裲裆,其一当胸,其一当背也",即后世之背心。又如榻登、屏风、剪刀、书刀,今尚有其器物,称谓亦相

① "曰",原脱,今据《释名》补。

同。《释名·释床帐》"榻登，施之承大床前，小榻上，登以上床也；屏风，言可以屏障风也"；《释兵》"剪刀，翦进也，所翦稍稍进前也；书刀，给书简札有所刊削之刀也"。凡此之属，皆当时器物之称谓者也。

（二十七）有汉代之制度者。汉律见于《说文解字》者颇多，《释名》中亦颇有之，有明言汉制者，有不明言汉制而实是汉制者。如《释书契》"汉制，约敕①封侯曰册，册，赜也，敕使整赜不犯之也"，此明言汉制者也；其不明言汉制者，如《释典艺》："碑，被也，此本葬时所设也，施鹿卢以绳被其上，引以下棺也。臣子追述君父之功，美以书其上，后人因焉，无故建于道陌之头，显见之处，名其文就谓之碑也。"用以下棺，是古时之碑制；建于道之头显见之处者，是汉时之碑制。凡此之属，皆汉代之制度者也。

（二十八）有可以校正古书之误者。篆变而隶，隶变而真，竹木变为缣楮，缣楮变为镂木，古书流传至今者讹夺羡误，不可纪数，有赖于古书彼此之互相校雠。《释名》每一名词，必言其所以然之故，苟有误字，知之略易。如《尔雅·释丘》"水出其右，正丘；水出其前，渻丘"，《释名·释丘》"水出其右曰沚丘，沚，止也，西方义气有所制止也；水出其前曰②阯丘，阯，基阯也，言所出然"。《尔雅》之渻字、正字，有致误之可能；《释名》"沚，止也""阯，基阯也"，沚字、阯字，绝不容有误。又如《诗》"陟彼岵兮""陟彼屺兮"，毛传"山无草木曰岵，山有草木曰屺"，《释名·释山》"山有草木曰岵，

①"敕"，原脱，今据《释名》补。
②"曰"，原作"而"，今据《释名》改。

岵,怙也,人所怙取以为事用也;山无草木曰屺,屺,圮也,无所出生也"。毛传"岵"字、"屺"字有颠倒之可能,《释名》解说岵、屺二字,绝不容有误。以《释名》校古书,较为有据。凡此之属,可以校正古书之误者也。

据以上二十八例而观,《释名》在训诂学上之价值,不在《尔雅》《方言》之下,可惜取材未宏,而不足以资后人之探讨者也。

【注】

[一] 见"训诂学内容"章第二节。

[二] 丁、当双声,当、壮叠韵。

[三] 按,食当作蚀,此条疑是"日月亏曰蚀。蚀,食也",但无证。

[四]《说文》"繙,马纼也",假借为遒,字亦作遒。《说文》"迫也",《考工记·辀人》"必繙其牛后",即迫之意,即遒之借字。《荀子·议兵篇》"鰌之以刑罚",《强国篇》"大燕鰌吾后",《庄子·秋水篇》"鰌我亦胜我",悉是遒之假借字。

[五] 俞樾《礼记郑读考》云:注愁读为揫,揫,敛也。按《说文·韦部》:"韇,收束也。"或作揫,又《手部》:"揫,束也。《诗》曰'百禄是揫'。"是"揫"字《说文》两见,而义则同,尹知章注《管子·四时篇》,范望注《太玄·玄数篇》,并曰"秋,揫也",即用郑义,《广雅·释诂》"秋,愁也",《御览·时序部》引《书大传》曰"秋者,愁也",则仍以本字说之。

[六]《说文》:"冬,四时尽也,从仌夂。夂,古文终。"《尸子》:

"冬为信,北方为冬。冬,终也。"

[七] 王先谦《释名疏证补》云:"王先慎曰'限与很义通',
《易·艮卦》郑注'艮之言很也,一阳在上,二阴在下,阳
君阴臣不相通'。《说文》'很,不听从也',并与时未可
听物生义近,又《说文》'很'下云'一曰行难也','限'
下云'阻也',行难即阻难,故高诱注《秦策》云'限,难
也',直以难训限,与此限止义合。"

[八] 陷厝者,盾之别名。毕沅曰:"邹,狭小之言也。"

二、《释名》以后之续广与补及校注

刘熙《释名》在训诂学上之价值,已具论于上矣。惟取材不富,
漏略殊多,概以音释,则牵强之处,亦不能免。韦曜云"刘熙作《释
名》,信多佳者。然物类众多,难得详究,故时有得失",因作《辨释
名》一卷[一]。其书已佚,见于唐宋人所引,仅二十有五条[二]。如
车古皆尺奢反,后汉以来始有居音,以辨刘熙《释名》"车,古者曰
车声如居,言行所以居人也。今曰车声近舍,车,舍也,行者所处若
居舍也"为读音之误,证以《何彼襛矣》之诗,刘熙之读音不误,实
为韦曜之误[三]。其余二十四条,悉是爵位之释,为今本《释名》所
无,无可对勘,惟是刘熙《释名》,其漏略与牵强之处,不能绝无。兹
略本张金吾之《广释名序》,与《释名》原本勘之。如《释亲属》而
不及于夫,《释乐器》而不及于琴,《典艺》释《诗》,有兴赋比雅颂而
无风,释《易》仅言变易而不言简易、不易,《释州国》燕、宋、郑、楚、

周、秦、晋、赵、鲁、卫、齐、吴、越备载,而无蜀,此其漏略者也。至若"星,散也""辰,伸也",不若星训精、辰训震之为得[四];"姊,积也""妹,昧也",不若姊训恣、妹训末之为得[五];"山,产也""河,下也",不若山训宣、河训荷之为得[六];"江,公也""济,济也",不若江训贡、济训齐之为得[七];"州,注也",不若畴也、殊也、周也之训为善[八];"豫,豫也",不若舒也、序也之训为善[九];"岁,越也""年,进也",不若训遂、训仍之声更相协[十];"未,昧也""酉,秀也",不若训味、训老之说更精确[十一];水波扬为扬州,不若"厥性轻扬"之说[十二];在幽昧为幽州,不若其气深要之说[十三];取充水以为名,不若训充为信[十四];取营室以为名,不若训营为平[十五];斧为甫,不若斧之言捕[十六];钟为空,不若钟之言动[十七];旌有精光,不若精进士卒之有意义[十八];战恭为旃,不若旃表士众之有意义[十九];"棺,关也",不若训完之有意义[二十];"枢,究也",不若训久之有意义[二十一]。此其未免牵强者也,漏略之处,是否成国本书之漏略,抑展转传钞之漏略,吾意二者必兼有之。而本书之漏略实多,其大者如草木鸟兽之名,一无所释,即官职之释,亦待韦曜之补[二十二]。惟是名物典章,其数极繁,刘熙之《释名》当是据所知者释之,不求完备,固有待后人之续,然断非续其一二,即可以完备。清毕沅有《续释名》一卷[二十三],分《释律吕》《释五声》二篇,凡群书中有释名物者,其文句与《释名》类相类,而不明言《释名》,毕氏不能确定其果为《释名》之逸文,从群书中辑而出之,别为一卷,题曰《续释名》,实则《释名》辑逸之类,不能谓之续也。毕沅又有《释名补遗》一卷[二十四],凡群书中引《释名》而为今本《释名》所无者,悉为辑出,此真展转传钞之所漏略者。《释天》补五条,《释姿容》补二条,《释亲属》补一条,《释饮食》补一条,《释衣服》补一条,《释宫室》补二条,《释用器》补三条,《释疾病》补一条,又有《释爵位》十一条,为今本《释名》所无。毕氏疑《后汉·文苑传》称"刘珍《释名》三十篇",即是刘熙之《释名》,范蔚宗误为刘珍所著,入珍传。三十篇《释名》后有亡篇,学者据其见存之篇数,改熙自序之三十为二十七,则此《释爵位》一篇,即在亡篇之内,韦曜之辨爵位,即辨此篇,足为二十七篇无亡篇之证。又有三条,无所附丽,别为附录。毕氏以为亦在亡篇之内,共三十一条,并附所辑韦曜官职训辨《释名》于后。此二书皆可谓《释名》之辑逸也。至其牵强之处,当求诸当时名物之称谓,相互考证,始能辨别其是非。自群经至于两汉人之著述,多有以音训者,而各不同。如《释名·释天》"唐虞曰载,载生万物也",蔡邕《独断》"言一岁莫不载,故曰载也",《白虎通义》"载之言成也,载成万物也"。《释名》之训与《白虎通义》稍近。即一书之中,亦有不同,《白虎通义》"木之为言牧也",《礼记·月令》正义引《白虎通义》"木之为言触也,阳气动跃触地而出也",其训不同,必有所以然之故,或时有先后,或地有东西,同一《白虎通义》而木之训不同,《白虎通义》盖汇记当时各人讨论之所言,故不同也。惟有将群经至于两汉不同之音训,汇而记之,诚为研究《释名》良好之资料。清张金吾有《广释名》二卷[二十五],搜集群经传注子纬史文,至于东汉末止,计一百五十三种书,及书名无考、姓氏无考者一十五种,辑其以音训者,就刘书二十七篇之目,依类广之。刘书所无,网罗前训,得其指归;刘书所有,博参群书,备其训释。据张书以研究《释名》,时之先后,地之东西,其训不同者,要不外声音之流变。如《释名》"亥,核也",《史记·律书》"亥,该也",《白虎通义》"亥,侅也",《说文解字》"亥,荄也",《淮南子》"亥,阂也",各书之所释虽不同,而核、该、侅、荄、阂,音相同,义皆可通也。《释名》旧本阙误甚多[二十六],毕氏详加校勘,著《释名疏证》,并辑《释名补遗》《续释名》附于后,《释名》始稍稍可读[二十七]。王先谦以毕校未尽发挥,乃与湘潭王启原、叶德辉、孙楷、善化皮锡瑞、平江苏舆、弟先慎,覆加诠释,据毕氏原本,参酌宝应成蓉镜《补证》、阳湖吴翊寅《校议》、瑞安孙诒让《札迻》,甄录尤雅,著《释名疏证补》,复删胡玉缙、许克勤之所校,别为《疏证补附》与《续释名补遗》,附刻于后[二十八]。王氏之书,视毕氏较详也,成氏之《补证》[二十九],计六十一条,王氏尽为采入,成氏之书有未善者,如《释天》"日月亏曰[①]食,稍稍侵亏如虫食草木叶也",成《补证》云:"日食者月掩之,月食者地影隔之也,成国云如虫食叶,比例未确。"按,如用此种方法注古书,则古书可不必注矣。其《释饮食》"干饭,饭而暴乾之也",历举司马彪《续汉书》"羊陟拜河内尹,常食乾饭"、谢承《后汉书》"左雄为冀州刺史常食乾饭,羊茂为东郡太守常食乾饭,胡劭为淮南太守,使铃下阁外炊曝作乾饭",亦通作干饭,《后汉书·独行传》"明堂之奠,干饭寒水"。此等补证,尚有价值。孙氏之说,在其《札迻》卷三中[三十],计三十九条。其驳毕氏之说者,如《释道路》"步所用道曰蹊。蹊,傒也(傒,旧本作係,毕据《初学记》引改),言射疾则用之(旧本无言字,毕据《初学记》引增),故还傒于正道也",毕氏《疏证》云:"射疾者,射侯也,侯与疾形相似,《大射仪》司马命量人量侯道与所设乏以貍步,

---

即此所云'步所用道'也"。孙云："毕说大缪。《周礼·秋官·野卢氏》'禁野之横行径禁逾者',郑注云：'径逾,射邪趋疾越渠隄也。'此云射疾,即谓射邪趋疾,盖蹊非常行之涂,惟趋射急疾乃用之耳,云步所用者,亦明陕陜不容牛马也。"似较毕胜。凡此皆《释名》校注之书也。王先谦云："文字之兴,声先而义后,学者缘声求义,举声近之字①以为释,取其明白易通。仁者,人也；谊者,宜也,偏旁依声以起训；刑者,侀也；侀者,成也,展转积声以求通。汉世间见于纬书,韩婴解诗、班固辑论,率用斯体,宏阐经术,许、郑、高、张之伦,弥广厥旨。逮成国之《释名》出,以声为书,遂为说经之归墟。自《说文》离析形声,字有定义,无假譬况,功用大显,于是《释名》流派渐微。"王氏此言,极能明《释名》之原流,而不能言《释名》之重要。以音为训,吾人今日所认为训诂者,在当日实名词之所以组成,故《释名》一书,一方面可为训诂学之研究,一方面又可为言语学之研究也。

【注】

[一]《三国·吴志·韦曜传》曰："曜,字宏嗣,吴郡云阳人也。少好学,能属文,孙皓即位,封高陵亭侯,皓以为不承用诏命,收曜付狱。曜因狱吏上辞,作《官职训》及《辨释名》各一卷,冀以此求免,皓更怪其书之垢,遂诛曜。"按：曜,原名昭,毕沅《释名补遗》题韦昭。

[二]见毕沅《释名补遗》。

---

① "字",原作"义",今据《释名疏证补》改。

[三]《经典释文》:《何彼襛矣》诗引刘熙、韦曜之说。《何彼襛矣》诗以车韵华,故读尺奢反,不知华古音如敷,正与居为韵,《唐韵》九麻一部,皆非古音。依古音,麻韵之字,半入鱼虞模,半入歌戈。

[四]《太平御览》引《春秋说题辞》:"星之为言精也,阳之精也,阳精为日,日分为星。"《开元占经》引《灵宪》:"星也者,体生于地,精成于天。"《说文》:"辰,一曰震也,三月阳气动,雷电振民①农时也。"

[五]《白虎通义》:"姊者,恣也。妹者,末也。"

[六]《太平御览》引《春秋说题辞》:"山之为言宣也,含泽布气,调五行也。"《开元占经》引《灵宪》:"地有山岳,以宣其气。"《水经注》引《春秋说题辞》:"河之为言荷也,荷精布怀阴引度也。"

[七]《风俗通义》引《尚书大传》:"江,贡也,所出珍物可贡献也;济者,齐也,齐其度量也。"

[八]《说文》:"州一曰畴也,各畴其土②而生也。"《太平御览》引《春秋说题辞》:"州之为言殊也,合其类异其界也。"《太平御览》引《风俗通义》:"州,周也,州有长,使之相周也。"

[九]《太平御览》引《尔雅》李注:"河南禀中和之气,性理安舒。"《公羊传疏》引《尔雅》李注:"故曰豫,豫,舒也。"《尔雅释文》引《春秋元命苞》:"豫之言序也,言阳气分

---

① "民",原作"氏",今据《说文解字》改。
② "土",原作"士",今据《说文解字》改。

布,各得其处,平静多序也。"

[十]《太平御览》引《春秋元命苞》:"岁之为言遂也。"《白虎通义》:"年者,仍也。"

[十一]《说文》:"未,味也,六月滋味也。"《史记》:"未者,言万物皆成有滋味也。"《白虎通义》:"酉者,老也。"《史记》:"万物之老也。"

[十二]《公羊传疏》引《尔雅》李注:"江南其气惨劲,厥性轻扬,故曰扬州。"

[十三]《尔雅释文》引李注:"燕其气深要,厥性剽疾,故曰幽。幽,要也。"

[十四]《公羊传疏》引《尔雅》李注:"济河间其气专质,厥性信谨,故曰兖州。兖,信也。"

[十五]《公羊传疏》引《尔雅》李注:"齐其气清舒,受性平均,故曰营。营,平也。"

[十六]《太平御览》引《春秋元命苞》:"斧之为言捕也。"

[十七]《白虎通义》:"钟之为言动也,阳气用事,万物动成。"

[十八]《说文》:"旌,所以精进士卒。"

[十九]《说文》:"旆,旗曲柄也,所以旆表士众。"

[二十]《白虎通义》:"棺之为言完也,所以藏尸令完也。"

[二十一]《白虎通义》:"柩之为言久也,不复变也。"

[二十二]《三国·吴志·韦曜传》:"作《官职训》一卷,今逸。"清毕沅据《太平御览》《初学记》所引辑三条,附在《释名补遗》内。

[二十三]毕沅,字秋帆,清江苏镇洋人,乾隆二十五年进士,

官至湖广总督。《续释名》一卷,附刊在《释名疏证》后。

［二十四］附刊在《释名疏证》后。

［二十五］《广释名》二卷,清张金吾著。金吾,字慎旃,别字月霄,昭文人,道光时诸生,《广释名》刊在《知不足斋丛书》及《益雅堂丛书》内。

［二十六］《四部丛刊》景印明嘉靖翻宋本。余据以与王氏《释名疏证补》相校,凡毕校所云"俗本作某者",明翻宋本皆如是作,衍夺颠倒亦如之。《汉魏丛书》本亦不佳。

［二十七］《释名疏证》八卷,清毕沅著。江声又以篆文书之,并刊入《经训堂丛书》内。光绪间有翻刻本。

［二十八］《释名疏证补》八卷,清王先谦著,湖南长沙人。其书光绪二十二年湖南思贤书局刊。

［二十九］成蓉镜,字芙卿,清宝应人。《释名补证》刊在《南菁书院丛书》六集。

［三十］孙诒让,字仲容,清瑞安人。《札迻》十二卷,光绪二十年刊。

第四章 《方言》派之训诂

一、《方言》

(一)《方言》之作者及其时代

《方言》十三卷,旧本题汉扬雄撰,晋郭璞注。《晋书·郭璞传》有注《方言》之文。《汉书·扬雄传》备列所著之书,不及《方言》一字,《艺文志》亦无《方言》。至汉末应劭《风俗通义·序》始称:"周秦常以岁八月,遣𫐐轩之使,求异代方言,还奏籍之,藏于秘室,及嬴氏之亡,遗弃脱漏,无见之者。蜀人严君平有千余言,林闾翁孺①才有梗概之法,扬雄好之。天下孝廉卫卒交会,周章质问,以次注续。二十七年,尔乃治正,凡九千字。"又劭注《汉书》,亦引扬雄《方言》一条,则是称扬作《方言》,实自应劭始。宋洪迈《容斋随笔》疑为非雄所作,以其不见于《汉书》,又严君平本姓庄,显帝讳庄,始改由严,《方言》载扬雄《答刘子骏书》称蜀严君平,又既云成帝

---

① "翁孺",原作"孺翁",今据《风俗通义》乙正。

时子骏与雄书，而其中乃云孝成皇帝，断为汉魏之际，好事者之所为。戴东原驳之云：考书首"成章时"云云，乃后人题下标注之文，传写舛讹，致与书连为一，实非歆之本词，其严君平子，或后人传写追改，其书前或不名《方言》，故许慎《说文解字》引雄之说甚多，而不标《方言》之名，故马、郑诸儒，亦未尝称述。至东汉末，应劭始为扬雄著《方言》之说，及东晋郭璞始为作注。惟劭序称九千字，今本一万二千九百余字，雄与歆往返书皆称十五卷，郭璞序亦称三五之篇，而《隋》《唐志》皆十三卷，与今本同。疑雄本有此未成之书，歆借观而未得，故《七略》不载，《汉志》亦不著录。后或侯芭之流，收其残稿，私相传述，阅时既久，不免辗转附益。《四库书目提要》即是戴东原之说。迨后卢文弨校《方言》，钱绎疏《方言》，王先谦校《方言》，皆承认扬雄为《方言》著者。予谓《方言》一书，不过周秦至汉方言之史料，其体例并不周密，不必出于博通文字之扬子云。即是出于扬子云，亦是未成之书，现在对于《方言》之价值，在于确定作于何时，而不在于确定作于何人。作者是扬雄，固为训诂言语史上有价值之书；即非出于扬雄，并不稍减其价值。此书既见称于应劭，则必为应劭以前之时代人所作。所称别国，皆周秦以前之名称，则应劭所谓輶轩之所采，当亦可信。所以《方言》一书之材料，上溯自周，历秦及两汉，作者当与扬雄之时代不相先后，或竟是扬雄所作而后人补之。可惜此书不能将周秦汉之语有时间之分别，即空间之分别，亦稍嫌笼统。吾人今日读《方言》，只能作为汉以前古语之研究。汉以前之古语，因时代久远，而遂成为训诂学史上之重要之材料也。

（二）《方言》之内容及其条例

《方言》十三卷，原书虽略以类次，但分之未密，兹本明陈与郊略照《尔雅》之分类，去其复字，可得其内容如下。

《释诂》第一

民、仇、寄、败、治、法、怒、非、正、数、戾、洁、罪、聊、就、圉、隐、取、随、上、定、高、安、怜、蔓、缓、哀、愚、知、疾、怅、长、姊、四、耦、习、循、转、望、脱、悦、操、涸、清、行、司、力、饮、察、始、化、脾止、掩止、覆、状、小、劳、狯、明、威、侵、谩、强、怼、剧、夥、媱、懑、急、解、刺、借、猝、老、时、怒、发、然、恨、坚、眼明、悦、半、中、蒙覆、戴、摇、闭、动、熟、今、咸、食、忧、悸、夺、立、更、尽、梢、傏、厚、馈、饱、羸、悖、助、瞰、炽、崇、积、合、飞、盈、音、张、大、文、锢、扬、幕、狄、引、重、枚、相、末、废、好、广、渐、赤貌、陁、谤、备、到、忘、私、声、使、作、芒、灭、解、能、刻、悚、履、芜、贪、竟、逃、易、恶、惊、极、过、毒、悄、积、蓄、法、本、病、薄、短、浟、伿、抚、式、诈、试、怒、下、业、空、安、乐、欢、定、膔、痛、养、掩、支、文、乱、理、谋、格、擭、护、寒、净、凡、周、色、静、福、喜、坏、归、亡、隋、迹、臧、饶、和、依、禄、腊、猝、且、读、託、锫、予、缝、传、见、略、满、益、诗、美、开、灭、狎、炙、暴、马驰、偏、索、燥、觉、集、昭、拔、析、败、揣、裔

《释言》第二

大、知、慧、余、养、爱、哀、痛、伤、忧、思、至、往、惧、杀、长、信、会、瞰、续、出、未及、跳、登、迎、勉、好、细、盛、小、微、

延、耦、奇、惊、来、黏、寄、快、愧、残、怒、选、猛、息、裁、揉、坚、
毳、翳、求、遽、疾、雏、广大、狯、化、汁、诈、拔、尻、集、及、列、
同、道、杀、代、尽、聚、益、欲、衰、正、惭、难、辅、战慄、重、受、
离、与、取、远、疾行、特、失、敬、改、行、索、分、施、满、危、理、
力、审、諟、灭、去、展、旋、竟、擘、开、作、为、恚、所疾、蹚、县、舍、
车、法、惮、让、皆、强、骂、离、逮、暴、泷涿、摩、赋、罗、远、懑、貌、
治、热、乾、儋、立、过渡、福禄、逗、游、何、狯、不知、火、怜、挈、
贪、淫、沈、静、弃、愬、歇、乾物、猝、不安、遑遽、举、惭蹥、封场、
过、短、苏、欺谩、喜、或、治、推、劝、视、多、轻、蜀

《释人》第三

双产、子、老、丰、好、美、容、只、眄、转目、视、额、颔、鼻、
聋、半盲、半步、蹇、喑、扰、立、兄、聋、娠、亭父、亭公、贱称、丑
称、庸、恶、饮药傅药而毒、病、愔、愈

《释衣》第四

襌衣、襜褕、汗襦、帬① 、蔽膝、袴、褕、祓、袿、褛、褴褛、褴、
褙、襤、裰、衿、掩、襜、佩紟、祜、覆辝、偏襌、衤繵、袒餙、裒明、
绕衿、悬掩、絜襦、裯襦、帬裱、绕緖、厉、襎褑、紧袼、无缘衣、复
襦、大袴、小袴、巾、帕头、籧履、绞、纑、败衣

《释食》第五

火乾、熟、饵、饼、锡、麹、相谒而食麦

《释宫》第六

埕、垫、屋梠、甄

---

① "帬"，原作"羣"，今据《方言》改。

《释器》第七

騎、鍑、釜、甋、盂、桮、鹽、案、桮落、箸桶、甂、罃、缶、盎、
甌、炊篗、篝、扇、确机、繘、枥梁、饮马橐、鉤、甾、渠挐、金、殳、
刈鉤、薄、槪、槌、簟、符籊、床、杠、俎、榻前几、籅、络、罗车、户
鑰、簙、围棋、散、篚、笼、篧、锥、刁斗、匕、椀、铫

《释兵》第八

戟、三刃枝、矛、箭、钻、矜、剑削、盾、箭簭、钾鑢、飞䖟、平
题、箙、弓、鹤膝、鉤鈲、鈲、铍、䤬、釬

《释车》第九

车下铁、大车、车轐、车枸篓、轮、輼、辕、轸、箱、车纣、輨、
軧、铼、鑈、车釭

《释舟》第十

舟、船、航、舸、艖、艒艜、艇、艊、艑、樏、檝、䒢、筏、篙、櫂、
浮梁、桡、築、缉、檋、鼎、阁间、艒艦、舳、仡

《释水》第十一

洲、淤、壁、澪

《释土》第十二

坟、冢、塿、墓、墲

《释草》第十三

芥草、芜菁、鸡头、杜根、荘

《释兽》第十四

虎、貔、貛、猪

《释鸟》第十五

鸡、布谷、鵴鸠、鸠、尸鸠、雁、桑飞、鹂黄、野兔、鸡雏

《释虫》第十六

蟠龙、场、蝙蝠、守宫、鼠、蚼蚗、蝉、蛄、蜻蜩、螳蜋、蟒、蜻蛉、春黍、蟥蠍、螽、蝇、虻蜉、蟥蟷、蚰蜒、鼀龜、蜉蝣、马蚿

以上共六百六十九事，虽未能尽古今别国之方言，亦可以窥见其大概矣。再将其全书之内容，可约之为三：（一）内容之时间性；（二）内容之空间性；（三）内容之性质。

（一）内容之时间性。郭璞《方言序》曰："盖闻《方言》之作，出乎輶轩之使，所以巡游万国，采览异言，车轨之所交，人迹之所蹈，靡不毕载，以为奏籍。周秦之季，其业隳废，莫有存者，暨乎扬生，沉淡其志，历载构缀，乃就斯文。"据此则方言为前代輶轩使之所采，至扬雄始编辑而存书耳。又扬雄《答刘歆书》云："蜀人有严君平、临邛林间翁孺者，深好训诂，犹见輶轩之使（中略），君平财有千言耳，翁孺梗概之法略有。"据此则方言之编辑，为君平、翁孺之所创，扬雄继续而成之耳。可知今本《方言》，一部分采自周秦旧籍，一部分采于孝廉卫卒之口，一部分或是扬雄之后，侯芭之徒之所补。此书时间之内容，上自周秦，下至东汉，不能再后于应劭时也。

（二）内容之空间性。《方言》地名，最为复杂，宋、卫、韩、周，皆沿用周代名词，而三家分晋以后，晋之名词，应当消灭。《方言》既曰晋，又曰赵魏，如卷一"虔"下云"晋谓之①懇，自关而东，赵魏之间谓之黠"，晋与赵魏同举，所谓晋者果为何时之晋？抑否即当时之韩，故内容之空间性，殊不易定。近人林语堂分《方言》书中

---

① "之"，原脱，今据《方言》补。

之地方为十四系，亦不过定其大略而已，兹迻录于下：

1. 秦晋为一系。

2. 梁及楚之西部为一系。

3. 赵魏自河以北为一系。

4. 宋卫及卫之一部为一系。

5. 郑卫周自为一系。

6. 齐鲁为一系，而鲁亦近第四系。

7. 燕代为一系。

8. 燕代北鄙朝鲜洌水为一系。

9. 东齐海岱之间淮泗为一系（杂入夷语）。

10. 陈汝颖江淮（楚）为一系（荆楚亦可另为一系）。

11. 南楚自为一系（杂入蛮语）。

12. 吴扬越为一系，而扬尤近淮楚。

13. 西秦为一系（杂入羌语）。

14. 秦晋北鄙为一系（杂入狄语）。

　　此十四系中，有不纯粹为中国语言，而有外族语言杂入者，如东齐青徐之夷，南楚之蛮，北燕之东胡皆是。即纯粹中国语言，而地方上之分类，亦不容易推求。有一地分而为二者，如秦分出西秦，楚分出南楚，齐分出东齐，所谓西南东之界线若何，未易定也。有一地处于两系方言之中，统属不明者，如魏半属赵魏系，半属宋卫系；鲁处于齐宋卫之间，而稍倾于齐；郑既属韩周系，又半隶陈宋系。所谓半之界线若何，未易定也。又方言固以地分，而地又因人变，如东齐海岱之间，古为东夷地，则东齐海岱之方言，所以多杂夷语。郭注《尔雅》云"东齐① 呼息为呬"，而《说文》云"东夷谓息为呬"，此其证也。又史称汉初大乱，燕、赵、齐人，往避朝鲜者数万口，则北燕朝鲜方言，又与燕、赵、齐有若干之关系也，所以《方言》中空间性，只能言其大略如是。

（三）内容之性质。照沈兼士所分略为五类：

1. 通语、凡语。此为无地域性之普通语。
2. 某地与某地间之通语。此为通行区较广之语。
3. 古今语。此为纵的方面言语生灭之际所残留之古语。
4. 某地语。此为横的方面因地域而发生变迁之各地方言。
5. 转语。此为兼包纵横两方面，因声韵转变而发生之语。

言语时时流变，中国素少言语之记载，仅《方言》一书，而所辑又不多，且自周至汉，在时间上初无明确之分析，无法寻其流变。郭璞作注，以晋时言语为根据，于此可稍求得汉晋言语之流变焉。以《方言》为汉时言语，以郭注为晋时言语，本王国维《书郭注〈方言〉后》之说，求得其条例有六，记之于下。

（一）汉时之语音与晋同。如卷一"好，自关而东，河济之间谓之娥"，注："今关西人呼好为娥，莫交反。"莫交反之音，此音晋时关西之语，而汉时关东之语，亦从可知矣。又"虔、刘、惨、㩍，杀也"，注："今关西人呼打为㩍，音廪，或洛感反。"此音关西呼打之㩍，而

① "齐"，原作"夷"，今据《尔雅注疏》改。

本文之㨆，亦从可知矣。卷二“遽，吴扬曰茫”，注：“今北方通然也，莫光反。”此音晋时北方通语之茫，而汉时吴扬之茫之音，亦从可知矣。又“狯，楚郑曰蔿，或曰婚”，注：“言黠婚也。今建平呼狡为婚，胡刮反。”此亦音晋建平人所呼之婚，而汉时楚郑之婚之音，亦从可知矣。

（二）汉时之语音与晋微异。如卷三“蘴”注：“旧音蜂，今江东音嵩，字作菘也”。又“轸，戾也”，注：“相[①]了戾，江东音善。”卷八“朝鲜洌水之间，爵子及鸡雏皆谓之鷇”，注：“恪遘反，关西曰鷇，音顾。”卷十“荆之南鄙谓何为曾，又或谓之訾”，注：“今江东人语亦云訾，为声如斯。”又“誺，不知也”，注：“音痴眩，江东曰咨，此亦如声之转也。”卷十一[②]“蝉，其小者谓之麦蚻”，注：“今关西呼麦蠽，音痈癥之癥。”是景纯注《方言》，全以晋时语为根据，而有时与汉微异也。

（三）汉时一方之言至晋为通语。如卷一“慧，楚或谓之譊”，注：“他和反，亦今通语。”又“好，赵魏燕代之间曰姝”，注：“昌朱反，亦[③]四方通语。”卷二“好，青徐海岱之间曰釥，或谓之嫽”，注：“今通呼小姣洁好者为嫽妙。”又“遽，吴扬曰茫”，注：“今北方通然也，莫光反。”卷三“凡草木刺人，江湘之间谓之棘”，注：“《楚词》曰‘曾枝剡棘’，亦通语耳，音己力反。”又“凡饮药傅药而毒，东齐海岱之间谓之瞑，或谓之眩”，注：“瞑、眩，亦今通语耳。”又“南楚物空尽者曰铤，铤，赐也”，注：“亦中国之通语也。”卷五“床，其杠，南楚谓

① “相”，原作“谓”，今据《方言》改。
② “一”，原脱，今据《方言》补。
③ “亦”，原作“今”，今据《方言》改。

之赵"，注："赵当作桃，声之转也，中国亦呼杠为桃，床皆通语也。"卷六"视，吴扬曰略"，注："今中国亦云目略。"此皆汉时一方之语，景纯时见为通语也。

（四）汉时此方之言晋时见于彼方。如卷一"好，自关而东，河济之间谓之媌"，注："今关西人呼好为媌，莫交反。"又"平原谓啼极无声谓之唴哴"，注："哴音亮，今关西语亦然。"又"跳，楚曰蹠"，注："勑厉反，亦中州语。"又："狯，楚郑或曰婚"，注："今建平人呼婚，胡刮反。"卷三："鸡头，北燕谓之葰"，注："今江东人亦呼葰耳。"又"凡草木刺人，北燕朝鲜之间，或谓之壮"，注："今淮南人亦呼壮。"卷四"帮，自关而东，或谓之襦"，注："音碑，今关西语然也。"卷五"蠡，陈楚宋魏[①]之间，或谓之㯲"，注："今江东呼勺为㯲，音羲。"又"甖，灵桂之郊，谓之瓶"，注："今江东通呼大瓮为瓶。"凡此皆汉时一方之语，景纯时见于彼方者也。

（五）古今语同而义之广狭迥异。如卷一"揪，杀也"，注："关西人呼打为揪。"又"凡物盛多谓之寇"，注："今江东有小凫，其多无数，俗谓之寇凫。"又"相谒而餐，秦晋之际，河阴之间，曰䭂饁"，注："今关西人呼食欲饱曰䭂饁。"卷二"毳，燕之北郊，朝鲜洌水之间曰叶输"，注："今名短度绢为叶输也。"卷二"燕齐之间，养马者谓之娠"，注："今之温厚也，音振。"又"庸谓之倯"，注："倯犹保倯（即保傭），今陇右人名孏为倯，相容反。"卷四"袴，齐鲁之间，或谓之襱"，注："今俗呼袴踦为襱，音鲖鱼。"卷五"箸筩，自关而西，谓之桶㯲"，注："今俗亦呼小笼为桶㯲，音笼冠。㯲，苏勇反。"又"金，

①　"魏"，原作"卫"，今据《方言》改。

宋魏之间,或谓之度”,注:“今江东呼打为度,音量度也。”卷六:“擘,楚谓之纫”,注:“今亦以线贯针为纫,音刃。”卷七“吴越之间,凡贪[①]饮食者谓之茹”,注:“今俗呼能粗食者谓为茹,音胜如。”卷十三“筡,析也,析竹谓之筡”,注:“今江东呼篾竹里为筡。”此皆汉晋语同,而义稍异者也。

(六)义之广狭同而古今语异。如卷二“逞、苦、了,快也”下,注:“今江东人呼快为愃,相缘反。”卷三“东齐之间,婿谓之倩”,注:“言可借倩也,今俗呼女婿为卒便。”又“苏,芥草也”下,注:“或言莱也。”又“苏亦荏也”,注:“今江东人呼荏为菩,音鱼。”又“蘴、荛,芜菁也”下,注[②]:“今江东名为温菘。”又“胶、谲,诈也”下,注:“汝南呼欺为讉訰,他回反,亦曰诒,音殆。”又“氾、浼、澗、洼,洿也”下,注:“荆州呼潢也。”卷四“襜褕,自关而西[③]谓之统裾”,注:“俗名裾掖,音倔。”又“袀纆谓之襌”下,注:“今又呼为凉衣也。”又“绕衿谓之帬”,注:“俗人[④]呼接下,江东通言[⑤]下裳。”又“裪橘谓之袖”,注:“江东呼碗,音婉。”卷五“甑”下,注:“梁[⑥]州人呼鉹。”“炊簍”下,注:“江东呼淅签。”“臿”下,注:“江东又呼鍫刃为鐅,音普篾反。”“橛”下,注:“今江东人呼都。”又“簟”下,注[⑦]:“江东呼籧篨为籧,音废。”“筕篖”下,注:“江东呼笪,音靼。”卷八“北燕朝

① “贪”,原作“食”,今据《方言》改。
② “注”,原脱,今据上下文例补。
③ “而西”,原作“以东”,今据《方言》改。
④ “人”,原脱,今据《方言》补。
⑤ “通言”,原作“又名”,今据《方言》改。
⑥ “梁”,原作“凉”,今据《方言》改。
⑦ “注”,原脱,今据上下文例补。

鲜冽水之间谓伏鸡曰菢",注:"江东呼藼,央^①富反。"凡此同实而汉晋语相异者也。

(三)《方言》在训诂学上之价值

陈澧曰:"时有古今,犹地有东西南北,相隔远则言语不通矣。地远则有翻译,时远则有训诂。有翻译则能使别国如乡邻,有训诂则能使古今如旦暮^[一]。"是《方言》一书,在当日为别国之语,在今日遂成为古今之言。寻《方言》中之文字,有在《方言》以前,已为经传中所用者;亦有在《方言》以后,而为载籍上所用者;亦有注疏家引为古义之解释,或为通假之考证者。所以段玉裁云:"戴先生知训诂之学,自《尔雅》外,惟《方言》《说文》切于治经,故既入四库馆纂修,取平时所校订,遍稽经史诸子之义训相合,及诸家之引用《方言》者,详为疏证,令^②此书为小学断^③不可少之书。"则《方言》纯然入于训诂学之范围矣。兹计其在训诂学上之价值有四,记之于下。

(一)《方言》以前,经传中所用之文字,见之于《方言》者。如卷一"虔、儇,慧也",《荀子·非相篇》:"乡曲子之儇子。"又"鞠,养也,汝颍梁宋之间或曰艾",《诗·小雅》"母兮鞠我",毛传:"鞠,养也。"又"保艾尔后""福禄艾之",毛传皆曰:"艾,养也。"又"悼,伤也",《诗·卫风》"躬自悼矣",毛传:"悼,伤也。"又"嫁,往也",《列子·天瑞篇》"列子居郑圃,将嫁于卫",张湛注:"自家而出谓

① "央",原作"尖",今据《方言》改。
② "令",原作"今",今据《戴东原集》改。
③ "断",原作"继",今据《戴东原集》改。

之嫁。”“虔、刘,杀也”,《诗·周颂》“胜殷遏刘”,毛传:“刘,杀也。”《春秋》成公十三年左传“虔刘我边陲”,杜注:“虔、刘皆[①]杀也。”“烈、枿,余也”,《诗·大雅·云汉序》“宣王承厉王之烈”,郑笺:“烈,余也。”又“骏、融,长也”,《诗·小雅》“不骏其德”,《大雅》“昭明有融”,毛传皆云:“长也。”又“逢、逆,迎也”,《孟子》“逢君之恶其罪大”,赵岐注:“逢,迎也。”《周礼·小祝》“逆时雨”,郑注:“逆,迎也。”凡此皆《方言》中之文字,而见于《方言》以前之经传中也。

(二)《方言》以后,载籍中所用之文字,见之于《方言》者。如卷一“党、晓、哲,知也”,《广雅》“党、晓、哲,智也”,义本此。又“娥、嬴,好也。自关而东、河济之间谓之媌,或谓之姣;赵魏燕代之间曰姝,自关而西、秦晋之故都曰妍”,《广雅》“嬴、媌、姣、姝、妍,好也”,义本此。《古诗十九首》“盈盈楼上女,皎皎当窗牖,娥娥红粉妆”,李善注“盈与嬴同,古字通”,郭注于娥嬴并重言之,又以姣洁释姣,正协此。又“咺、唏、忉、怛,痛也”,《广雅》“忉、怛、憝,痛也”,义本此。又“欝、悠、怀、惄、惟、虑、念、靖、慎,思也”,《广雅》“欝、悠、慎、靖,思也”,义本此。又“徂、适,往也。徂,齐语也。适,宋鲁语也”,《说文》云:“徂,往也。徂,齐语。”“适,之也。适,宋鲁语。”盖本此。又“谩台、胁阋,惧也,南楚江湘之间谓之啴咺”,《广雅》“啴咺、谩台、胁阋,惧也”,义本此。又“晋魏河内之北,谓綝曰残,楚谓之贪,南楚江湘之间谓之歁”,《广雅》“歁、婪,贪也”,义本

① “刘”,原脱,今据《春秋左传注疏》补。“皆”后原有“曰”字,今据《春秋左传注疏》删。

此，婪即惏字。又"詤，信也。燕代东齐曰詤"，《说文》"燕代东齐谓信曰詤"，盖取诸此。凡此皆《方言》书中之文字，而见于《方言》以后之载籍中也。

（三）注疏家引《方言》，为字义之解释者。如卷一"烈、枿，余也"，《尔雅》"烈，余也"，郭注引《方言》"晋卫之间曰蘖，陈郑之间曰烈"，蘖即枿字。又"台、胎、陶、鞠，养也。汝颖梁宋之间或曰艾"，《尔雅》"颐、艾、育，养也"，郭注引《方言》"汝颖梁宋之间曰艾"。又"悼，哀也"，嵇康《养生论》"世皆知笑悼"，李善注引《方言》"悼，哀也"。又"怛，痛也。哀而不泣曰唏"，宋玉《风赋》"中心惨怛"，李陵《答苏武书》"只令人增忉怛耳"，潘岳《寡妇赋》"怛惊悟兮无闻"，嵇康《幽愤诗》"怛若创痏"，李善注皆引《方言》"怛，痛也"；枚乘《七发》"嘘唏烦酲"，注引《方言》"哀而不泣曰唏"。又"悴，伤也"，曹植《朔风诗》"繁华将茂，秋霜悴之"，李善注引《方言》"悴，伤也"。又"愵，忧也。秦晋之间或曰愻"，陆机《赠弟士龙诗》"愻焉伤别促"，李善注引《方言》云"愵，忧也。自关而西，秦晋之间或曰愻"。又"惟，思也"，向秀《思旧赋》"惟古昔以怀今兮"，李善注引《方言》"惟，思也"。又"丰、庞，大也。凡物之大貌曰丰。庞，深之大也"，《尔雅》"庞，大也"，《释文》引《方言》"庞，深之大也"。又"虔、刘、惨、惏，杀也。晋魏河内之北谓惏曰残，楚谓之贪 ①"，《春秋》昭公二十八年左传"贪惏无厌"，疏引《方言》"魏晋河内之北谓惏为残，楚谓之贪 ②"。凡此皆注疏引《方言》，以

---

① "贪"下原有"南"字，今据《方言》删。
② "贪"下原有"惏"字，今据《方言》及《春秋左传注疏》删。

为字义之解释者也。

（四）可以考证通假字者。如卷一"虔、儇，慧也。晋谓之懬，宋楚之间谓之倢，楚或谓之讁"，按今语谓小儿慧者曰乖，即懬之转音也；《诗·大雅·烝民篇》"征夫捷捷"，《玉篇》引作"倢倢"，《小雅·巷伯》"捷捷幡幡"，陈奂云"捷者，接之借字"，《春秋左传》作"捷"，《公羊传》作"接"，郑注《礼记·内则篇》"接"读为"捷"，又通作"截"，《书·秦誓》"惟截截善谝言"，传"截截便巧善为辩佞之言"，是倢、捷、接、截通也。《诗·大雅·民劳》"无纵诡随"，随、讁通假。又"烈、枿，余也"，《诗·小雅》"垂带而厉"，毛传"谓带之垂者，盖带垂则有余也"，厉、烈同声。《祭法》"厉山氏"，昭二十九年作"烈山氏"，其证也。枿，《说文》作"櫱"，"伐木余也"，引《商书》"若颠木之有櫱"，或作"蘖"。枿、櫱、蘖通也。又"台、鞠，养也"，台、颐、宧通，《易·序卦传》"颐者，养也"，《说文》"宧，养也。室之东北隅，食所居也"。台挛乳为饴，《说文》"饴，米蘖煎也"，《吕览·异用篇》"仁人之得饴，以养疾侍老也"，养谓之台，亦谓之颐，室之可以藏食者谓之宧，食之可以养人者谓之饴，义相因也。鞠、粥通，《夏小正》"鸡桴粥"，传"粥，养也"。又转为穀，《广雅》"穀，养也"；字又作谷，《尔雅》"东风谓之谷风"，孙炎注"生长之风"；谷又误作浴，《老子》"谷神不老"，《河上公本》作"浴'，注"浴，养也"，皆育之借字。凡此皆可以考证通假之字也。

以上四例，足以见《方言》在训诂学上之价值。尤有进于此者，卷一"佫，至也"，"佫"字经传不见，金文中多有之，师虎敦作"佫"，"佫于大室"，即至于大室；趠曹鼎作"各"，"王各大室"，即王至大室；庚嬴卣作"逄"，"王逄庚嬴宫"，即王至庚嬴宫；庚嬴鼎作"客"，

"王客丰宫"，即王至丰宫。佫、各、逄、客，相通假也。至于"眉，老
也"，"眉寿"二字，常见于金文中，而见于《诗经》，如"为此春酒，以
介眉寿"，亦颇有之也。

【注】
［一］见《东塾读书记》。

（四）《方言》之注本

《方言》之注本，以晋郭璞注为最早[一]。《晋书·郭璞传》
曰："璞好古文奇字，注释《尔雅》，别为《音义》《图谱》，又注①《三
苍②》《方言》，皆传于世。"今本《方言》注，郭璞《自序》曰："余少
玩雅训，旁味方言，复为之解。触事广之，演其未及，摘其谬漏，庶
以燕石之瑜③，补琬琰之瑕，俾后之瞻涉者，可以广寤多闻尔。"现
存以宋庆元李孟传刊本为最古，李氏《后序》云："西汉，古书之全
者，如④《盐铁论》、扬子云《方言》，其存盖无几。《盐铁论》，前辈每
恨其文章不称汉氏，惟《方言》之书最奇古。……今《方言》自闽
本外不多见，每惜其未广。予来官寻阳，有以大字本见示者，因刊
置郡斋，而附以所闻一二，盖惜前辈之言，久或不传也。庆元庚申
仲春。"是书后有朱质跋，而钱曾《敏求记》亦曾为之著录，实为研

① "注"，原作"著"，今据《晋书》改。
② "苍"，原作"仓"，今据《晋书》改。
③ "瑜"，原作"诊"，今据《方言》改。
④ "如"，原脱，今据《方言》补。

究《方言》之最佳读本。至明陈与郊复取子云原本郭璞所注者,复
为类次,而增释之,凡十六门,为《方言类聚》四卷[二]。《四库全书
提要》曰:"是编取扬雄原本,依《尔雅》篇目分为《释诂》《释言》
等十六门,别为编次,使以类相聚。如原本第三卷'氓,民'至'柷,
随也'数语,移入卷首为《释诂》。其原卷首'党,晓也'两节,则列
为《释言》,反载于'郭、丰、庞、乔'一节之后。郭璞原注,则总附
每节后,低一格以别之,间有双行夹注,为与郊所考订者,仅略及
音切、字画之异同而已。"故是本无甚发明。至清戴震始为整理,
成《方言疏证》十三卷[三],是书始有善本。戴氏专攻《方言》,实
自乾隆二十年始,考段玉裁《戴东原年谱》,乾隆二十年乙亥,戴氏
始以《方言》写于李焘《许氏说文五音韵谱》之上方,自题云:"乙
亥春,以扬雄《方言》分写于每①字之上②,字③与训两写,详略互
见。"玉裁案:"所谓写其字者,以字为主,而以《方言④》之字传《说
文》之⑤字也;写其训者,以训为主,而以《方言》之训传《说文》之
字也;又或以声为主,而以《方言》同声之字传《说文》;所谓详略
互见者,两涉则此彼分见,一详一略,因其便也。"及入四库馆后,
取《永乐大典》本从事整理,凡二十余年始克成书,故戴氏实为此
学功臣。戴氏《自序》曰:"……宋元以来,六书故训不讲,故鲜能
知其精核,加以讹舛相承,几不可通。今从《永乐大典》内得善本,

---

① "每",原作"母",今据《戴东原年谱》改。
② "上",原作"止",今据《戴东原年谱》改。
③ "字",原作"定",今据《戴东原年谱》改。
④ "方言",原作"言方",今据《戴东原年谱》乙正。
⑤ "之",原脱,今据《戴东原年谱》补。

因广搜群籍之引用《方言》及注者,交互参订,改正讹字二百八十一,补脱字二十七,删衍字十七,逐条详证之。庶几汉人故训之学犹存,于是俾治经读史,博涉古文词者,得以考焉。"时人专攻《方言》之卢文弨,亦极称颂戴书,曰:"《方言》至今日而始有善本,则吾友休宁戴太史东原氏之为也。义难通而有可通者通之,有可证明者,胪而列之。正讹字二百八十一,补脱二十七,删衍字十七。自宋以来诸刻,洵无出其右者。"推重如此,则其价值可知。其后卢氏复改正百二十有余条,成《重校方言》十三卷,亦精赅[四]。此外刘台拱作补校[五],顾震福作①补校[六],王念孙义证[七],钱绎作疏[八],郭庆藩作校注[九],均有所是正。重刊明吴元恭本,有臧镛堂校语极佳[十],皆足资吾人参考焉。

【注】

[一]《輶轩使者绝代语释别国方言注》十三卷,汉扬雄撰,晋郭璞注。《汉魏丛书》本,古逸本,《五雅》本,闽聚珍本,《四部丛刊》本,影宋本,傅增湘覆刊本。

[二]《方言类聚》四卷,明陈与郊类次。明刊本。

[三]《方言疏证》十三卷,清戴震。《戴氏遗书》本,《汗青簃丛书》本。

[四]《重校方言》十三卷,清卢文弨校。《抱经堂》本,《小学汇函》本。

[五]《补校方言》,清刘台拱校。《刘氏遗书》本。

---

① "作"前原有"交"字,今据文意删。

　　［六］《方言校补》十三卷，佚文一卷，清顾震福校。竹侯所著
　　　　　《函雅故斋丛书》本。

　　［七］《方言义证》，王念孙著。《王氏遗书》本。

　　［八］《方言疏》十三卷，清钱绎著。虹福山房刊本，《积学斋
　　　　　丛书》本，《广雅》本附何瀚章校勘记。

　　［九］《方言》十三卷，清郭庆藩校注。思贤局本。

　　［十］重刊吴元恭本，《尔雅》三卷。《古书丛刊》景印本。

二、《方言》以后之续《方言》

　　案续《方言》之书，以清人杭世骏为始，至今日则续者益众，而
材料益多。世骏，字大宗，号堇浦，仁和人。乾隆丙辰召试博学鸿
词，授翰林院编修。《四库全书书目提要》云："是书采《十三经注
疏》《说文》《释名》诸书，以补扬雄《方言》之遗。前后类次，一依
《尔雅》，但不明标其目耳。搜罗古义，颇有裨于训诂。惟是所引
之书，往往耳目之前，显然遗漏。如《玉篇》引《仓颉篇》云：'楚人
呼灶曰寠。'《列子·黄帝篇》注引何承天《纂文》云：'吴人呼瞬
目为眴目。'《古今韵会》引魏李登《声类》云：'江南曰辣，中国曰
辛。'《尔雅·释草》释文、宋庠《国语补音》引晋[①]吕忱《字林》云：
'楚人名薐曰芰。鷃，秦名雅鸟。鳀，青州人呼鲇鳀。'《初学记》及
《太平御览》引《纂文》云：'梁州以豕为豵，河南谓之彘，渔阳以猪

------

① "晋"后原重"晋"字，今删。

为犯,齐、徐以小猪为㺉.'《太平御览》又引《纂文》云:'秦以钴
鏷为锉鑢.'《尔雅·释亲》释文引《纂文》云:'妹,媚也.'《初学
记》引服虔《通俗文》曰:'南楚以美色为娃.'《初学记》及《山堂
考索》又引《通俗文》云:'晋船曰舶.'《埤雅》引《广志·小学篇》
云:'蝼蛄,会稽谓之蟪蛄.'《北户录》引颜之推《证俗音》云:'南
人谓凝牛羊鹿血为䏶.䴥䴘内国呼为糫饼,亦呼寒具.蝘蜓,山
东谓之蠦蜽.鲭,吴人呼为鲫鱼也.'凡此诸条,皆六朝以前之方
言,正可以续扬雄之著,而俱佚之.岂举远者反略近欤?又如书中
引《说文》'秦晋听而不闻,闻而不达谓之𦕼'、引《史记集解》'齐
人谓之颡,汝南、淮泗之间曰颜'诸条,本为扬雄《方言》所有,而
复载之,亦为失检.然大致引据典核,在近时小学家犹最有根柢者
也."是书有齐召南、胡天游二序,惟皆不载成书年月.今考校之,
疑在乾隆八年以前,同时戴东原亦有《续方言》之作.据最近刘复
于北平厂肆购得戴氏手写《续方言》稿二卷,罗常培考为乾隆二十
年后、三十八年前所作.罗氏序云:"然其经始虽后于大宗,而实闭
户暗合,未尝相袭.盖大宗汇辑群书,依《尔雅》类次,但不明标其
目.而东原所辑,俱以原书为序,未经排比.又大宗所引用之书,
于《十三经注疏》《逸周书》《战国策》《说文》《释名》《经典释文》
《玉篇》①《集韵》而外,尚有《博物志》、《水经注》、王逸《楚辞注》、
高诱《淮南子注》、韦昭《国语注》、陆玑《毛诗草木鸟兽虫鱼疏》、郭
象《庄子注》、裴骃《史记集解》、司马贞《史记索隐》、张守节《史记
正义》、颜师古《汉书注》、李贤《后汉书注》、李善《文选注》、颜师古

---

① "篇",原作"编",今据《玉篇》及罗常培《续方言序》改.

《急就章注》、王应麟《急就章补注》等十余种。较东原所引，惟缺《荀子》杨倞注一种，余则博赡过之。"又云："且即两家同引《公羊传注》《说文》《释名》三书互校之，则杭有戴无者凡十三条，戴有杭无者凡二十二条，互有详略，不相雷同。至大宗于《说文》泛称'俗语''或曰'及方域不明者，皆削而不书；东原于《释名》舌腹、舌头、横口、唠口之喻，亦不入录，斯盖义例之殊，非关各人之疏密矣。窃谓东原于致力《方言》之余，初亦有意补苴扬书，惟涉笔摭录，未遑理董，及见大宗所续，引据类次，均出己右，遂止于二卷，不再裒集，而以其关扬雄本书者，采入《方言疏证》。……自《方言疏证》成，此稿遂废。"二书优劣，学者可于此中求之，而其长处，在使学者不待翻阅而坐得汉以前谣俗语言之异。

《续方言》二卷，杭世骏著。《杭氏七种》本，《艺海珠尘》本，《昭代丛书》本，思贤局本附郭庆藩校本后。

戴东原《续方言》手稿，国立中央研究院历史语言研究所刊本。

抑自杭、戴而后，采摭经传故记以补子云之遗者，尚有程际盛《续方言补正》一卷，徐乃昌《续方言又补》二卷，程先甲《广续方言》四卷，《广续方言拾遗》一卷，张慎仪《续方言新校补》二卷。际盛所补仅数十条，增引之书惟《后汉书》《越绝书》及郭璞《山海经》《穆天子传》两注，其余三书较为晚出，引据互有疏密，综其所甄录者，自史传、诸子、杂纂、类书，以迄古佚残编，旧籍解诂，都凡六七十种，皆大宗、东原之所未及，旁搜雅记，广罗逸典，囊括唐宋小学诸书。輶轩所采，摭拾略备，然并征引有加，义例未改。其或分地为书及考证常言热语者，自明清以来亦有李实《蜀语》、张慎仪《蜀方言》、胡文英《吴下方言考》、孙锦标《南通方言疏证》、毛奇龄《越语肯綮录》、茹敦和《越言释》、刘家谋《操风琐录》、胡朴安《泾县方言》、詹宪慈《广州语本字》、罗翔云《客方言》及岳元声《方言据》、杨慎《俗言》、钱大昕《恒言录》、钱坫《异语》、翟灏①《通俗编》、张慎仪《方言别录》、孙锦标《通俗常言疏证》、谢璪《方言字考》等凡十余种，至散见诸家笔乘及各省方志者，尤不胜覼缕。综其义例，虽与杭、戴有别，除一二种外，大致如章太炎所谓"撮录字书，勿能为疏通证明，又不丽于今语"，或"沾沾独取史传为征，亡由知声音文字之根柢"，纵有"略及训诂者，亦多本唐宋以后传记杂书，于古训藐然无丽，俄而撮其一二，不楄不理析也"。章氏以为："考方言者，在求其难通之语。笔札常文所不能悉，因以察其声音条贯，上稽《尔雅》《方言》《说文》诸书，斂②然如析符之复合，斯为贵也。戴君作《转语》二十章，其自述曰：'人之语言万变，而声气之微有自然之节限，是故六书依声托事，假借相禅，其用至博操之至约。五方之言，及少③儿学④语未清者，其展转讹溷，必各如其⑤位。昔人既作《尔雅》《方言》《释名》，余以为犹阙一卷书，创为是篇，用补其阙。疑于义者，以声求之；疑于声者，以义正之。'善哉，非耳

① "灏"，原作"濒"，今据《通俗编》改。
② "斂"，原作"殷"，今据《新方言序》改。
③ "少"，原作"小"，今据《新方言序》改。
④ "学"，原脱，今据《新方言序》补。
⑤ "其"下原有"友"字，今据《新方言序》删。

顺孰能与于斯乎？"因以比类，创通六例，成《新方言》十一卷。循
音变友纪，博考今言，以推迹语根，杭、程诸家，远非其匹，顾凡语皆
求其字，以上合于《尔雅》《说文》。必欲"今之^①殊言，不违姬汉"，
则犹未能如戴氏所谓"学去其穿凿，自然符合者也"，故此有待于后
继者实多也。

　　《新方言》十一卷，章太炎著，《章氏丛书》本。

　　《续方言补正》，程际盛，《艺海珠尘》本，思贤局本附郭庆
藩校本后。

　　《续方言又补》二卷，徐乃昌，《积学斋丛书》本。

　　《续方言新校补》，张慎仪，《蒉园丛书》本。

　　《续方言疏证》二卷，沈龄，沈氏刊本，《木犀轩丛书》本。

　　《广续方言》四卷，程先甲，《千一斋丛书》本。

　　《方言别录》，张慎仪，《蒉园丛书》本。

　　《公羊方言笺疏》，淳于鸿恩，金泉精舍本。

　　《屈宋方言考》，李翘，岁熏馆本。

　　《吴下方言考》十二卷，胡文英，刊本。

　　《南通方言疏证》四卷，孙锦标，石印本。

　　《蜀语》，李实，函海本。

　　《蜀方语》，张慎仪，《蒉园丛书》本。

　　《直语补证》，梁同书。

　　《畿辅方言》，王树枏，《畿辅通志》中。

---

① "之"，原脱，今据《新方言》补。

《操风琐录》四卷，刘家谋，《广仓学窘》本。

《泾县方言》，胡朴安，《国学汇编》本。

《新方言》十卷，章太炎，《章氏丛书》本。

《广新方言》二卷，陈启彤，排印本。

《方言据》，明岳元声，《学海类编》本。

《俗言》，明杨慎，函海本。

《恒言录》，钱大昕，潜研堂本，文选楼本。

《异语》，钱①坫，《玉简斋丛书》本。

《通俗编》，翟灏，原刊本，指海本。

《通俗常言疏证》四卷，孙锦标，石印本。

《里语征实》三卷，唐训方②，归吾庐刊本。

《方言字考》，谢璿，会文堂排印本。

《越语肯綮录》，毛奇龄，《西河全集》本。

《越言释》二卷，茹敦和，《啸园丛书》本。

《越谚》三卷，范寅，谷应山房刊本。

《闽南方言考》，邱立，国立中山大学语言历史学研究所周刊本。

《秦中言言》，刘文锦，国立中山大学语言历史学研究所周刊本。

《客方言》十四卷，罗翙云，中山大学刊本。

《广东俗语考》二卷，孔仲南，南方扶轮社排印本。

---

① "钱"，原作"录"，今据《异语》改。

② "方"，原脱，今据《里语征实》补。

《广州语本字》十二卷,詹宪慈,稿本。

《郁北容方言》二卷,陈注,稿本。

此外关于讨论方言之论文,虽金泥玉屑,亦有足珍,然以寻求不易,恕不赘目。惟近人夏廷棫《国立中山大学语言历史学研究所所藏地方志中关于方言之记载》一文尚称完备,因附录于后,以供参考焉。

附录 夏廷棫《国立中山大学语言历史学研究所所藏地方志中
关于方言之记载》

省属	志名	纂修者	纂修年月	关于方言之记载
广东	《广东通志》	阮元、史澄等重修	道光二年	舆地略卷十风俗有方言
	《广州府志》	戴肇辰、史澄等重修	光绪五年	舆地略第七风俗有方言
	《番禺县志》	李福泰、史澄等重修	同治十年	舆地略风俗附方言略
	《顺德县志》	梁章冉① 修	咸丰壬子	卷三舆地略风俗内
	《花县志》	利章等重修	民十三年	卷二舆地志附方言
	《新宁县志》	林国赓等重修	光绪十九年	附舆地略卷八风俗内
	《东莞县志》	陈伯陶等重修	宣统三年	卷十一、十二舆地略方言上中下

① "冉",原作"再",今据《顺德县志》改。

续表

省属	志名	纂修者	纂修年月	关于方言之记载
广东	《鹤山县志》	吴应达等重修	道光丙戌	卷二下地理志风俗附方言
	《肇庆府志》	胡森等纂修	光绪二年	卷三舆地风俗附方言
	《惠州府志》	张联①桂重修	光绪辛巳	卷十四杂志风俗内有方言
	《海阳县志》	李芳兰等重修	光绪二十四年	卷七风俗有方言
	《澄海县志》	李书吉等重修	嘉庆二十年	卷六风俗有方言
	《归善县志》	章寿彭等重修	乾隆四十六年	卷十五风俗附方言
	《舆宁县志》	刘锡九、黄榜元等重修	光绪元年	卷五风俗有方言
	《嘉应州志》	温仲和等重修	光绪戊戌	卷七方言
	《龙川县志》	勒殷山等重修	嘉庆二十三年	卷三十八风俗附方言
	《茂名县志》	潘泰谦等重修	光绪丁亥	卷一舆地志风俗附方言
	《信宜县志》	敖式栖②等重修	光绪己丑	卷一舆地第十二方言
	《化州志》	彭贻苏等重修	光绪十四年	卷二舆地志有方言
	《阳春县志》	刘林善等重修	道光元年	卷一舆地附方言
	《琼山县志》	郑文彩等重修	咸丰五年	卷二舆地志四方言

---

① "联"，原作"廉"，今据《惠州县志》改。
② "栖"，原作"恒"，今据《信宜县志》改。

续表

省属	志名	纂修者	纂修年月	关于方言之记载
广东	《琼州府志》	张翰山等重修	道光辛丑	卷二舆地风俗附语音
	《昌化县志》	李有益等重修	光绪二十三年	卷一舆地志风土附
	《灵山县志》	梁旵修	嘉庆二十五年	卷十三杂记内风土附方言
江苏	《吴江县志》	陈莫纏修	乾隆丁卯	卷三十九风俗内附语言
	《松江府志》	宋如林等修	嘉庆二十三年	卷五疆域志方言
	《崑新二县合志》	汪堃、朱成等续修	光绪六年	卷一风俗占候附方言
	《如皋县志》	杨受廷等修	嘉庆九年	卷八风俗志附方言
	《常昭合志》	庞鸿文、邵松年重修	光绪甲辰	卷一风俗志附方言
	《上海县志》	史彩等续修	康熙二十二年	卷一风俗方言
		俞樾等重修	同治十年	卷一风俗附方言
		姚文枬等续修	民国七年	卷一疆域有方言
	《嘉定县志》	陆懋守等重修	光绪庚辰	卷八风土志附方言
	《元和固庄镇志》	陶照等重辑	光绪庚辰	第四风俗附方言
	《丹阳县志》	凌焯等重修	光绪十一年	卷二十九风土志附方言
	《盛潮志》	仲廷机辑	光绪	卷二方言
	《吴门补乘》	钱思元辑	嘉庆癸亥	风俗补有方言

续表

省属	志名	纂修者	纂修年月	关于方言之记载
浙江	《杭州府志》	吴庆坻等重修	民国壬戌	卷七十二风俗有方言
	《镇海县志》	俞樾等修	光绪五年	卷三十九方言
	《象山县志》	姜炳章等修	乾隆壬寅	卷一地理志风俗附方言
	《上虞县志》	朱士黻等重修	光绪十七年	卷三十八杂志风俗附录谚
	《黄岩县志》	王咏霓等重修	光绪三年	卷三十二风土志有方言
	《宁海县志》	张濬等重修	光绪二十八年	卷二十三方言附里谚
	《建德县志》	王韧等重修	民国八年	卷三风俗志有方言
	《金华县志》	黄金声等重修	道光三年	卷一疆域志风俗附方言
	《东阳县志》	党金衡等重修	光绪十二年	卷四风俗略附有方言
	《安吉县志》	汪荣等重修	同治十二年	卷七风俗有方言
	《景宁县志》	周杰等修	同治十二年	卷十二风土志风俗附有方言
	《云和县志》	伍承吉等重修	同治三年	卷十五风俗附方言
	《缙云县志》	何乃容等重修	光绪二年	卷十四物产内附方言
福建	《邵武府志》	王琛等重修	光绪丁酉	卷九风俗有方言
	《浦城县志》	翁德泰等重修	光绪丁酉	卷六风俗附言[①]语

———————

① "言"，原文字迹不清，今据《光绪续修浦城县志》补。

续表

省属	志名	纂修者	纂修年月	关于方言之记载
云南	《云南通志》	阮元等重修	道光十五年	卷一百五十南蛮志方言
	《续云南通志稿》	王文韵等修	光绪二十年	南蛮志有方言
	《镇安府志》	羊复礼等重修	光绪壬辰	卷八风俗附方言
广西	《容县志》	封祝唐等重修	光绪丁酉	卷四舆地志附方言
贵州	《黎平府志》	俞渭等重修	光绪十七年	地理志卷二有苗语
江西	《宜春县志》	程国观等重修	道光癸未	卷十一风俗有方言
四川	《永川县志》	马慎修等增修	光绪十九年	卷二舆地志风俗附方言
山西	《起越县志》	杨延亮等重修	道光七年	卷十八风俗方言附
安徽	《南陵县志》	徐乃昌等重修	民国甲子	卷四舆地志附方言
湖南	《武陵县志》	恽世临重修	同治二年	卷七地理志附方言
	《道州志》	许清源等重修	光绪戊寅	卷十风土志有方言
	《辰州府志》	毕本恕等重修	光绪三十年	卷十四风俗有方言
	《华容县志》	孙炳煜等重修	光绪八年	卷一风土略附
	《巴陵县志》	吴敏树等重修	同治癸酉	卷十一风土附方言
	《宁远县志》	张大煦等重修	光绪丙子	卷八风俗附方言
	《武陵县志》	陈启迈等重修	同治元年	卷七地理七风俗附方言

第五章　清代训诂学之方法

一、文字通假

假借为六书之一。原假借之初，本无其字，依声托事，假借以用之。及其后也，用字者仓卒不得其字，亦假借以通之。一则为本无其字之假借，一则为本有其字之假借。本无其字之假借，如长本久长，假借为长幼之长；令本号令，假借为县令之令。此种假借字，今日通行之文字中，所在皆是，兹列举之。

来本瑞麦，假借为来往之来。

西本鸟西，假借为东西之西。

颂本容颜，假借为歌颂之颂，又假借为颂扬之颂。

治本水名，假借为治理之治，又假借为治乱之治。

理本考玉，假借为条理之理，又假借为义理之理。

道本道路，假借为道德之道，又假借为道说之道。

能本熊名，假借为贤能之能，又假借为可能之能。

翁本颈毛，假借为老翁之翁，又假借为翁姑之翁。

行本步趋，假借为行事之行，又假借为德行之行，又假借为行列之行。

经本纵丝,假借为经常之经,又假借为经典之经,又假借为经过之经。

以上所举假借诸字,有本义未废者,有本义已废者。其本义已废之字,吾人虽不识本义,于应用尚无窒碍,即经典之中,用此种已废之本义者,亦不多见(《诗》"贻我来麰",系用本义),于读书亦无大窒碍也。惟本有其字之假借,经典中往往而有,不明此种之假借,读古书时,常发生困难,然其普通使用者,本字虽废,借字通行,学者虽不知文字之原,尚不至误会书中之义。例如:

气,云气也;氣,馈客刍米也。经传皆假氣为气,后世虽不知刍米之义,云气之义固不误也。

突,不浅也;深,水名也。经传皆假深为突,后世虽不知水名之义,不浅之义固不误也。

厶,奸邪也;私,禾也。经传皆假私为厶,后世虽不知禾之义,奸邪之义固不误也。

攟,朋群也;黨,不鲜也。经传皆假黨为攟,后世虽不知不鲜之义,朋群之义固不误也。

嫥,一也;专,六寸簿也。经传皆假借专为嫥,后世虽不知六寸簿之义,嫥一之义固不误也。

遳,先导也;率,捕鸟毕也。经传皆假率为遳,后世虽不知捕鸟毕之义,先导之义固不误也。

以上所举假借诸字,虽为本有其字之假借,然借字通行,学者即以借字为本字,本字虽废,本义尚存,虽不足以言识字,犹勉强可以读书。惟有本字不废,本义并行者,经典互相通假。如借適为敵,借龙为宠,借便为平,借旁为方,使不明本字假字之分,即不免有望文生义之弊。王氏引之曰:"无本字而假借他字,此谓造作文字之始。至于经典古字,声近而通,则有不限于无字之假借者,往往本字见存,而古书则不用本字,而用同声之字。学者改本字读之,则怡然理顺。依假借之字读之,则以文害辞。"此言本字不废本义并行者。辨之不明,不能以读古书,即自以为能读,亦强半望文生义,而不能得古书之真。例如:

借光为廣,而解之者,误以为光明之光[一]。

借有为又,而解之者,误以为有无之有[二]。

借蛊为故,而解之者,误以为蛊惑之蛊[三]。

借时为待,而解之者,误以为四时之时[四]。

借尊为撙,而解之者,误以为尊卑之尊[五]。

借纶为论,而解之者,误以为经纶之纶[六]。

借贡为功,而解之者,误以贡为告[七]。

借洗为先,而解之者,误以为洗濯之洗[八]。

借辨为徧,而解之者,误以为辨别之辨[九]。

借杂为帀,而解之者,误以为杂碎之杂[十]。

借噫为抑,而解之者,误以为发叹词[十一]。

借盛为成,而解之者,误以为盛衰之盛[十二]。

借卹为谧,而解之者,误以卹为忧[十三]。

借粒为立,而解之者,误以为粒食之粒[十四]。

借玑为暨,而解之者,误以为珠玑之玑[十五]。

借犹为由,而解之者,误以犹为尚[十六]。

借明为孟,而解之者,误以为明暗之明[十七]。

借沈为淫,而解之者,误以为沈溺之沈[十八]。

借昏为泯,而解之者,误以为昏乱之昏[十九]。

借谋为敏,而解之者,误以为下进其谋[二十]。

借政为正,而解之者,误以为政治之政[二十一]。

借逢为豐,而解之者,误以为遭逢之逢[二十二]。

借忘为亡,而解之者,误以为遗亡之亡[二十三]。

借冒为懋,而解之者,误以为覆冒之冒[二十四]。

借别为辨,而解之者,误以为分别之别[二十五]。

借文为紊,而解之者,误以为礼文[二十六]。

借依为隐,而解之者,误以为依怙之依[二十七]。

借义为俄,而解之者,误以为仁义之义[二十八]。

借富为福,而解之者,误以为货赂,又以为备[二十九]。

借哲为折,而解之者,误以为哲为知[三十]。

借景为憬,而解之者,误以为古影字[三十一]。

借众为终,而解之者,误以为众寡之众[三十二]。

借能为而,而解之者,误以为才能之能[三十三]。

借寐为沫,而解之者,误以为寤寐之寐[三十四]。

借直为职,而解之者,误以为直道[三十五]。

借鹽为苦,而解之者,误以鹽为不坚固[三十六]。

借为为讹,而解之者,误以为为人[三十七]。

借辰为慎,而解之者,误以辰为时[三十八]。

借偕为皆,而解之者,误以偕为齐等[三十九]。

借誉为豫,而解之者,误以为名誉[四十]。

借芋为宇,而解之者,误以芋为大[四十一]。

借崒为猝，而解之者，误以为崔嵬[四十二]。

借交为姣，而解之者，误以为与人交[四十三]。

借求为逑，而解之者，误以为干求之求[四十四]。

借土为杜，而解之者，误以土为居[四十五]。

借时为跱，而解之者，误以时为是[四十六]。

借公为功，而解之者，误以公为朝廷[四十七]。

借承为烝，而解之者，误以承为缵[四十八]。

借旆为旇，而解之者，误以旆为旗[四十九]。

借幣为敝，而解之者，误以为幣帛[五十]。

以上本王氏经文假借之例，节录五十条，而其所用假借之字，其本字借字，皆并行不废。学者不明经文假借之例，所借之字，不知其本字为何，姑以借字之本义当之，则未有不生谬解者也。不明假借，不能读古书，当是指此种之假借而言。而此种假借字，辨之颇不容易，必由声韵以通训诂，然后假字、本字，始能辨之无误。中国古籍，大都文字通假，能明文字通假之例，而读古书，则迎刃而解矣。例如：

《兔罝》"公侯干城"，干，扞也。知干为扞之借字。

《芄兰》"能不我甲"，甲，狎也。知甲为狎之借字。

《缁衣》"还予授子之粲兮"，粲，餐也。知粲为餐之借字。

《七月》"八月断壶"，壶，瓠也。知壶为瓠之借字。

《破斧》"四国是皇"，皇，匡也。知皇为匡之借字。

《淇奥》"有匪君子"，匪，文章貌。知匪为斐之借字。

《素冠》"棘人栾栾兮"，栾栾，瘠貌。知栾为脔之借字。

《蓼萧》"孔燕岂弟"，岂，乐也。知岂为恺之借字。

《六月》"白旆①央央"，央央，鲜明貌。知央为英之借字。

《白驹》"在彼空谷"，空，大也。知空为穹之借字。

《小宛》"宜岸宜狱"，岸，讼也。知岸为犴之借字。

《巧言》"居河之麋"，水草交谓之麋。知麋为湄之借字。

《都人士》"绸直如发"，绸，密也。知绸为稠之借字。

《隰桑》"其叶有幽"，幽，黑也。知幽为黝之借字。

《皇矣》"串夷载路"，串，习也。知串为惯之借字。

《江汉》"淮夷来铺"，铺，病也。知铺为痡之借字。

《常武》"徐方绎骚"，骚，动也。知骚为慅之借字。

《瞻仰》"时维妇寺"，寺，近也。知寺为侍之借字。

又"舍尔介狄"，狄，远也。知狄为逷之借字。

《召旻》"溃溃回遹"，溃溃，乱也。知溃为愦之借字。

以上所举二十条，如其借字读之，扞格而不能通。干训为求，公侯求城，则不成语；粢训为米，授子之米，亦不成事。得其本字而读之，则扞城、受餐，无烦多语而已解。吾辈读书，当本此种假借之例以求之。《论语》"井有仁焉"，仁即人之假借也；《孟子》"王若隐其无罪而就死地"，隐即慇之假借也。大概此种假借之例，不为双声，必为叠韵。例如《周易》"箕子明夷"，赵宾作荄，箕、荄双声；"朋②盍簪"，荀氏作"宗"，簪、宗双声；"民献十夫"，《大传》作仪，献、仪双声；《毛诗》"周原膴膴"，《韩诗》作"腜"，膴、腜双声；《左传》"宛来归祊"，《穀梁》作"邴"，祊、邴双声；"州吁弑君"，《穀梁》

---

① "白旆"，原作"帛茷"，今据《毛诗正义》改。

② "朋"，原作"明"，今据《周易注疏》改。

作"祝",州、祝双声;《戴礼》"终而复始",《汉书》作"周",周、终双声;《论语》"文质彬彬",《说文》作"份",彬、份双声,则凡假遐为迎,假封为窆,假胡为何,假衣为殷,为双声之假借者视此矣。又如《周易》"彪蒙吉",汉碑作"包",彪、包叠韵;"以往吝",《说文》作"遴",吝、遴叠韵;《尚书》"明明扬侧陋",《文选注》作"敭",扬、敭叠韵;《毛诗》"君子好逑",《礼记》作"仇",逑、仇叠韵;《论语》"色勃如",《说文》作"艴",勃、艴叠韵;《孟子》"曾西蹵然",《说文》作"叙",蹵、叙叠韵,则凡假羊为祥,假碻为石,假蓏为录,假煦为姁,为叠韵之假借者视此矣。由此以观,假借之例,不外双声、叠韵。吾人读古书而不能通,当以双声、叠韵求之,而得其本字。本字既得,训诂易明,则书义了然矣。故曰:假借者训诂最要之事也。

【注】

[一] 光廣　《尚书·尧典》"光被四表,格于上下",光系廣之借字。《魏志·文帝纪》引《献帝传》曰"廣被四表,格①于上下",字正作廣。

[二] 有又　《易·豫卦》六三"盱豫悔,迟有悔",此与他卦言有悔者不同,他卦有悔,对无悔言之也。此有字,当读为又,言盱豫既悔,迟又悔也。

[三] 蛊故　《易·序卦》云:"蛊者,事也。"《集解》引伏曼容注:"蛊,惑乱也。万事从惑乱起,故以蛊为事。"按:蛊有二解,一训惑乱,《尔雅》"蛊,疑"是也;一训事,《释

---

① "格",原作"极",今据《经义述闻》及《三国志》改。

文》"蛊一音故",蛊之言故是也。昭公三十年《公羊传》
"习乎邾娄之故",杜预、何休注并曰"故,事也"。

[四] 时待　《易·归妹卦》九四"归妹愆期,迟归有时",时读
为待,言归妹愆期,迟归有待,故传申之曰"愆期之志,
有待而行也"。时、待俱以寺为声,故二字通用。

[五] 尊撙　《易·谦卦》象传"谦尊而光,卑而不可逾",尊当
读为撙节之撙。尊之言损也,小也;光之言广也,大也。
尊而光者,小而大;卑而不可逾者,卑而高也。

[六] 纶论　《易》"与天地准,故能弥纶天地之道",纶当读为
论,《吕氏春秋》《淮南子》高诱注:"论,知也。"弥纶天
地之道,即遍知天地之道,与上文知幽明之故,知死生之
说,知鬼神之情状同。

[七] 贡功　《易》"六爻之义,易以贡",按《尔雅》"功,成也",
谓成为功也,六爻之义,刚柔相易,乃得成爻,故曰"六
爻之义,易以功"。《释文》"贡,京、陆、虞作工,荀作
功"。作工、作贡,皆借字。

[八] 洗先　《易》"圣人以此洗心",《释文》"洗,京、荀、虞、
董、张、蜀才作先,《石经》同",虞注以先心为知来,案:
先之义为长,先犹导也。圣人以此先心者,心所欲至而
卜筮先知,若为导然。

[九] 辨徧　《易》"复小而辨于物",辨读曰徧,古字辨与徧通。
《复》初九传曰:"不远之复,以修身也。"所修惟在一
身,盖亦小矣。身修而后家齐,家齐在国治,国治而后
天下平。万事之大,无不由此而徧及,故曰"复小而徧

于物"。

[十]杂帀 《易》"恒杂而不厌",杂当读为帀。帀,周也,一终之谓也,恒之为道,终始相巡,而无已时,故曰帀而不厌。

[十一]噫抑 《易》"噫!亦要存亡吉凶,则居可知矣",按:噫与抑通。《论语·学而篇》:"求之与,抑与之与?"《汉石经》抑作意,以此例彼,则噫当作抑,噫亦连读,非叹辞。

[十二]盛成 《易》"莫盛乎艮",盛当读成就之成。"莫盛乎艮",言无如艮之成就者。上文曰"成言乎艮",又曰"艮,东北之卦也。万物之所成终而所成始也",此文之盛与上文之成,其义一也。

[十三]艸谧 《书》"惟刑之艸哉",艸者,慎也。《史记》艸作静,今文《尚书》艸作谧,《说文》"谧,静语也"。静与慎同义,故知艸不当释为忧。

[十四]粒立 《书》"烝民乃粒",案:当读为立,立者,成也,定也。"烝民乃立"即承上言之,"决九川,濬畎①浍",平土可得而居矣。"奏庶艰食",五谷可得而食矣。"奏庶鲜食",鸟兽可得而食矣。"懋迁有无化居",百货可得而用矣。于时众民皆有安居和味宜服利用备器,昔也民垫,而今也安定矣,故《史记·夏本纪》作"众民乃定也"。"烝民乃立"非专指艰食言之,则非米粒之粒可知。作粒者,

①"畎",原脱,今据《经义述闻》补。

假借字。

［十五］玑暨　《书》"厥篚元纁玑组",玑当读为暨,暨者,与也,及也。"厥篚元纁玑组"者,厥篚所贡,有元纁及组也,玑珠不圆也,不类。

［十六］犹由　《书》"兹犹不常宁",犹与由通。由,用也,言先王敬谨天命,兹用不敢常安也。

［十七］明孟　《书》"明听朕言",按《尔雅》"孟,勉也",孟与明①同声通用,故勉谓之孟,亦谓明,明听朕言,言当训勉从朕言。

［十八］沈淫　《书》"沈酗于酒",案:沈之言淫也,沈酗犹淫酗也。

［十九］昏泯　《书》"昏弃厥肆祀弗答,昏弃厥遗王父母不迪",案:昏读曰泯,昏弃即泯弃也。泯训为蔑,言蔑弃其肆祀不对,蔑弃其遗王父母不用也。

［二十］谋敏　《书》"聪作谋",案:谋与敏同言,聪则敏,不聪则不敏。《五行传》曰"听之不聪是谓不谋",不谋即不敏也。

［二十一］政正　《书·立政》一篇,政为正之假借字。正,长也,非政治之政。

［二十二］逢丰　《书》"子孙其逢吉",按:当读"子孙其逢"句,逢当读为丰,丰,大也。

［二十三］忘亡　《书》"兹不忘大功",忘与亡同,言不失前人

---

① "明",原作"盟",今据《经义述闻》改。

之大功也。

［二十四］冒懋　《书》"惟时怙冒"，冒，大也；冒，懋也。"惟
　　　　时怙冒"，言其功大懋勉也。

［二十五］别辨　《书》"别求闻由古先哲王用康保民"，别读
　　　　为辨，徧也。别求者，徧求也。

［二十六］文紊　《书》"咸秩无文"，文当读为紊，紊，乱也。"咸
　　　　秩无文"，谓其尊卑大小之次秩之，无有殽乱也。

［二十七］依隐　《书》"先知稼穑之艰难乃逸，则知小人之
　　　　依"，案：依，隐也，谓知小人之隐情也。

［二十八］义俄　《书》"兹乃三宅无义民"，义读如俄，义、俄
　　　　古音同。《广雅》"俄，衺也"，言三宅无倾衺之民。

［二十九］富福　《书》"非讫于威，惟讫于富"，案：讫，竟也，
　　　　终也；富读曰福。威福相对为文，言非终于立威，惟终
　　　　于作福也。

［三十］哲折　《书》"哲人惟刑"，哲当读为折，折之为言制也。
　　　　"哲人惟刑"，言制人民者，惟刑也。

［三十一］景憬　《诗》"汎汎其景"，景读如憬。《鲁颂·泮水》
　　　　"憬彼淮夷"，毛传"憬，远行貌"，下文"汎汎其逝"正与
　　　　此同意。

［三十二］众终　《诗》"众稺且狂"，众读为终，终犹既也。"终
　　　　稺且狂"，言既稺且狂，与"终温且惠""终风且暴""终
　　　　窭且贫""终和且平"诗句一律。

［三十三］能而　《诗》"能不我知""能不我甲"，能当读为而，
　　　　言童子虽则佩觿，而实不与我相知；虽则佩韘，而实不

与我相狃。

［三十四］寐沬　《诗》"夙夜每寐",寐读为沬,无沬犹无已也。《楚辞·离骚》"芬至今犹未沬",《招魂》"身服义而未沬",王逸注:"沬,已也。"

［三十五］直职　《诗》"爰得我直",直当读为职,职亦所也。《左》哀①十六年传"克则为卿,不克则烹,固其所也",《史记》作"固其职也"。

［三十六］盬苦　《诗》"王事靡盬",盬当读为苦,《尔雅》"苦,息也"。"王事靡盬",言王事靡有止息也。

［三十七］为讹　《诗》"人之为言",为当读为讹,正义所谓人之作伪之言是也。

［三十八］辰慎　《诗》"奉时辰牡",辰当读为慎。《诗》"言私其豵,献豜于公"。一岁为豵,二岁为豝,三岁为特,四岁为豜,五岁为慎。慎为兽五岁之名,即此辰牡之辰,五岁为慎,兽之最大者,故下文曰"辰牡孔硕"也。

［三十九］偕皆　《诗》"维其偕矣",又"饮酒孔偕",偕读为皆。《广雅》"皆,嘉也"。《小雅·鱼丽》曰"维其嘉矣",又曰"维其偕矣"。《宾之初筵》曰"饮酒孔嘉",又曰"饮酒孔偕",偕亦嘉义。

［四十］誉豫②　《诗》"是以有誉处兮",誉当读为豫,《尔雅》"豫,安也,乐也",誉处,安处也。

---

① "哀",原作"襄",今据《经义述闻》改。
② "豫",原作"预",今据下文改。

［四十一］芋宇　《诗》"君子①攸芋"，芋当读为宇。宇，居也，言室成而君子居之矣。

［四十二］崒猝　《诗》"山冢崒崩"，崒当读为猝。猝，急也，暴也。山冢猝然崩坏也。

［四十三］交姣　《诗》"彼交匪敖"，又"彼交匪纾"，交当读为姣。《广雅》"姣，侮也"，彼与匪通。"彼交匪敖"者，匪姣匪敖也，言不侮慢，不骄傲也。"彼交匪纾"者，匪姣匪纾也，言不侮慢、不怠缓也。

［四十四］求逑　《诗》"万福来求"，求当读为逑。逑，聚也，言万福来聚也。

［四十五］土杜　《诗》"自土沮漆"，土当从《齐诗》读为杜。杜，水名，漆亦水名。"自土沮漆"，沮即徂字，犹言自杜往漆耳。

［四十六］时跱　《诗》"曰止曰时"，时当读为跱。《广雅》"跱，止也"，"曰止曰时"，犹言爰居爰处。

［四十七］公功　《诗》"妇无公事"，公当读为功。《小雅·六月篇》"以奏肤公"，毛传："公，功也。""妇无公事，休其蚕织"，休其蚕织，即无功事也。

［四十八］承烝　《诗》"不显不承"，承当读为"武王烝哉"之烝。《释文》引《韩诗》曰："烝，美也。"不与丕通，"不显不承"，即丕显丕烝。《书经》"丕显哉文王谟""丕承哉武王烈"，与此意同。

---

① "子"，原作"要"，今据《经义述闻》及《毛诗正义》改。

〔四十九〕斾發　《诗》"武王载斾",《荀子·议兵篇》《韩诗
外传》引《诗》并作"武王载發",發谓起师伐纣也。《豳
风·七月》笺"载之言则也",武王载發,武王则發也。

〔五十〕幣敝　《周礼》"幣余之赋",幣当读为敝。《说文》"敝,
一曰败衣",敝为衣败残之名,残则余矣,因而凡物之残
者,皆谓之敝余。今时营造用物,余价卖以还官,谓之回
残,是也。

二、训诂异同

读书必先识字,读古书必先识古字。所谓识古字者,不仅识字
之形,当识字之义也。古人造字,一字一义,后人用字,辗转假借。
不知本义而读古书,每有笼统不分之弊;不知借义而读古书,每有
望文生义之弊。此二不除,无以明古书之真;不知本义与借义,无
以除此二弊;不通训诂之学,无以知本义、借义之分。兹先举二弊
于下。

何谓笼统不分之弊? 例如:

今人对于天地生育之能力,浑言之曰造化,不知析言之,自无
而之有谓之造,自有而之无谓之化。

今人对于地能发生万物者,浑言之曰土壤,不知析言之,以万
物自生则曰土,以人所耕种树艺则曰壤。

今人对于人所聚居之处,浑言之曰市井,不知析言之,邑居为
市,野庐为井。

今人对于同居一区域者,浑言之曰乡党,不知析言之,万二千五百家为乡,五百家为党。

今人对于己所居处之地,浑言之曰室家,不知析言之,夫妇所居谓之室,一门之内谓之家。

今人对于憩止之地,浑言之曰居处,不知析言之,定居者谓之居,暂止者谓之处。

今人对于瞽者,浑言之曰矇瞍,不知析言之,有眸子而不见谓之矇,无眸子曰瞍。

今人对于悲痛堕泪者,浑言之曰哭泣,不知析言之,有声有泪曰哭,无声有泪曰泣。

今人对于男女之配合,浑言之曰婚姻,不知析言之,婿曰婚,言婿以昏时而来;妻曰姻,言妻则因之而去。

今人对于意气相合者,浑言之曰朋友,不知析言之,同门为朋,同志为友。

以上皆世俗通用之文字,人人所能了解者,然只能得其笼统之了解,不能得其分析之了解。此种世俗通用之文字,今人不分析者甚多。如两扇曰门,半门曰户,今人统言门户也;直言曰言,论难曰语,今人统言言语也;正斥曰骂,旁及曰詈,今人统言骂詈也;意阑则欠,体惓则伸,今人统言欠伸也;出气急曰吹,缓曰嘘,今人统言吹嘘也;堂上谓之步,门外谓之趋,今人统言步趋也;女曰婴,男曰儿,今人统言婴儿也;合曲曰歌,徒歌曰谣,今人统言歌谣也;草行曰跋,水行曰涉,今人统言跋涉也;浮水曰游,潜水曰泳,今人统言游泳也;种之曰稼,敛之曰穑,今人统言稼穑也;近曰离,远曰别,今人统言离别也;害贤曰嫉,害色曰妒,今人统言嫉妒也;爱财曰贪,爱食曰婪,今人统言贪婪也;圆者为珠,不圆者曰玑,今人统言珠玑也;上曰衣,下曰裳,今人统言衣裳也;织曰锦,刺曰绣,今人统言锦绣也;刈草曰刍,采薪曰荛,今人统言刍荛也;短叶扬起者曰杨,长叶下垂者曰柳,今人统言杨柳也;陆鸟曰栖,水鸟曰宿,今人统言栖宿也。据此可见今人了解之字义,皆不免有笼统不分之弊。

何谓望文生义之弊?例如:

《易》"剥床以辨",辨者,蹁也,不知借义者,以分辨之辨释之。

《易》"丧羊于易",易者,埸也,不知借义者,以平易之易释之。

《易》"旧井无禽",井者,阱也,不知借义者,以井泉之井释之。

《易》"不可荣以禄",荣者,营也,不知借义者,以荣华之荣释之。

《书》"教胄子",胄者,育也,不知借义者,以胄为长之义释之。

《书》"罔有择言①",择者,斁也,不知借义者,以简择之择释之。

《诗》"维鸠方之",方者,放也,不知借义者,以方为有之义释之。

《诗》"子之还兮",还者,嬛也,不知借义者,以还为便捷之貌释之。

《诗》"有纪有堂",纪者,杞也;堂者,棠也,不知借义者,以纪为基,以堂为平道如堂之义释之。

《诗》"曾是不意",意者,亿也,不知借义者,以心意之义释之。

以上皆经典通用之文字,为传注家所解释者。然其笺释之义,

---

① "言",原作"音",今据《尚书》改。

往往以本字之义当之，而不能得其借字之义。中国古书，用借字者颇多，已见于上篇，兹不复赘。惟研究古书者，不明本字借字之分，未始不可以曲解，然望文生义，必不能得古书之真。据此可见传注之解释古书，而不能怡然理顺者，皆不免有望文生义之弊。

除此二弊，须通训诂之学。训诂二字，出于《尔雅》。"训者，道也，道物之貌以告人也。""诂者，古今之异语也。"此二字，亦合见于《说文》。《说文》云："诂，训故言也。"据此《尔雅》《说文》两书，为训诂学之所自出，《说文》兼文字之形声义言之，《尔雅》则专言文字之义。《尔雅》一书，先于《说文》，所收之字，亦多于《说文》，故《尔雅》尤为训诂学之祖。《尔雅》者，释古今之异言，通方俗之殊语，可以知各字之通义，亦可以明一字之专义。何谓各字之通义？"初、哉、首、基、肇、祖、元、胎、俶、落、权舆，始也"，"始"为各字之通义也。何谓一字之专义？初者，裁衣之始；哉者，才之借字，草木之始；首者，人之始；基者，筑墙之始；肇者，戽之借字，开户之始；祖者，庙之始；元者，岁之始；胎者，人生之始；俶者，《释名》曰"荆豫人谓长妇曰孰"，俶、孰音同，为妇之始；落者，《诗》云"访予落止"，为即位谘谋之始；权舆者，《大戴礼》云"孟春百草权舆"，为萌芽之始。虽为通义，而各有专义也。所以清代学者研究训诂之学，皆以《尔雅》为主，戴氏东原有言："故训之书，其传者莫先于《尔雅》，六艺之赖是以明也。所以通古今之异言，然后能讽诵于章句，以求适于至道。刘歆、班固《论尚书古文经》曰：古文读应《尔雅》，解古今语而可知。盖士生三[①]古后，时之相去千百年之久，视

夫地之相隔千百里之远无以异。昔之妇孺闻而辄晓者，更经学大师转相讲授而仍留疑义，则时为之也。余窃谓儒者治经，宜自《尔雅》始。"（《尔雅文字考序》）观此则研究训诂之学，当从事于《尔雅》明矣。惟《尔雅》之外，其为训诂异同之参考者，其书颇多。夫不识训诂，不能通六艺之文。欲识训诂，当于年代相近者求之（卢文弨语）。书之年代相近，而可以为训诂之研究者有二：（一）六艺本书中之训诂；（二）六艺传注中之训诂。记之于下。

何谓六艺本书中之训诂？例如：

《易经》：元者，善之长也。亨者，嘉之会也。利者，义之和也。贞者，事之干也。又：泰者，通也。蛊者，事也。颐者，养也。坎者，陷也。离者，丽也。遯者，退也。晋者，进也。夷者，伤也。睽者，乖也。蹇者，难也。夬者，决也。姤者，遇也。萃者，聚也。涣者，离也。

《春秋左氏传》：凡雨，自三日以往为霖。凡师，能左右之曰以。凡师，有钟鼓曰伐，无曰侵。

又：忠，德之正也。信，德之固也。礼，身之干也。敬，身之基也。黄，中之色也。裳①，下之饰也。火，水妃也。水，火之牡也。

又：经纬天地曰文。师众以顺为武。

《春秋公羊传》：春曰祠，夏曰礿。

《春秋穀梁传》：春曰田，夏曰苗。

《论语》：政者，正也。

《孟子》：畜君者，好君也。

又：庠者，养也。校者，教也。序者，射也。

---

① "裳"，原作"裘"，今据《春秋左传正义》改。

《礼记》:约信曰誓,涖牲曰盟。

又:仁者,人也。义者,宜也。

以上六经中之训诂,散见于各经者颇多,此皆为训诂之最古者,汇而记之,必能得以经解经之助。盖解经之事,最善以本经解本经,次则以此经解彼经。以其同一时代之用字,训诂可以互证也。

何谓六艺传注中之训诂? 例如:

《易经》子夏传:元,始也。亨,通也。利,和也。贞,正也。

又刘瓛云:彖者,断也,断一卦之才也。象者,象也,取其法象卦爻之德。

《尚书^①大传》:颛者,事也。禹者,辅也。尧者,高也,饶也。舜者,推也,循也。

《诗经·召南》笺:蘋之言宾也;藻之言澡也。

又《泽陂^②》传:自目曰涕,自鼻曰泗。

《论语》郑注:恂恂,恭顺貌;便便,言辨貌。

又郑注:纯读为缁;厉读为赖。

《周礼·天官·序官》注:体犹分也;佐犹助也。

又《外史》注:古曰名,今曰字。

以上六经传注中之训诂,悉数之而不能遽尽。虽非最古之训诂,亦可谓比较近于古,汇而记之,为读古书之参考,必能由传注之训诂,以得本经之训诂。盖汉人去古未远,而又学有师承,视魏晋以后日滋新义,固有异也。

---

① “书”后原衍“书”字,今删。

② “泽陂”,原作“陂泽”,今据《毛诗正义》乙正。

除上二者而外，周秦两汉之书，其训诂之近古者颇多，如《荀子·修身篇》："多闻曰博，少闻曰浅。多见曰闲，少见曰陋。"《晏子春秋内篇·谏上》："赏无功谓之乱，罪不知谓之虐。"《吕氏春秋·季春纪》："行而无资曰乏，居而无食曰绝。"《淮南·天文训》："天道曰圆，地道曰方。"《白虎通》："百人曰俊，千人曰英。"以及《方言》《释名》《急就》之中，其训诂皆近于古，而异于今。本此以读古书，参互钩稽，必能得古书之真。兹举例于下。

《诗·周南·关雎》"左右芼之"，传训芼为择，后人不从，不知芼、苗声近义同。"左右芼"之芼，传以为择，犹田苗之苗，《白虎通》以为择取。《尔雅》"芼，搴也"，亦与择取之义相近也。

《邶风·柏舟篇》"不可选也"，传训选为数，后人不从，不知选、算古字通。朱穆《绝交论》作"不可算也"，《论语》"何足算也"，以算为数，正与此同义也。

《新台篇》"籧篨不鲜"，笺训鲜为善，后人不从，不知《尔雅》皆训为善。且下云"籧篨不殄"，"殄"读曰"腆"，其义亦为善也。

《小雅·采绿篇》"六日不詹"，传训詹为至，后人不从，不知詹之为至，载于《尔雅》，乃古之方言，是以《方言》亦云"楚语谓至为詹也"。

《礼记·学记》"术有序"，郑注云"术当为遂，声之误也"，后人不从，而改为州，不知术、遂古同声。故《月令》注云："术，《周礼》作遂也。"

以上本训诂以求，芼之为择，选之为数，鲜之为善，詹之为至，术之为遂，皆能得明确之证据，而知其不可易者矣。亦有先儒解释偶误，本训诂以求，能择善而从者，兹举例于下。

《书·皋陶谟》"万①邦作乂",《禹贡》"莱夷作牧""云土梦作乂",《史记·夏本纪》皆以"为"字代"作"字,文义未安,不如用《诗·駉②篇》传训作为③始之善也。

《诗·定之方中篇》"匪直也人",《桧风·匪风篇》"匪风发兮,匪车偈兮",《小雅·小旻篇》"如匪行迈谋",笺并训匪为非,不如用《左传》训匪为彼之善也。《菁菁者莪篇》"我心则休",释文、正义并以休为美,不如用《国语》注训休为喜之善也。《菀柳篇》"无自暱焉",传训暱为近,与"无自瘵焉"之文不类,不如《广雅》"暱,病"之训为善也。

《左》宣十二年传"董泽之蒲,可胜既乎",杜训既为尽,不如读"既"为"墍",用《摽有梅》诗传"墍,取也"之训为善也。

以上本训诂以求,作之为始,匪之为彼,休之为善,暱之为病,既之为取,皆能得明确之证据,以正古人之误,而改其读者矣。

据此以观,读书者当广求古义,取本经之训诂,与传注之训诂,而知其所以然。凡传注之未精者,又博考以正之,始无凿空妄谈之病。钱氏大昕云:"有文字而后有训诂,有训诂而后有义理。训诂者,义理之所由出,非别有义理,出乎训诂之外者也。"钱氏此言,极能表训诂之重要。自晋代尚空虚,宋人喜顿悟,训诂不明,古籍日晦矣。

---

① "万",原作"莫",今据《尚书正义》改。
② "駉",原作"驷",今据《毛诗正义》改。
③ "为",原脱,今据文意及下文文例补。

三、声韵流变

上古典籍，载之文字。文字者，合形、声、义三者而成者也。三者之中，声韵尤为重要，不明声韵之原，即无以通训诂之旨。盖古书训诂，全寄于声韵，考此原因，由于假借。古时假借之例有二：一则古时字少，不足于用，音同即假，彼此互通，假义既行，本义遂晦；二则简册繁重，得书困难，师以口授，弟以笔记，仓卒无字，假音而书，假借既久，习为常例，士子载笔，鲜用本文。二种假借，皆以声韵为枢纽，年代久远，声韵之流变日多。使以今日声韵，以读古书文字，则假借不明，而训诂莫达。汉人作注，有音读之法。音读者，由声韵以通训诂者也。段氏玉裁著《周礼汉读考》，发明汉人声韵之例，兹记其序言于下：

汉人作注，于字发疑正读，其例有三：一曰读如、读若，二曰读为、读曰，三曰当为。读如、读若者，拟其音也，古无反语，故为比方之词；读为、读曰者，易其字也，易之以音相近之字，故为变化之词。比方主乎同，音同而义可推也；变化主乎异，字异而义憭然也。比方主乎音，变化主乎义；比方不易字，故下文[①]仍举经之本字；变化字已易，故下文辄举所易之字。注经必兼兹二者，故有读如，有读为；字书不言变化，故有读如，无读为。有言读为某、读如某，而某仍本字者，如以别其音，为

---

① "文"，原脱，今据《周礼汉读考》补。

以别其义。当为者,定为字之误、声之误而改其字也,为救正之词。形近而讹,谓之字之误;声近而讹,谓之声之误。字误、声误而正之,皆谓之"当为"。凡言"读为"者,不以为误;凡言"当为"者,直斥其误。三者分而汉注可读,而经可读。三者皆以音为用。汉之音非今之四声二百六韵也,则非通乎虞夏商周秦汉之音,则不能穷其条理。

据段氏此言,读书不明声韵,即无以知古书之真义。例如《淮南子·原道训》"际天地",不知以声读之,际之读为察也(按《文子》作"察天地")。《礼记》"圣人耐以天下为一家",不知以声读之,耐之读为能也(郑注:"耐,古能字。"《汉书·晁错传》"胡貉之人性能寒,扬粤之人性能暑",能读为耐,可以互证)。发明汉人声读之例,除段氏之书外,陈氏寿祺所著《汉读举例》,亦有二百二十余事,足资参考。其他若钱氏大昕、王氏筠、张氏行孚,皆于声读之例,多所发明。兹略本各家之说,举例于下:

(一)声读之字、音、义悉皆近者。

《书》"辰弗集于房",传:"集,合也。"《孟子》"是集义所生者",注:"集,杂也。"按,《说文》:"集,群鸟在木上也。""亼,三合也。"集房、集义之集,本字为亼,古书作集者,宜读为亼也。集、亼音义悉近。

《左传》襄四年"树之诈慝",杜注:"树,立也。"《国语》"故圣王树德于民",韦注:"树,立也。"按,《说文》:"树,生植之总名。""侸,立也。"树立之树,本字为侸,古书作树者,宜读为侸也。树、侸音义悉近。

《礼记》"柔色以温之",郑注:"承尊者必和颜色①。"《文选·洛神赋》"柔情绰态",李注:"柔,弱也。"按,《说文》:"柔,木曲直也。""腬,面和也。"柔色柔情之柔,本字为腬,古书作柔者,宜读为腬。柔、腬音义悉近。

《易》"君子以慎辨物居方",虞注:"辨,别色。"《论语》"修慝辨惑",注:"辨,别也。"按,《说文》:"辨,判也。""采,辨别也。"辨别之辨,本字为采,古书作辨者,宜读为采也。辨、采音义悉近。

《论语》"陪臣执国命",《汉书·文帝纪》"皆秉德以陪朕",注:"陪,辅也。"按,《说文》:"陪,重土也。""倍,辅也。"陪臣、陪辅之陪,本字为倍,古书作陪者,宜读为倍也。陪、倍音义悉近。

(二)声读之字音同义异者。

《诗》"不与我戍许",《春秋左氏传》"夫许大岳之胤也",许,国名。按,《说文》:"许,听也。""鄦,炎帝太岳之胤,甫侯所封。"许国之许,本字为鄦,古书作许者,宜读为鄦也。

《书》"方鸠僝功",《左传》"敢使鲁无鸠乎",鸠,聚也。按,《说文》:"鸠,鹘鸼也,鸟名。""勼,聚也。"鸠聚之鸠,本字为勼,古书作鸠者,宜读为勼也。

《孟子》"使己仆仆尔",赵注:"仆仆,烦猥貌。"按,《说文②》:"仆,给事者。""扊,行扊扊也。"仆仆之仆,本字为扊,古书作仆者,宜读为扊也。

《论语》"神谌草创之",《孟子》"君子创业垂统",《国语》"以

---

① "色"前原有"柔"字,今据《礼记正义》删。
② "文",原脱,今据文意及《说文解字》补。

创制天下",《汉书·叙传》"礼义是创"。按,《说文》:"创,伤也。""刅,造法刅业也。"草创、创业、创制之创,本字为刅,古书作创者,宜读为刅也。

《诗·生民》"先生如达",郑笺:"达,羊子也。生如达之生,言易也。"按,《说文》:"达,行不相遇也。""羍,小羊也。"羊子之达,本字作羍,古书作达者,宜读为羍也。

以上两种,第二种尤为重要。音义悉近者,虽不以声读之,尚不至大相刺谬。如集虽不训合,然可引申为亼合之训;树虽不训立,然可引申为侸立之训;柔虽不训和,然可引申为脜和之训;辨虽不训别,然可引申为釆别之训;陪虽不训辅,然可引申为偝辅之训。盖音义悉近,无论以本字或借之义诂之,皆可以通。惟音同义异,使不声读之法,得其本字,则许之为听,鸠之为鸟名,仆之为给事,创之为伤,达之为行不相遇,皆与古书所用之义相违背,则古书何能读乎? 况乎此种用字,古书极多,不得其读,扞格不通;苟得其读,意义显然。本声读之例,以治古书,则知《尚书》"稽疑"之稽,宜读为卟;《论语》"施于有政"之施,宜读为敀;《孟子》"隐几而卧"、《庄子》"隐几而坐"之隐,宜读为㥯;《尚书》"颠越不恭"、《诗》"颠沛之揭"、《论语》"颠沛必于是"之颠,宜读为趆;《汉书·王陵传》"杜门竟不[1]朝请"之杜,宜读为斁;《诗》"笃生武王"、《论语》"君子笃于亲"之笃,宜读为竺;《礼记》"天地相荡"、《论语》"今之狂也荡"、《左传》"荡公"之荡,宜读为潒;《汉书·成帝纪》"阑入尚方掖门"之阑,宜读为闌;《国策》与《后汉

---

[1] "竟不",原作"不出",今据《汉书·王陵传》改。

书》"长于阿保之手"之阿,宜读为婴;《礼记·王制》"昆虫未蛰"、《祭统》"昆虫之异"、《夏小正》"昆小虫"之昆,宜读为蚰。清代汉学家,得此声读之法,故能读古书而无窒碍也。

又古书中,每以声音形容事物之声音与状态。此种文字,全是声音,毫无意义。《诗经》之中,视他书尤多,而以声音形容事物之状态,类多重言。或以重言形容其声,或以重言形容其状,或以重言形容其貌,古书中遇有此种形容之词,悉以声音读之可也。

(一)以重言形容其声者。

如《关雎》以"关关"形容雎鸠之声;《草虫》以"喓喓"形容草虫之声;《风雨》以"喈喈""胶胶"形容鸡鸣之声;《匏有苦叶》以"雝雝"形容鸣雁之声;《伐木》以"嘤嘤"形容两鸟和鸣之声;《鸿雁》以"嗷嗷"形容哀鸣之声;《鹿鸣》以"呦呦"形容鹿相呼之声;《车攻》以"萧萧"形容马鸣之声;《硕人》以"发发"形容鱼掉尾①之声;《鸨羽》以"肃肃"形容飞羽之声;《鸡鸣》以"薨薨"形容虫飞之声;《斯干》以"喤喤"形容儿泣之声;《巷伯》以"缉缉"形容口舌之声;《终风》以"虺虺"形容雷震之声;《伐木》以"许许"形容锯木之声;《绵》以"登登"形容筑土之声,又以"冯冯"形容削墙之声;《生民》以"叟叟"形容淘米之声;《兔罝》以"丁丁"形容椓伐之声;《七月》以"冲冲"形容凿冰之声;《卢令》以"令令"形容缨环之声;《载驱》以"薄薄"形容车驱之声;《大车》以"啍啍"形容大车之声;《车邻》以"邻邻"形容众车之声;《有女同车》以"将将"形容鸣玉之声;《灵台》以"逢逢"形容鼍鼓之声;《采芑》以"渊

① "尾",原作"鱼",今据文意改。

渊"形容伐鼓之声;《车攻》以"嚣嚣"形容选众之声。以上皆以重
言形容其声者。

（二）以重言形容其状者。

如《二子乘舟》以"养养"形容不知所定之状;《君子阳阳》以
"阳阳"形容无所用心之状;《羔裘》以"居居"形容不相亲比之状;
《伐木》以"蹲蹲"形容蹈舞之状;《吉日》以"儦儦俟俟"形容趋
行之状;《楚茨》以"踖踖"形容执爨有容之状;《宾之初筵》以"傞
傞"形容舞不能自正之状;《葛屦》以"提提"形容安谛之状;《十亩
之间》以"闲闲"形容桑间往来之状;《晨风》以"钦钦"形容忧心
思望之状;《兔罝》以"赳赳"形容轻劲之状;《黍离》以"摇摇"形
容忧无所诉之状;《杕杜》以"踽踽"形容独行无所亲之状;《谷风》
以"迟迟"形容行道舒缓之状;《小旻》以"战战兢兢"形容恐惧警
戒之状;《鹑之奔奔》以"奔奔彊彊"形容居有常匹,飞则相随之状;
《青蝇》以"营营"形容青蝇往来之状;《雉雉①》以"泄泄"形容雉
飞鼓舞之状;《敝笱》以"唯唯"形容鱼行相随顺之状。以上皆以
重言形容其状者。

（三）以重言形容其貌者。

如《氓》以"旦旦"形容恳恻款诚之貌;《节南山》以"琐琐"形
容小人褊浅之貌,又以"蹙蹙"形容靡所骋之貌;《巷伯》以"好好"
形容骄人之貌,又以"草草"形容劳人之貌;《大东》以"粲粲"形容
衣服鲜盛之貌;《北山》以"燕燕"形容安息之貌;《螽斯》以"振振"
形容仁厚之貌;《小宛》以"温温"形容和柔之貌;《蜉蝣》以"楚楚"

---

① "雉",原作"雌",今据《毛诗正义》改。

形容衣服鲜明之貌;《东方未明》以"瞿瞿"形容狂夫之貌;《淇奥》以"猗猗"形容绿竹美盛之貌;《采薇》以"依依"形容杨柳茂盛之貌;《葛覃》以"莫莫"形容葛叶成就之貌,以"萋萋"形容葛叶茂盛之貌;《桃夭》以"夭夭"形容桃叶少壮之貌,以"灼灼"形容花茂盛之貌;《汉广》以"翘翘"形容众薪之貌;《竹竿》以"籊籊"形容长而杀之貌;《蒹葭》以"苍苍"形容葭盛之貌;《常棣》以"韡韡"形容光明之貌;《载驰》以"芃芃①"形容麦方盛之貌;《葛藟》以"绵绵"形容葛长而不绝之貌;《扬之水》以"凿凿"形容白石鲜明之貌;《渐渐之石》以"渐渐"形容山石高峻之貌;《节南山》以"岩岩"形容积石之貌;《云汉》以"虫虫"形容旱热之貌,又以"涤涤"形容草木旱死之貌;《谷风》以"习习"形容风调和之貌;《采薇》以"霏霏"形容雨雪之貌;《伯兮》以"杲杲"形容日初出之貌;《南山》以"崔崔"形容南山高大之貌;《玄鸟》以"芒芒"形容殷土广大之貌。以上皆以重言形容其貌者。

　　观以上所举之例,无论形容其声、形容其状、形容其貌,皆以声为用,初不必顾及文字之形与义也。所以古书中之形容词,以声读之,而人物之声貌,与动作之状,自然呈露。不仅形容词已也,其他以声韵相假借者,无不当以声读之(其例已见上,兹不复举)。惟是声韵时时流变,使不明古今声韵流变之迹,即不能假借之例,而通其形容之词。阮氏元云:"穷经之道,必先识字;识字之要,又在审音。自古及今,道凡三变。《尔雅》为经训之始,其中重辞累言,依声析义,声近之字,则义存乎声。虽不言音,而经音之旨,权舆于此

────────────

① "芃芃",原作"芃芃",今据《毛诗正义》改。

矣。汉代经师辈出，传注诸家，始有譬况、假借，以证音字，如内言、外言、急言、徐言、读若之类，矢口得音，无不审其轻重清浊，以函雅故。此经音之一道也。魏秘书监孙叔然，纽以双声，创为反语，以音《尔雅》（中略）。厥后李登《声类》、吕静《韵集》，剖析五音；沈约《韵谱》、彦伦《体语》，研及四声。声音递转，文字日孳。音经之家，纷然四出，是非不遵师法，轻重惟其所习。迨唐陆德明循省旧音，救其不逮，撰为《经典释文》，古今并录，经注必详，此经音之一变也。流变不已，作者愈众，音则愈杂（中略）。自元和以后，释氏神珙之说起焉，但尚无所谓字母者。三十六字母图，乃僧守温所撰，当时虽有是术，其学不著，故唐以至宋初，经传字书所有反切，犹是魏晋齐梁隋唐相传之旧。自宋中叶郑氏樵、沈氏括诸家，推阐其术，用以入经，于是有新义古义、今音古音之别，此经音之又一变也。"据阮氏此言，新义、古义之不同，原于今音、古音之流变。学者不明古音，即无由知古义；不知古义，即不能读古书。故声音流变之道，学者所当研究者也。

四、语词辨别

古时书籍，皆本古人之语词而纪之以文字者也。古人语词，与今不同。语词既别，训诂自异。所以读古时书籍，当以辨别古人语词为尤要也。辨别语词之要有二：一辨别古人用字之例，二辨别古人造句之例。兹详于下。

何谓用字之例？古人用字，有实训者，有虚训者。实训之字，知本字、借字之分，即可明其用字之条；虚训之字，非通其语词，则

无由得其训诂。盖经典之文,字各有义,而字之为语词者,则无义之可言。设以实义解之,则文既不通,而意亦难晓。例如:

与,以也。《论语·阳货篇》"鄙夫可与事君也与哉",言不可以事君也,而解者云"不可与之事君",则失之矣。以此推之,《易·系辞传》"是故可与酬酢,可与祐神矣",言可以酬酢,可以祐神也。

以,而也。庄二十四年《公羊传》"戎众以无义",言众而不义也,而解者云"戎师多,又常以无义为事",则失之矣。以此推之,《书·金滕》"天大雷电以风",言雷电而风也;《礼记·乐记》"治世之音安以乐,乱世之音怨以怒,亡国之音哀以思",言安而乐,怨而怒,哀而思也。

勿,发声也。《诗·小雅·节南山》"弗问弗仕,勿罔君子",勿罔,罔也,而解者云"勿罔上而行",或云"勿"当作"未",则失之矣。以此推之,僖十五年《左传》"史苏是占,勿从何益",言虽从何益也。勿,发声也,为语助也。《论语·颜渊》曰"何以文为",言何用文也,而解者云"何用文章以为君子",则失之矣。以此推之,《左》昭二十八年传"三代之亡,共子之废,皆是物也,女何以为哉",以,用也,言女何用是物哉,为语助。

谓,奈也。《诗·召南·行露》"岂不夙夜,谓行多露",言岂不欲夙夜而行,奈道中多露何哉,而解者以"以为"二字代"谓"字,则失之矣。以此推之,《左》僖二十八年传"救而弃之,谓诸侯何",言奈诸侯何也;《史记·孝文纪》"是重吾不德也,谓天下何",言奈天下何也。

壹,语助也。《礼记·大学》"自天子以①至于庶人,壹是皆以修身为本",言皆以修身为本也,而解者以壹为专行,则失之矣。以此推之,《礼记·檀弓》"子之哭也,壹似重有忧者",言似重有忧者也。

洪,发声也。《书·大诰》曰"洪惟我幼冲人",洪者,发声之词,无义,而解者训洪为大,则失之矣。以此推之,《书·多方》"洪惟图天之命",洪亦发声词也。

台,何也。《书·汤誓》"夏罪②其如台",言夏罪如何也,而解者训台为我,则失之矣。以此推之,《书·西伯戡黎》"今王其如台",言今王其如何也。

居,语助也。《诗·小雅·十月之交》"择有车马,以居徂向",言择有车马以徂向也,而解者云"择民之富有车马者,以往居于向",则失之矣。以此推之,《诗·大雅·生民》"上帝居歆",言上帝歆也。

能,而也。《诗·国风·芄兰》"虽则佩觿,能不我知",言童子虽则佩觿,而实不与我相知也,而解者云"言其才能实不如我众臣之所知为也",则失之矣。以此推之,《管子·任法篇》"是贵能威之,富能禄之,贱能事之,近能亲之,美能淫之也",下文五"能"字皆作而,则能即而也。

据以上而观,语词不能辨别,如与之为相与、谓之为以为、居之为居处、能之为才能,曲为之说,固而不通;至《荀子》之安,《楚词》

---

① "以",原脱,今据《礼记正义》补。
② "罪",原作"犯",今据《尚书正义》改。

之羌,苟不知为语词,虽曲为之说而亦不能。此种语词,王引之《经传释词》中,汇记一百六十字,可为读古书者语词之参考,学者当自求之。兹录其序于下:

> 语词之释,肇於《尔雅》。粤、于为曰,兹、斯为此,每有为虽,谁昔为昔,若斯之类①,皆约举一隅,以待三隅之反。盖古今异语,别国②方言,类多助语之文。凡其散见于经传者,皆可比例③而知,触类长之,斯善式古训者也。自汉以来,说经者宗④尚雅训,凡实义所在,既明著之矣,而语词之例,则略而不究;或即以实义释之,遂使其文扞格而意亦不明。如"由",用也;"猷",道也,而又为词之"于"。若皆以"用"与"道"释之,则《尚书》之"别求闻由古先哲王""大诰猷尔多邦",皆文义不安矣。"攸",所也;"迪",蹈也,而又为词之"用"。若皆以"所"与"蹈"释之,则《尚书》之"各迪有功""丰水攸同",《毛诗》之"风雨攸除,鸟鼠攸去",皆文义不安矣。"不",弗也⑤;"否",不也;"丕",大也,而又为发声与承上之词。若皆以"弗⑥"与"大"释之,则《尚书》之"三危既宅,三苗丕叙""我生不有命在天""否则侮厥父母",《毛诗》之"否难知也""有周不显,

---

① "类",原作"数",今据《经传释词》改。
② "别国",原作"国别",今据《经传释词》乙正。
③ "例",原作"类",今据《经传释词》改。
④ "宗",原作"实",今据《经传释词》改。
⑤ "不,弗也",原脱,今据《经传释词》补。
⑥ "弗",原作"不",今据《经传释词》改。

帝命不时",《礼记》之"不在此位也",皆文义不安矣。"作",为也,而又为词之"始"与"及"。若皆以"为"释之,则《尚书》之"万邦作乂""作其即位",皆文义不安矣。"为",作也,而又为词之"如""有""与""于",若皆以"作"释之,则《左传》之"何臣之为",《晋语》之"称为前世",《穀梁传》之"近为祢宫",《管子》之"为臣死乎",《孟子》之"得之为有财",皆文义不安矣。又如"如",若也,而又为词之"而""乃""当""与"。"若",如也,而又为词之"其""而""此""惟"。"曰",言也,而又为词之"欥"。"谓",言也,而又为词之"为""与""如""奈"。"云",言也,而又为词之"有""或""然"。"宁",安也,而又为词之"乃①"。"兹",此也,而又为"叹词"。"嗟",叹词也,而又为"语助"。"彼",他也,而又为词之"匪"。"匪",非也,而又为词之"彼"。"咫",八寸也,而又为词之"只"。"允",信也,而又为词之"用"。"终",尽也,而又为词之"既"。"多",众也,而又为词之"祇"。"适""徂""逝",皆往也,而"适"又为词之"啻","徂"又为词之"及","逝"又为词之"发声"。"思",念也;"居",处也;"夷",平也;"一",数之始也,而又皆为助语②。"曷",词之"何"也,而又为"何不"。"盍",何不也;而又为"何"。"於",词之"于"也,而又为"为"。"为""爰",词之"曰",而又为"与"。"安",词之"焉"也,而又为"乃",为"则",为"于是"。"焉",词之"安"也,而又为"于",为"是",为"乃",

<hr>

① "乃",原作"若",今据《经传释词》改。
② "助语",《经传释词》作"语助"。

为"则"。"惟",词之"独"也,而又为"与",为"及",为"虽"。"虽",不定之词也,而又为"惟"。"矧",词之"况"也,而又为"亦"。"亦",承上之词也,而又为"语助"。"且",词之更端也,而又为"此"。"之",词之"是"也,而又为"于",为"其",为"与"。凡此者,其为古之助语①,较然甚著。揆之本文而协,验之他卷而通。虽旧说所无,可以心知其意者也。(下略)

　　观王《自序》,则知语词之关于读书,最为重要。古书中之语词,昔人往往以实义释之,释以实义,则诘鞠为病。若辨别其语之轻重,词之长短,依上下文而作解,则较然易明。所以吾人读古人之书,对于训诂难明者,当反覆玩诵,而求其语词之近是。而语词用字之例,王氏之书,大可为参考之资;吴氏昌莹之《经词衍释》,可为读王书之助;而刘氏淇之《助字辨略》,亦可参观也。

　　何谓造句之例? 积字成句,积句成章,章句之组织,本由言语而来。盖古人属词记事,恒以言语为转移也。迨后文言既分,则笔于书者多古语,出于口者尽今言,以今言读古语,不仅声韵之流变不同,即章句之组织亦异。设此事不明,在古人原为浅显之语,在今日遂成为奥隐之辞。若能辨别古人造句之例,而能得其缓急同异颠倒错综之故,则奥者浅隐者显矣。德清俞氏樾作《古书疑义举例②》共八十八例,其五十二例以下,系后人读古书之误,与古人造句之例无关;其五十一例,除少数关于用字者外,其余皆造句之

----

① "助语",《经传释词》作"语词"。
② "例",原作"要",今据《古书疑义举例》改。

例也。兹记其五十一例于下：

（一）上下文异字同义例

古书有上下文异字而同义者。《孟子·公孙丑篇》：“有仕于此，而子悦之，不告于王而私与之吾子之禄爵；夫士也，亦无王命而私受之于子。”按：“有仕于此”之“仕”即“夫士也”之“士”。“夫士也”，正承“有仕于此”而言。士，正字；仕，假字，是上下文用字不同而实同义也。

（二）上下文同字异义例

古书亦有上下文同字而异义者。《礼记·玉藻篇》“既搢必盥，虽有执于朝，弗有盥矣”，上“有”字乃有无之有，下“有”字乃“又”字也；言虽有执于朝，不必又盥也。《论语·公冶长篇》“子路有闻，未之能行，惟恐有闻”，上“有”字乃有无之有，下“有”字亦“又”字也；言有闻而未行，则惟恐又闻也。

（三）倒句例

古人多有以倒句成文者，顺读之则失其解矣。僖二十三年《左传》“其人能靖者与有几”，昭十九年“谚所谓室于怒市于色者”，皆倒句也。

（四）倒序例

古人序事，有不以顺序而以倒序者。《周官·大宗伯职》“以肆、献、祼享先王”，若以次第而言，则祼最在先，献次之，肆又次之也。乃不曰“祼、献、肆”，而曰“肆、献、祼”，此倒序也。《大祝职》“隋衅、逆牲、逆尸”，若以次第而言，则逆尸最在先，逆牲次之，隋衅又次之也。乃不曰“逆尸、逆牲、隋衅”，而曰“隋衅、逆牲、逆尸”，此倒序也。《小祝职》“赞彻、赞奠”，若以次第而言，则奠先而彻后也。乃不曰"赞奠、赞彻",而曰"赞彻、赞奠",此倒序也。说者不知古人自此倒序之例,而必曲为之解,多见其不可通矣。

（五）错综成文例

古人之文,有错综其辞,以见文法之变者。如《论语》"迅雷风烈",《楚辞》"吉日兮辰良",《夏小正》"剥枣栗零",皆是也。

（六）参互见义例

古人之文,有参互以见义者。《礼记·文王世子篇》"诸父守贵宫贵室,诸子诸孙守下宫下室",又云"诸父诸兄守贵室,子弟守下室,而让道达矣",郑注曰:"上言父子孙,此言兄弟,互相备也。"又《杂记上篇》"有三年之练冠,则以大功之麻易之",郑注曰:"言练冠易麻,互言之也。"疏曰:"麻,谓経①带。大功言経带,明三年练亦有経带;三年练云冠,明大功亦有冠。是大功冠与経带,易三年冠及経带,故云互言之。"又《祭统篇》"王后蚕于北郊,以共纯②服;夫人蚕于北郊,以共冕服",郑注曰:"纯服,亦冕服也,互言之尔。纯以见缯色,冕以著祭服。"凡此皆参互以见义者也。

（七）两事连类而并称例

《少牢馈食礼》"日用丁己",言或用丁,或用己也。《士虞礼》"幂用絺布",言或用絺,或用布也。古人之文,自有此例。《士丧礼》"鱼鱄鲋九",此亦连类而并称,言或鱄或鲋,其数则九也。若必鱄鲋并用,而欲合其数为九,则孰四孰五,不得无文矣。

---

① "経",原作"经",今据《古书疑义举例》及《礼记正义》改。下"経"同。
② "纯"前原叠"纯"字,今据《古书疑义举例》及《礼记正义》删。

（八）两义传疑而并存例

《仪礼·士虞礼》"死三日而殡，三月而葬，遂卒哭"，郑注曰："此记更从死起，异人之闻，其义或殊。"贾疏曰："上已论虞卒哭，此记更从始死记之，明非上记人，是异人之闻；其辞或殊，更见记之事，其实义亦不异前记也。"按，此即传疑并存之例。

（九）两语似平而实侧例

古人之文，有似平而实侧者。《诗·荡篇》"侯作侯祝"，传曰："作祝诅也。"段氏玉裁曰："'作祝诅也'四字一句，'侯作侯祝'与'乃宣乃亩''爰始爰谋'句法同。"

（十）两句似异而实同例

古人之文，有两句并列而实一意者，若各为之说，转失其义矣。《礼记·表记篇》"仁有数，义有长短大小"，郑注曰："数与长短小大，互言之耳。"按，数即短长小大，质言之则是仁有数，义亦有数耳。乃于仁言"数"，而于义变言"长短小大"，此古人属辞之法也。

（十一）以重言释一言例

《礼记·乐记篇》："肃肃，敬也；雍雍，和也。"顾氏《日知录》曰："《诗》本肃、雍一字而引之二字者，长言之也。《诗》云'有洸有溃'，毛公传之曰：'洸洸，武也。溃溃，怒也。'即其例也。"

（十二）以一字作两读例

古书遇重字，多省不书，但于本字下作二画识之，亦或并不作二画，但就本字重读之者。《考工记·輈人》曰"輈注则利准，利准则久，和则安"，郑注曰："故书准作水，郑司农云：'注则利水，谓辕脊上，雨注令水去利也。'玄谓利水重读，似非。"据此，则故书"利水"二字，本无重文，先郑特就此二字重读之，故后郑可以不从也。

（十三）倒文协韵例

《诗·既醉篇》："其仆维何？釐尔女士。釐尔女士，从以孙子。"按，女士者，士女也；孙子者，子孙也。皆倒文以协韵，犹"衣裳"恒言，而《诗》则曰"制彼裳衣"；"琴瑟"恒言，而《诗》则曰"如鼓瑟琴"也。《甫田篇》"以谷我士女"，此云"女士"，彼云"士女"，文异义同。笺云"予女以女而有士行者"，则失之纤巧矣。经文平易，殆不如是。

（十四）变文协韵例

古人之文，更有变文以协韵者。《诗·鄘风·柏舟篇》"母也天只，不谅人只"，传曰："天，谓父也。"正义曰："先母后天者，取其韵句耳。"按，"母"则直曰母，而"父"则称之为天，此变文协韵之例也。

（十五）古人行文不嫌疏略例

《仪礼·聘礼篇》"上介出请入告"，郑注曰："于此言之者，宾弥尊，事弥录。"据注，知聘宾所至，上介皆有"出请入告"之事，而上文不言，是古人行文不嫌疏略也；必一一载之简策，则累牍而不能尽矣。乃古人不言，后人亦遂不知，即《仪礼》一经疏略之处，郑君亦有未能见及者，后人读书卤莽，更无论矣。

（十六）古人行文不避繁复例

古人行文，亦有不避繁复者。《孟子·梁惠王篇》"故王之不王，非挟泰山以超北海之类也；王之不王，是折枝之类也"，《离娄篇》"瞽瞍厎豫而天下化，瞽瞍厎豫而天下之为父子者定"。两"王之不王"，两"瞽瞍厎豫"，若省其一，读之便索然矣。

（十七）语急例

古人语急，故有以"如"为"不如"者。隐元年《公羊传》"如勿与而已矣",注曰:"如即不如。"是也。有以"敢"为"不敢"者,庄二十二年《左传》"敢辱高位",注曰:"敢,不敢。"是也。详见《日知录》三十二。

(十八)语缓例

古人语急,则二字可缩为一字;语缓,则一字可引为数字。襄三十一年《左传》"缮完葺墙以待宾客",急言之则止是"葺墙以待宾客"耳。乃以"葺"上更加"缮完"二字,唐李涪《刊误》遂疑"完"字当作"字"矣。昭十六年《左传》"庸次比耦,以艾杀此地",急言之,则是"比耦以艾杀此地"耳。乃以"比"上更加"庸次"二字,杜注遂训为用次更相从耦耕矣,皆由不达古人语例故也。按,《方言》曰"庸、恣、比、侹、更、迭,代也","庸、恣、比"三字,即本《左传》。恣与次通。

(十九)一人之辞而加曰字例

凡问答之辞,必用"曰"字,纪载之恒例也。乃有一人之辞,中加"曰"字自为问答者,此则变例矣。《论语·阳货篇》"'怀其宝而迷其邦,可谓仁乎?'曰:'不可。''好从事而亟失时,可谓知乎?'曰:'不可。'"两"曰"字仍是阳货语,直至"孔子曰诺",始为孔子语。《史记·留侯世家》:"'昔者汤伐桀而封其后于杞者,度能制桀之死命也;今陛下能制项籍之死命乎?'曰:'未能也。其不可一也。'武王伐纣,封其后于宋者,度能得纣之头也。今陛下能得项籍之头乎?'曰:'未能也。其不可二也。'"此下凡"不可者"七,皆子房自问自答,至"汉王辍食吐哺,骂曰:竖儒",始为汉王语,与《论语》文法正同。说本阎氏《四书释地》。按,记人于下文特著"孔子曰",则上文两曰"不可",非孔子语明矣。前人皆未见及,阎氏此论,昭然发千古之矇。

(二十)两人之辞而省曰字例

一人之辞自为问答,则用"曰"字。乃有两人问答,因语气相承,诵之易晓,而"曰"字从省不书者。如《论语·阳货篇》:"子曰:'由也,女①闻六言六蔽矣乎?'对曰:'未也。''居,吾语女!'""居,吾语女"乃夫子之言,而即承"对曰未也"之下,无"子曰"字。"子曰:'食夫稻,衣夫锦,于女安乎?'曰:'安。''女安,则为之。'""女安,则为之"乃夫子之言,而即承"曰安"之下,无"子曰"字。

(二十一)文具于前而略于后例

《诗·大叔于田篇》"叔善射忌,又良御忌",其下云"抑磬控忌,抑纵送忌",则专承"良御"而言。"叔马慢忌,叔发罕忌",其下云"抑释掤忌,抑鬯弓忌",则专承"叔发罕忌"而言,文具于前而略于后也。毛传曰:"骋马曰磬,止马曰控,发矢曰纵,从禽曰送。"按,磬、控双声,纵、送叠韵。凡双声叠韵之字,皆无二义,传以一字为一义。"发矢""从禽"与"骋马""止马"又不一例,传义失之。磬、控、纵、送,皆以御言。磬,即控也,言止马也;送,即纵也,言骋马也。

(二十二)文没于前而见于后例

古人之文,又有没其文于前,而见其义于后者。《书·微子篇》:"我祖底遂陈于上,我用沉酗于酒,用乱败厥德于下。"按,"底遂陈于上",盖以德言,纣所乱败者,即汤所底遂而陈者也。"德"字见于

---

① "女",原脱,今据《论语》及《古书疑义举例》补。

后而没于前，枚传不达其义，乃曰"致遂其功陈列于上世"，则上句增出"功"字矣。《国语·晋语》："鄢陵之役，荆压晋军，军吏患之，将谋。范匄^①自公族趋过之，曰：'夷灶湮井，非退而何？'"按，楚压晋而阵，晋无以为战地，军吏将谋者，盖谋退也。非畏楚而退，乃欲少退，使有战地耳。然军势一动，不可复止，必有溃败之忧。范匄为夷灶湮井之计，则不必退而自有战地，乃不退之退也，故曰："非退而何？""退"字见于后而没于前，韦注不达其义，乃曰"平塞井灶，示必死，楚必退"，则文义不合矣。

（二十三）蒙上文而省例

古人之文，有蒙上而省者。《尚书·禹贡篇》："终南、惇物，至于鸟鼠。"正义曰："三山空举山名，不言治意，蒙上'既旅'之文也。"是其例也。又："导岍及岐，至于荆山。"正义曰："从此导岍，至敷浅原，旧说以为三条：导岍北条、西倾中条、嶓冢南条。郑玄以为四列：导岍为阴列、西倾为次阴列、嶓冢为次阳列、岷山为正阳列。"今以经文求之，郑说为是。导岍言导，西倾不言导；导嶓冢言导，岷山不言导。盖两阳列、两阴列，各一言导；次阴列，蒙阴列而省；正阳列，蒙次阳列省也。

（二十四）探下文而省例

夫两文相承，蒙上而省，此行文之恒也。乃有逆探下文而预省上字，此则为例更变，而古书亦往往有之。《尧典》"舜生三十征庸，三十在位，五十载"，因下句有"载"字，而上二句皆不言"载"。《孟子·滕文公篇》"夏后氏五十而贡，殷人七十而助，周人百亩而

---

① "匄"，原作"匈"，今据《古书疑义举例》及《国语·晋语》改。下"匄"同。

彻",因下句有"亩"字,而上二句皆不言"亩",是探下文而省者也。《诗·七月篇》"七月在野,八月在宇,九月在户,十月蟋蟀入我床下",郑笺云:"自'七月在野'至'十月入我床下',皆谓蟋蟀也。"按:此亦探下文而省,初无意义。正义曰:"退蟋蟀之文在十月之下者,以人之床下非虫所当入,故以虫名附十月之下,所以婉其文也。"斯曲说矣。床下既非虫所当入,何反以虫名附十月之下乎?

（二十五）举此以见彼例

孔子曰:"举一隅不以三隅反,则不复也。"是以古书之文,往往有举此以见彼者。《礼记·王制篇》"大国之卿不过三命,下卿再命,小国之卿与下大夫一命",郑注曰:"不著次国之卿者,以大国之下互明之。"正义曰:"以大国之卿不过三命,则知次国之卿不过再命;大国下卿再命,则知次国下卿一命,故云互明之。"又《丧大记篇》"复者朝服,君以卷,夫人以屈狄",郑注曰:"'君以卷',谓上公也,'夫人以屈狄',互言耳。上公以衮,则夫人①用袆衣;而侯、伯以鷩,其夫人用揄狄;子男以毳,其夫人乃用屈狄矣。"正义曰:"男子举上公,妇人举子男之妻;男子举上以见下,妇人举下以见上:是互言也。"又《祭法篇》"燔柴于泰坛,祭天②也;瘗埋于泰折,祭地也。用骍犊",郑注曰:"地阴祀用黝牲,与天俱用犊,连言尔。"正义曰:"祭地承祭天之下,故连言用骍犊也。"凡此之类,皆是举此以见彼,学者所当以三隅反者也。

---

① "人",原脱,今据《古书疑义举例》补。
② "天"下原有"地"字,今据《古书疑义举例》及《礼记正义》删。

（二十六）因此以及彼例

古人之文，省者极省，繁者极繁，省则有举此见彼者矣，繁则有因此及彼者矣。《日知录》曰："古人之辞，宽缓不迫。得失，失也。《史记·刺客传》：'多人不能无生得失。'利害，害也。《史记·吴王濞传》：'擅兵而别，多佗利害。'缓急，急也。《史记·仓公传》：'缓急无可使者。'《游侠传》：'缓急人所时有也。'成败，败也。《后汉书·何进传》：'先帝尝与太后不快，几至成败。'同异，异也。《吴志·孙晧传》注：'荡异同如反掌。'《晋书·王彬传》：'江州当人强盛时，能立异同。'赢缩，缩也。《吴志·诸葛恪传》：'一朝赢缩，人情万端。'祸福，祸也。晋欧阳建《临终诗》：'成此祸福端。'"按，此皆因此及彼之辞，古书往往有之。《礼记·文王世子篇》"养老幼于东序"，因老而及幼，非谓养老兼养幼也。《玉藻篇》"大夫不得造车马"，因车而及马，非谓造车兼造马也。

（二十七）古书传述亦有异同例

古曰在昔，昔曰先民，盖古人之书，亦未必不①更本于古也。然其传述或有异同，不必尽如原本。阎氏若璩《四书释地》曰："《论语》杞、宋并不足征，《中庸》易其文曰'有宋存'。《孔子世家》言：'伯鱼生伋，字子思，尝困于宋。子思作《中庸》。'《中庸》既作于宋，易其文殆为宋讳乎？且尔时杞既亡而宋独存，易之亦与事实合。"按，阎氏此论可谓入微，蓄疑十年，为之冰释。至宋氏翔凤附会《公羊》家说，黜杞而存宋，虽亦巧合，然以本文语气求之，疑未必然也。

———————————

① "不"，原脱，今据《古书疑义举例》补。

（二十八）古人引书每有增减例

《日知录》曰：“《书·泰誓》：'受有亿兆夷人，离心离德；予有乱臣十人，同心同德。'《左传》引之则曰：'《太誓》所谓商兆民离，周十人同者众也。'《淮南子》：'舜钓于河滨，期年而渔者争处湍濑，以曲隈深潭相与。'《尔雅注》引之则曰：'渔者不争隈。'此皆略其文，而用其意也。”按，今《泰誓》伪书，即因《左传》语而为之，不足据。然《管子·法禁篇》引《太誓》曰：“纣有臣亿万人，亦有亿万之心。武王有臣三千而一心。”则《太誓》原文详而《传》所引略，诚如顾氏说也。又按，《后汉书·郅恽传》“孟轲以强其君之所不能为忠，量其君之所不能为贼”，亦是略其文而用其意。盖古人引书，原不必规规然求合也。

（二十九）称谓例

古人称谓，或与今人不同。有以父名子者。《左传》成十六年“潘尪之党”，襄二十三年“申鲜虞之傅挚”，是也；有以夫名妻者，《左传》昭元年“武王邑姜”，是也，并见《日知录》。今按，《汉书·外戚传》“孝宣王皇后父奉光封邛成侯，成帝即位，为太皇太后，时成帝母亦姓王氏，故世号太皇太后为邛成太后”，亦以父名子也。《汉书·燕刺王旦传》“旦姊鄂邑盖长公主”，张晏曰：“盖侯，王信妻也。”师古曰：“当是信子顷侯充。”此亦以夫名妻也。

（三十）寓名例

《史记·万石君传》“长子建，次子甲，次子乙，次子庆”，甲、乙非名也，失其名而假以名之也。《汉书·魏相传》“中谒者赵尧举春，李舜举夏，儿汤举秋，贡禹举冬”，不应一时四人同以尧、舜、禹、汤为名，皆假以名之也。说详《日知录》。

（三十一）以大名冠小名例

《荀子·正名篇》曰："物也者，大共名也；鸟兽也者，大别名也。"是正名百物，有共名别名之殊。乃古人之文，则有举大名而合之于小名，使二字成文者。如《礼记》言"鱼鲔"，鱼其大名，鲔其小名也。《左传》言"鸟乌"，鸟其大名，乌其小名也。《孟子》言"草芥"，草其大名，芥其小名也。《荀子》言"禽犊"，禽其大名，犊其小名也。皆其例也。

（三十二）以大名代小名例

古人之文，有举大名以代小名者，后人读之而不能解，每每失其义矣。《仪礼·既夕篇》"乃行祷于五祀"，郑注曰："尽孝子之情。五祀，博言之。士二祀：曰门，曰行。"推郑君之意，盖以所祷止门、行二祀，而曰"五祀"者，博言之耳。"五祀"，其大名也；"曰门，曰行"，其小名也。祀门、行而曰"五祀"，是以大名代小名也。贾疏曰"今祷五祀，是广博言之望，助之者众"，则误以为真祷五祀矣。

（三十三）以小名代大名例

又有举小名以代大名者。《诗·采葛篇》"一日不见，如三秋兮"，三秋，即三岁也。岁有四时而独言秋，是举小名以代大名也。《汉书·东方朔传》"年十三学书，三冬文史足用"，三冬，亦即三岁也。学书三岁而足用，故下云"十五学击剑"也。注者不知其举小名以代大名，乃泥"冬"字为说，云"贫子冬日乃得学书"，失其旨矣。

（三十四）以双声叠韵字代本字例

"集"与"就"双声，而《诗·小旻篇》"集"与"犹、咎、道"为韵，是即以"集"为"就"也；"戎"与"汝"双声，而《诗·常武篇》"戎"与"祖、父"为韵，是即以"戎"为"汝"也。此以双声字代本字之例也。

（三十五）以读若字代本字例

钱氏《潜研堂集》曰："汉人言'读若'者，皆文字假借之例，不特寓其音，并可通其字。即以《说文》言之，'鄦，读若许'，《诗》'不与我戍许'，《春秋》之许田、许男，不必从邑从无也。'郪，读若薊'，《礼记》'封黄帝之后于薊'，不必从邑从契也。'璹，读若淑'，《尔雅》'璋大八寸谓之琡'，即'淑'之讹，不必从玉从寿也。'珣，读若宣'，《尔雅》'壁大六寸谓之宣'，不必从玉从旬也。'趄，读若茕'，《诗》'独行茕茕'，不必从走从匀也。'趉，读若匐'，《诗》'匍匐救之'，不必从走从音也。'卂，读若戟'，《春秋传》'公戟其手'，不必作'卂'也。'欘，读若椸'，《易》'系于金椸'，不必改为'欘'也。'勼，读若鸠'，《书》'方鸠僝功'，不必改为'勼'也。'慴，读若叠'，《诗》'莫不震叠'，不必改为'慴'也。'幂，读若傲'，《书》'无若丹朱傲'，不必改为'幂'也。'槮，读若薮'，《考工记》'以其围之沏捎其薮'，不必改为'槮'也。'厂，读为仆'，《孟子》'仆仆尔'，不必改为'厂'也。'辛，读为愆'，今经典'皋辛'字皆作'愆'。'刅，读若创'，今经典'刅业'字皆作'创'。'亼，读若集'，今经典'亼合'字皆作'集'。'牵，读若达'，今《诗》正作'达'。'翌，读若皇'，今《周礼》正作'皇'。'蔑，读与蔑同'，今《尚书》'蔑席'字正作'蔑'。'嵒，读与聂同'，今《春秋》'嵒北'字正作'聂'。'卟，读与稽同'，今《尚书》'卟疑'字正作'稽'。'雀，读与爵同'，'攸，读与施同'，今经典'鸟雀'字多用'爵'，'敷攸字'皆用'施'。'晋，读与隐同'，《孟子》《庄子》'隐几'字不作'晋'，是皆假其音，并假其义，非后世譬况为音可同日语也。"按，钱氏此论，前人所未发，颇足备治经之一说。

（三十六）美恶同辞例

古者美恶不嫌同辞。如"退食自公,委蛇委蛇",诗人之所美也;而《左传》云"衡而委蛇必折",则"委蛇"又为不美矣。"岂弟君子,民之父母",诗人之所美也;而《齐风》云"鲁道有荡,齐子岂弟",传曰"言文姜于是乐易然",正义足成其义曰:"于是乐易然曾无惭色",则"岂弟"又为不美矣。"齐子岂弟",本与下章"齐子翱翔"一律,而郑必破作"闛闦",谓与上章"齐子发夕"一律。盖以他言"岂弟"者,皆美而非刺,故不从传义。不知古人美恶不嫌同辞,学者当各依^①本文体会,未可徒泥其辞也。

（三十七）高下相形例

昭十三年《左传》:"子产、子大叔相郑伯以会^②。子产以幄幕九张行,子大叔以四十,既而悔之,每舍损焉。及会亦如之。癸酉退朝,子产命外仆速张于除,子大叔止之,使待明日。及夕,子产闻其未张也,使速往,乃无所张矣。"注曰:"传言子产每事敏于大叔。"按,子产与子大叔,皆郑国贤大夫,传者欲言子产之敏,乃极言子大叔之不敏,此高下相形之例也。

（三十八）叙论并行例

《史记·屈原传》,叙事中间以议论,论者以为变体。愚按,《赵世家》云:"以至父子俱死,为天下笑,岂不悲乎?"《魏世家》云:"惠王之所以身不死,国不分者,二家谋不和也。若从一家之谋,魏

---

① "依",原脱,今据《古书疑义举例》补。
② "左传"、"子大叔"之"子",原脱,今据《古书疑义举例》补。

必分矣。故曰:君终无適子,其国可破也。"皆于叙事中入议论,古人之文无定法也。

(三十九)实字①活用例。

宣六年《公羊传》:"勇士入其大门,则无人门焉者。"上"门"字实字也,下"门"字则为守是门者矣。襄九年《左传》:"门其三门。"下"门"字实字也,上"门"字则为攻是门者矣。此实字而活用者也。《尔雅·释山》:"大山宫小山,霍。"郭注曰:"宫谓围绕之。"宫本实字而用作围绕之义,则活矣。宣十二年《左传》:"屈荡户之。"杜注曰:"户,止也。"户本实字而用作止义,则活矣。又如规矩字皆实字,《国语·周语》"其母梦神规其臀以墨",韦注曰:"规,画也。"此规字活用也。《考工记》"必矩其阴阳",郑注曰:"矩,谓刻识之也。"此矩字活用也。经典中如此者,不可胜举。

(四十)语词叠用例

《大雅·緜篇》"迺慰迺止,迺左迺右,迺疆迺理,迺宣迺亩",四句叠用八"迺"字。《荡篇》"曾是强御,曾是掊克,曾是在位,曾是在服",四句中叠用四"曾是"字。《尚书·多方篇》"尔曷不忱裕之于尔多方? 尔曷不夹介乂我周王享天之命? 今尔尚宅尔宅,畋尔田,尔曷不惠王熙天之命? 尔乃迪屡不静,尔心未爱,尔乃不大宅天命,尔乃屑播天命,尔乃自作不典,图忱于正",十一句中叠用三"尔曷不"字,四"尔乃"字,皆叠用语词以成文者也。

(四十一)语词复用例

古人用助语词,有两字同义而复用者。《左传》:"一薰一莸,

① "字",原作"用",今据《古书疑义举例》改。

十年尚犹有臭。"尚,即犹也。《礼记》:"人喜则斯陶。"斯,即则也。此顾氏炎武说。"何"谓之"庸何",文十八年《左传》:"人夺女妻而不怒,一抶汝,庸何伤?"庸,亦何也。"讵"谓之"庸讵",《庄子·齐物论篇》:"庸讵知吾所谓知之非不知邪? 庸讵知吾所谓不知之非知邪?"庸,亦讵也。"安"谓之"庸安",《荀子·宥坐篇》:"女庸安知吾不得之桑落之下。"庸,亦安也。"孰"谓之"庸孰",《大戴记·曾子制言篇》:"庸孰能亲汝乎?"庸,亦孰也。此王氏引之说。

（四十二）句中用虚字例

虚字乃语助之词,或用于句中,或用于首尾,本无一定。乃有句中用虚字而实为变例者。如"螽斯羽",言螽羽也;"兔斯首",言兔首也。毛传以"螽斯"为"斯螽",郑笺以"斯首"为"白首",均误以语词为实义。辨见王氏《经传释词》。

（四十三）上下文变换虚字例

古书有叠句成文而虚字不同者。《尚书·洪范篇》:"水曰润下,火曰炎上,木曰曲直,金曰从革,土爰稼穑。"上四句用"曰"字,下一句用"爰"字,爰,即曰也。《尔雅·释鱼篇》:"俯者灵,仰者谢,前弇诸果,后弇诸猎。"前两句用"者"字,后两句用"诸"字,诸,即者也。《史记·货殖传》:"智不足与权变,勇不足以决断,仁不能以取予。"上一句用"与"字,下二句用"以"字,与,即以也。《论语·述而篇》:"富而可求也,虽执鞭之士,吾亦为之。如不可求,从吾所好。"上句用"而"字,下句用"如"字。《孟子·离娄篇》:"文王视民如伤,望道而未之见。"上句用"如"字,下句用"而"字,而,即如也。《礼记·文王世子篇》:"文王九十七①乃终,武王九十三而终。"
上句用"乃"字,下句用"而"字,而,即乃也。《盐铁论》:"忠焉能
勿诲乎? 爱之而勿劳乎?"崔骃《大理箴》:"或有忠能被害,或有
孝而见残。"上句用"能"字,下句用"而"字,能,即而也。《墨子·明
鬼篇》:"非父则母,非兄而姒。"《史记·栾布传》:"与楚则汉破,
与汉而②楚破。"上句用"则"字,下句用"而"字,而,即则也。

（四十四）反言省"乎"字例

"嚚讼,可乎?""乎"字已见于《尧典》,是古书未尝不用"乎"
字。然"乎"者语之余也,读者可以自得之。古文简质,往往有省
"乎"字者。《尚书·西伯勘黎篇》:"我生不有命在天?"据《史记》
则句末有"乎"字。《吕刑篇》:"何择非人? 何敬非刑? 何度非及?"
《史记》作"何择非其人? 何敬非其刑? 何居非其宜乎?"则亦当
有"乎"字,皆经文从省故也。

（四十五）助语用不字例

不者,弗也。自古及今,斯言未变,初无疑义。乃古人有用"不"
字作语词者,不善读之,则以正言为反言,而于作者之旨大谬矣。
斯例也,诗人之词尤多。《车攻篇》:"徒御不警,大庖不盈。"传曰:
"不警,警也;不盈,盈也。"《桑扈篇》:"不戢不难,受福不那。"传
曰:"不戢,戢也;不难,难也。那,多也;不多,多也。"《文王篇》:
"有周不显,帝命不时。"传曰:"不显,显也;不时,时也。"《生民
篇》:"上帝不宁,不康禋祀。"传曰:"不宁,宁也;不康,康也。"《卷

---

① "七",原作"亡",今据《古书疑义举例》改。
② "而",原作"则",今据《古书疑义举例》改。

阿篇》："矢诗不多。"传曰："不多,多也。"凡若此类,传义已明且
皙矣;乃毛公亦偶有不照者。如《思齐篇》："肆戎疾不殄。"不,语
词也。传曰"大疾害人者,不绝之而自绝也",则误以"不"为实字
矣。亦有毛传不误而郑笺误者,如《常棣篇》"鄂不韡韡",传曰:
"鄂,犹鄂鄂然,言外发也。韡韡,光明也。"是"不"语词也。笺云"不
当为拊,古声同",则误以"不"为假字矣。王氏引之作《经传释词》,
始一一辨正之,真空前绝后之学。

(四十六)也邪通用例

《论语》："君子人与? 君子人也。"朱注曰:"与,疑词;也,决
词。"乃古人之文,则有以"也"字为疑词者。陆氏《经典释文序》
所谓"邪、也弗殊",是也。使不达此例,则以疑词为决词,而于古
人之意大谬矣。

(四十七)虽唯通用例

《说文》虽从唯声,凡声同之字,古得通用。然"虽"之与"唯",
语气有别,不达古书通用之例,而以后世文理读之,则往往失其解
矣。《礼记·表记篇》"唯天子受命于天",郑注曰:"唯当为虽。"此
"虽""唯"通用之明见于经典者。

(四十八)句尾用故字例

凡经传用"故"字,多在句首,乃亦有在句尾者。《礼记·礼运
篇》："则是无故,先王能修礼以达义,体信以达顺故。"此"故"字
在句尾者也。下云"此顺之实也",郑注曰:"实,犹诚也,尽也"。
正义于此节逐句分疏,而不别出"此顺之实也"句,但云"则是无故
者,言致此上事,则是更无他故,由先王能修礼达义,体信达顺之诚
尽,故致此也"。牵合下句解之,似尚失其读也。

（四十九）句首用"焉"例

凡经传用"焉"字，多在句尾，乃亦有在句首者。《礼记·乡饮酒义》："焉知其能和乐而不流也，焉知其能弟长而无遗矣，焉知其能安燕而不乱也。"刘氏台拱曰："三'焉'字皆当下属。焉，语词，犹'于是'也。"按，王氏《释词》，"焉"字作"于是"解者数十事，文繁不具录。

（五十）古书发端之词例

乃者，承上之词也，而古人或用以发端。《尧典》"乃命羲和"，是也。《周官·小司徒职》："乃颁比法于六乡之大夫。""乃会万民之卒伍而用之。""乃均土地以稽其人民而周知其数。""乃经土地而井① 牧其田野。""乃分地域而辨其守。"凡五段文字，皆以"乃"字领之。

（五十一）古书连及之词例

《考工记》注"若，如也"，乃古人则又用为连及之词。《仪礼·燕礼篇》"幂用绤若锡"，《礼记·投壶篇》"矢用柘若棘"，皆是也。又或变其文曰"如"，《论语·先进篇》"方六七十，如五六十"，又曰"宗庙之事如会同"，皆是也。"如"之与"若"，义本不殊，故连及之词，为"若"又为"如"矣。朱注曰："如，犹或也。"古无此义。

以上五十一例，其所举之佐证，极为丰富，兹不悉举。学者读其书而自求之，必能得古人造句之法（书共七卷，《春在堂丛书》本、《续清经解》本，近日上海有石印单行本）。俞氏之后，蹑其例而为之者，有仪征刘氏师培、长沙杨氏树达，于是书皆相继有所增辑。

----

① "井"，原作"并"，今据《周礼》及《古书疑义举例》改。

近有姚维锐者,亦补例十二,虽精粗不同,要皆可为俞氏书之附庸。惟学者读此书时,当心知其意,触类而旁通之,举一而反三之。若拘泥其迹,以俞氏诸人所举之例,一一以求古书之吻合,求之过细,或失之转甚。即如《诗·十月之交》"以徂居向",此倒文成句之例,此等之处,皆未免各以一己之例,以求古书之吻合。王氏立助语之例,故略于倒文之例;刘氏立倒文之例,故略于助语之例。以两例释此句,皆可以通。然《诗》之此句,二者有一是必有一非。吾所以谓本此例以读古书,当心知大意,不可拘泥其迹也。

　　用字造句二例,本上列之书而自求之,当可以辨别古人之语词,而得其属词记事之要。惟二例之用字之例,须熟于声韵,不可拘于训诂。造句之例,须参诸古籍,不可泥于成例。如王氏之《经传释词》、吴氏之《经词衍释》、刘氏之《助字辨略》、俞氏之《古书疑义举例①》及刘氏等《古书疑义举例②补》,虽皆可为吾人辨别语词之助,然吾人不可为诸氏之书所囿。一以声韵求之,一以古籍考之,不仅知其当然,而能知其所以然。吾知于古人语词之辨别,必更有所进也。

五、章句离析

　　积字成句,积句成章。古书之训诂,寄于文字;古书之义理,托于章句。章句不辨,义理莫明;离析章句,所以求明义理者也。章

---

① "疑义",原作"异疑";"例",原作"要",今据《古书疑义举例》改。
② "例",原作"要",今据《古书疑义举例补》改。

句虽亦求学之初步，实系读书之要图。《礼记·学记》云："一年视离经辨志。"孔氏颖达云："离经谓离析经理，使章句断绝也。"断绝章句，即章离句析，使古书之义理，不烦详说而自明。故不知断绝章句，即不知古书之指趣与归束，其且穿凿误会而入歧途矣。所以读古书者，当首重章句。徐氏防云："发明章句，始于子夏。"章句之学，由来甚古，至汉而大昌。汉代经师，指括其文，敷畅其义，以相教授，此即章句之学。《汉书·艺文志》：《尚书》有《欧阳章句》《大小夏侯章句》，《春秋》有《公羊章句》《穀梁章句》）。可见汉代章句学之甚盛。自汉以后，士子为学，高者侈言经术，精者喜谈性理，章句之学，视为不甚重要，甚且鄙为俗儒之学。不知欲读古书，非明章句不可。章句与名物训诂，同为读书之要事。盖章句苟误，古书之不能读者多矣。兹已述章句离析之重要如上，下更分别言之，先言离章，次言析句。

离章者，即将古书一篇，分为若干段落也。古人记录事物，发表思想，其文字条例，虽未必如后人之谨严，然用意所在，亦略有疆界之可寻。一篇有一篇之总意，一章有一章之分意，能得其分章之所在，即得其意指之所归。若章分或误，则前后紊乱，即无以了解古书之意，而得其义理之真，故离章为读古书重要之事。设例明之。

《仪礼》一书，学者每苦其难读。其难读之故，由于离章不清，所以礼之始终度数，与宾尸介绍冠服玉帛牲牢尊俎之陈，如满屋散钱，毫无条贯。仁和吴廷华著《仪礼章句》，一篇之中，画其节目。如《士冠礼》一篇，分为六章，第一章为冠前之礼，一筮日，二戒宿，三为期，四陈设；第二章为正冠之礼，一宾入位，二初加，三再加，四三加；第三章为礼子；第四章为冠毕余礼，一命字，二宾出就次，三冠者见兄弟,四礼宾;第五章冠礼之变,一用酒,二用牲,三孤子冠等诸杂仪;第六章补上经所不及,一傧辞,二祝辞,三履制。令展帙者知某事在某礼之前,某事在某礼之后,十七篇节目,了如指掌,而《仪礼》始可读矣。

《墨子经》上下及《经说》上下,为读《墨子》者最困难之点。盖《墨子经》与《说》,旧并旁行,两截分读,今本误合并写,混乱讹脱,遂不可通。自武进张惠言发明旁读之例,困难立解;瑞安孙诒让著《墨子间诂》,虽仍照今本,然更为考定旁读之法,附于篇后,而《墨经》始可读矣。

《老子》一书,离章颇多异同。《河上公注》八十一章,王弼注旧本七十九章,严君平《道德指归》七十二章,临川吴澄注本六十八章,桐城姚鼐《章义》八十二章,邵阳魏源《本义》亦六十八章,而与吴澄不同。据上而观,《老子》离章,必有错误,究以何人为是,至今尚未确定。八十一章最为通行(《古逸丛书》王弼注本,浙江书局《二十二子①》王弼注本亦八十一章,与旧本不同。旧本七十九章,见魏氏《老子本义序》),渊源于河上公。河上公之注,刘知几谓为伪托。严君平之《指归》,现已残缺,清《四库书目》亦疑其伪,吴氏、姚氏之离章,皆不足取。姚一句两句或亦为一章,其舛尤甚。魏氏虽比较为善,究无确凿之证据,而亦未尽是。夫离章不定,道德之精意,何由阐明?所以研究《老子》学者,当先于离章注意矣。

《庄子》一书,《内篇》七篇,为学说之精华,其文汪洋恣肆,莫可端倪,譬诸黄河,千里一曲,观者但惊其浩荡澎湃之势,莫知其蜿

---

① "子",原脱,今据《二十二子》补。

蜓奔赴之形。所以读《庄子》者,第叹其用意之奇,行文之肆,问其用意之何以奇,行文之何以肆,莫能得其旨趣之所在,及起落之所由,凡此皆不知离章故也。余曾著《庄子内篇章义》一书,将《内篇》七篇,分其段落,说其大意,使七篇之大意,皆由段落而明,不仅文从字顺,抑且理析义解。所谓意之奇文之肆,皆能言其所以然之故,虽曰小道,然可为读《庄》者之引导,而《庄子》始易读矣。

　　析句者于一篇之中,画其节目,再于一节之中,析其句读,是也。句读不析,则可移缀上下,往往因一二字之游移,致失其本来之意。古书之存于今日者,惟《毛诗》注明每篇几章,每章几句,然《毛诗》亦有异读者。其他诸经,皆不注句,故读之颇难,而《仪礼》尤甚。盖《仪礼》自一字为句至数十字为句,多奇零不整,学者使不先将句读析明,何由知其义理乎? 故析句亦读古书重要之事。偃师武氏亿著《经读①考异》一书,足为析句之参考,录之于下:

　　《易经》:"坤元亨利牝马之贞。"旧读并作"利牝马之贞","利"字连下为义,考程传"乾,坤之对也,四德同而贞体则异。乾以刚固为贞,坤则柔顺而贞。牝马柔顺而健行,故取其象曰'牝马之贞'"。另为一句,与乾四德相媲,义较密。

　　《尚书》:"舜生三十征庸三十在位五十载陟方乃死。"伪孔传、蔡传并以"庸"字、"位"字、"死"字绝句,赵氏注《孟子》亦云"舜耕历山三十征庸"。郑康成读此经云:"'舜生三十',谓生三十年也;'征庸二十'(三十,郑作二十,当是郑所见本字异),谓历试二十年;'在位五十载,陟方乃死',谓舜摄位至死为五十年。"则以"舜生三

---

① "经读",原作"读经",今据《经读考异》乙正。

十”为句，“征庸三十”为句，“在位五十载”为句。

《诗经·小雅·鱼丽》：“君子有酒旨且多。”近读皆以“酒”字绝句。郑笺云：“酒美而此鱼又多也”，则以“旨”属上“酒”字为义。陆德明亦云：“‘有酒旨’，绝句。‘且多’此二字为句，后章仿此。”

《周礼·外饔》：“则掌共有其献赐脯肉之事。”此凡两读。贾氏疏：“掌共有其献者，献其将帅，并赐酒肉之事（酒，当作脯）。”是以“献”字绝句，“赐脯肉”之事另读。王氏应电曰：“劳将帅曰献，犒兵众曰赐，皆有脯肉。”则以“共其献赐脯肉之事”连文为句。

《仪礼·士相见礼》：“执玉者则唯舒武举前曳踵。”此凡两读。郑康成云：“惟舒者重玉器尤慎也。”是以“唯舒”绝句。陆农师云：“容弥蹙同（上文“凡执币者不趋，容弥蹙以为仪”），惟武则舒。”朱子云：“注家以‘舒’字绝句，陆氏读‘武’字绝句，其说近是。《曲礼》‘堂上接武，堂下布武’，《乡射礼记》‘距随长武’，皆以‘武’字属句，此经文亦如是例。”

《礼记·曲礼》：“人生十年曰幼学。”俗读以“幼学”为句。朱子谓：“陆农师点‘人生十年曰幼’作一句，‘学’作一句，下仿此。”又赵彦卫《云麓漫钞》：“《礼》曰‘人生十年曰幼学’，两句读，论年则幼，在礼则当学矣。”

《春秋左氏传》庄二十二年：“而以夫人言许之。”杜注：“许以为夫人。”此以“夫人言许之”连文为句。顾亭林《杜解补正》云：“以‘夫人言’为句，公语以立之为夫人也。‘许之’，孟任许公也。”

《春秋公羊传》僖公二年：“请以屈产之乘。”此凡两读。何氏注云：“屈产，地名。”是以“屈产”连文为读。《吕氏春秋·权勋篇》注：“屈产之乘，屈邑所生。”则当以“屈”作小读。

《春秋穀梁传》桓公十四年："无冰时澳也。"近读以"冰"字绝句。据疏云，旧解"时"上读，此又以"无冰时"为句，"澳也"另为句。

《尔雅·释诂》："觌觏莃离也。"此凡两读。注云："孙叔然字别为义。"则"觌"一读，"觏"一读，"莃"一读，以"离也"总释上三字。郭景纯注："莃离，即弥离，弥离犹蒙茏耳。"又以"觌觏"一读，"莃离"一读，以"莃离"释"觌觏"。考《释诂》例，皆以末一字释上数字，郭注独以此二字训上两字，疑不可从，依叔然读为是。

《论语》："伤人乎不问马。"近读从"乎"绝句。《释文》云："'伤人乎'绝句，一读至'不'字绝句。"证之扬雄《太仆箴》"厩焚问人，仲尼深丑"，若依箴言，问人为丑，则不徒问人矣。汉时近古，授读必有所自。依之推义，尤于圣人仁民爱物，义得两尽，从古读为正。

《孟子》："山径之蹊间介然用之而成路。"凡此三读。赵氏注："山径，山之领，有微蹊介然，人遂用之不止，则蹊成为路。"是以"介然"读上为句，疏言其间之微小介然而已。《朱子集注》："介然，倏然之倾也。"又以"间"字绝句，"介然"连下读。又按《长笛赋》"间介无蹊，人迹罕到"注引《孟子》此二句为证，亦引杜预《左氏传》"介犹间也"，间、介一也，据此当以"山径之蹊间介"为句，亦通。

以上所举群经异读，足征古书句读，皆可游移上下，究以何者确合经义，当缜密研究，而不可以粗心去取之也。又有发明古书句读，使古书义理愈加明了者，如钱氏大昕《说文》连上篆字为句之例"，其有益于读《说文》甚巨，附录于后。

《十驾斋养新录》云：（上略）。许君因文解义，或当叠正文者，即承上篆连读，如"昧爽，旦明也""肸响，布也""湫隘，下也""脙嘉，善肉也""熮燧，候表也""诂训，故言也""頵痴，不聪明也""参商，星也""离黄，仓庚也""寫周，燕也"，皆承篆文为句；诸山水名云"山在某郡""水在某郡"者，皆当连上篆读；《艸部》"藂、蕳、茵、蕛"诸字，但云"草也"，亦承上为句，谓藂即藂草，蕳即蕳草，非草之通称也；"芺、葵、菲、蕿、薇、蓷"诸字，但云"菜也"，亦承上读，谓芺即芺菜，葵即葵菜也；（中略）《人部》"佺"字下云"偓佺，仙人也"，"偓"字下云"佺也"，亦承上读；（中略）"傁"字下云："傁，左右两视。"此亦承上篆文，傁傁犹瞿瞿也；又《吏部》"吏"字下云"叀，小谨也"，叀当为吏，亦承上篆文而叠其字，"吏吏，小谨也"，亦作"娷娷"，见《女部》，浅人改作叀，而语不可通矣。

六、名物考证

文字、诂训、声音、语词、章句五[①]者，为读古书重要之事，已具论于上矣。犹有一事而不可忽者，名物是也。古人著书，决非凭空虚构，其所纪之名物，皆当时人之于目而能识，出之于口而能通，而为普通之言语，迨岁月递更，言语之流变日急，名物之异称遂多。若终军之对"蚯鼠"，卢若虚之辨"鼷鼠"，江南进士之问"天鸡"，刘原父之识"六驳"（见《困学纪闻》），可见古今名物之异称，有资于考证者矣。况古人即物以命名，皆由实验而来，因之名物之称，则视今为详细。今人仅有共名者，古人往往各有专名，此等专名，见

---

① "五"，原作"六"，今据文意改。

于《说文解字》者，犹可考也。例如：

今人之呼牛羊也，以牛羊为共名，余则加一标识字以为分别，如父母、大小、白黑等。古人则各有专名，畜父谓之牡，畜母谓之牝，牛子谓之犊，二岁牛谓之㸬，三岁牛谓之犙，四岁牛谓之牭，白黑杂毛牛谓之犖，白脊牛谓之犒，虎文黄牛谓之㹻，牛驳如星谓之𤚩，黄白色牛谓之㸹，黄牛黑唇谓之犉，白牛谓之㹇，长脊牛谓之犜，纯色牛谓之牷；牡羊谓之羝，牝羊谓之牂，羔子谓之羔，五月生羔谓之䍽，六月生羔谓之𦎫，小羊谓之羜，羊未卒岁谓之䍾，黄腹羊谓之羭羳。

此种名物之称，在《说文解字》中颇多，如内衣谓之里，上衣谓之表，负儿衣谓之襁，蔽膝衣谓之祎，襌衣谓之袗，左衽袍谓之袭，袍衣谓之襺，无缘衣谓之褴，里亵衣谓之裹，日月所常衣谓之祖。不仅名词然也，即动词、形容词亦然，如直视谓之眺，暂视谓之䀎，目惊视谓之矍，转目视谓之䀩，大目谓之䀐，平目谓之瞒，目黑白分谓之盼，多白眼谓之䁂，深目谓之䀛，目多精谓之矐，目少精谓之眊，目不明谓之眜。此种名物之称，盖不可悉数也。

观此则知古人命物之名，视今人为详细。惟其详细也，用之或不甚便，如上所举各种名物之称，已大半不熟于今人之口，而经典中则往往有之。如《诗》之"九十其犉""先生如达"（达，即"羍"之借字），《论语》引《诗》之"美目盼兮""当暑袗绤裼"等，使注家不据《说文》以解释，则不熟于今人之口者，遂无由通古人之意矣。清儒有见于此，常能据《说文》以考证古书中之名物，记之于下。

《易·姤卦》："系于金柅。"马融云："所以止轮令不动者。"王弼云："制动之主。"王肃之徒，皆谓织绩器，究不能明言其为何物。

《说文》"栀"字两出，一云木实如梨，一云屎是篗柄，或从木尼声，木实与《易》义并不相关。《说文》别有"橺"字，为络丝，橺音读如栀，则知栀为篗柄者，即络丝之器，即王肃等所谓"织绩器"是也。

《诗·大雅》："殷商之旅，其会如林。"毛云："如林，言众。"《说文》引《诗》作"其旝如林"，旝建大木，置石其上，发之以机，用以追敌。《春秋传》云："旝动而鼓。"建木为旝，木众如林。知"会"者，即"旝"之借字也。

此外如"以事类祭天神谓之禷""烧柴寮祭天谓之柴"，则《虞书》中之"肆类于上帝""至于岱宗柴"，不烦言而已解也。"分瑞玉谓之班""草盛上出谓之每"，则《虞书》中之"班瑞于群后"，《左传》中之"原田每每"，不烦言而已解也。此种名物，《说文》而外，《尔雅》《广雅》《释名》《方言》，其多不可胜数，而《尔雅》一书所载之名物，尤足为读群书之助。郑氏樵云："何物为六经？集言语、称谓、宫室、器服、礼乐、天地、山川、草木、虫鱼、鸟兽而为经，以义理行乎其间而为纬。一经一纬，错综而成文，故曰六经之文。《尔雅》谓言语、称谓、宫室、器服、礼乐、天地、山川、草木、虫鱼、鸟兽之所命不同，故为之训释。（中略）不得释则惑，得释则明，若曰'关关雎鸠，在河之洲'不得释，则人不知雎鸠为何禽，河洲为何地。"观郑氏言，名物之考证，《尔雅》实为重要之书矣。盖物名有雅俗，有古今，《尔雅》一书，为通雅俗古今之名而作。其通之也谓之释，释雅以俗，释古以今。"闻雅名而不知者，知其俗名，斯知雅矣；闻古名而不知者，知其今名，斯知古矣。"（王国维《尔雅释例》语）何谓释雅以俗？"九罭，鱼罔。罦，覆车。"鱼罔、覆车，俗名也；九罭、罦，雅名也。何谓释古以今？"荷，芙蕖。芹，楚葵。"荷、芹，今名也；

芙藟、楚葵,古名也。《尔雅》者,通古今之异言,释国别之殊语,而为群经之关键也。故群经中之名物,考证于《尔雅》,无不涣然冰释也。例如:

> 庙中路谓之唐。知《诗》"中唐有甓"之"唐"之为庙中路也。
>
> 兔罟谓之罝。知《诗》"肃肃兔罝"之"罝"之为兔罟也。
>
> 康谓之蛊。知《左传》"谷之飞亦名蛊"之"蛊"之为康也。
>
> 菜谓之蔌。知《诗》"其蔌维何,维笋及蒲"之"蔌"之为菜也。
>
> 简谓之毕。知《礼记》"呻其佔毕"之"毕"之为简札也。
>
> 簀谓之第。知《左传》"床第之言不逾①阈"之"第"之为簀也。
>
> 风而雨土为霾。知《诗》"终风且霾"之"霾"之为雨土也。
>
> 久雨谓之淫。如《左传》"天作淫雨"之"淫"之为久雨也。
>
> 丘一成为敦丘。知《诗》"送子涉淇,至于顿丘"之"顿",即"敦"之借字,为一重丘也。
>
> 坟,大防。知《诗》"遵彼汝坟"之②"坟"为大防,即汝水之堤也。

群书中之名物,所在皆是,而《诗经》中之尤多。孔子云多知

---

① "逾",原作"喻",今据《左传》改。

② "之"后原衍"之"字,今据文意删。

草木鸟兽之名，所谓知其名者，即知雅名、俗名、古名、今名也。如郭氏以黄鸟为仓庚，则以俗名为雅名矣；郝氏以布谷为鴶鵴，则是以今名为古名矣。故吾人读古书，于名物之考证，小之草木鸟兽之名称，大之兵农礼乐之制度，其名称也，当知雅俗古今之不同；其制度也，当知因革变迁之时异；其考证名称也，《说文》《尔雅》《广雅》《释名》《方言》等书，足以左宜右有，而知其雅俗古今之不同；其考证制度也，当合群经而参互错综以求之，不可据一书以为标准。如《周礼》与《王制》各不相侔，如据一书以说周朝之制度，恐未能得其真象；而因革变迁之迹，尤非据一书所能明了，且书缺有间，而古时之制度，终未能言之历历也。名物考证，名称尚不甚难，制度不易详矣。杞宋之文献不足征，虽孔子亦无由知夏殷之礼；诸侯而皆去其籍，虽孟子亦无由知成周之典章，而况数千年以后乎？好学深思者，合群籍而观之，心知其意可也。

七、义理推求

本书所论，皆为训诂之方法。训诂为读古书之工具，而非读古书之目的。吾人读古书之目的，不仅明声音、训诂、名物之变迁而已，其最要在于得古书中之义理。盖一书有一书之义理，吾人读书，而不能得义理之所在，则所研究者，非敷浅即厖杂。或谓宋人治学，极有心得，其推求之义理，远迈于汉唐之儒。不知推求义理，当用归纳法，使古书中之义理，由文字、声音、训诂、名物而发见。宋人冥然孤往，信心不信书，推求虽精，未必当于古书中之义理。盖古书中之义理，晦盲已久，加之缥楮递变，传写日讹，镂板既兴,文字各别,据讹本以推求古书中之义理,不仅有误今人,抑且重误古人。所以不知校书之方法者,不能推求义理也。又时代递演,文字之形与声,流变日多,不仅名物训诂不同,亦且离章析句或异。据今形今音以推求古书中之义理,只是今人之新说,而非古人之真诠。所以不知读书之方法者,不能推求义理也。宋人不知校书、读书方法,不本确然共见之书,惟据冥然孤往之意。例如《诗经·国风·蹇裳》思见正也,《风雨》思君子也,《子衿》刺学校废也,《扬之水》闵无臣也,《野有蔓草》思遇时也,朱子皆谓为淫奔之诗。《毛诗·小序》经严密之考证,必为周秦两汉儒者相传之说,比较当为可信。朱子生千载之后,废《小序》以说《诗》,则更茫无可据。如以上诸诗,朱子概以淫奔说之,谓之朱子所说之诗义可也,谓之诗之本义如是不可也。所以推求义理,当先以文字、声音、训诂、名物求古书之真,然后据一种古书,分析而综合之,比较而贯穿之,以得义理之所在,始无模糊影响之说,亦无牵强附会之说也。

何谓分析综合?例如,研究孔子之义理,举凡孔子之书,立为节目,一一分析,然后举分析所得者而综合之,以观其义理之所在。《论语》一书,为孔子学说之汇归,然其中论道、论仁、论天、论性、论命、论孝弟、论善恶、论为政、论为学、论君子、论小人等,散见于全书之中,使不一一分析而综合之。仅举一二以为孔子之义理如是,必非孔子之真。惟分析综合,其真自见。兹举《论语》中所称君子,为例于下:

《论语》中孔子所称之君子,约记六十有余,分析综合,得君子之界说有三:一、学术中之君子;二、社会中之君子;三、政治中之君子。

学术中之君子分为三：

(一)敏事慎言。

　　君子食无求饱,居无求安,敏于事而慎于言。
　　子贡问君子。子曰:"先行其言而后从之。"
　　君子欲讷于^①言而敏于行。
　　文莫吾犹人也,躬行君子,则吾未之有得。
　　君子耻其言而过其行。

(二)仁义礼知信勇全备。

　　君子无终食^②之间违仁,造次必于是,颠沛必于是。
　　君子喻于义。
　　君子义以为^③上。
　　君子博学于文,约之以礼。
　　君子道者三:仁者不忧,知者不惑,勇者不惧。
　　君子义以为质,礼以行之,孙以出之,信以成之。

(三)求己不求人知。

　　人不知而不愠,不亦君子乎?

---

① "于",原作"其",今据《论语·里仁》改。
② "食",原作"日",今据《论语·里仁》改。
③ "为"上原衍"义"字,今据《论语·阳货》删。

君子病无能焉,不病人之不己知也。

君子疾殁世而名不称焉。

君子求诸己。

君子谋道不谋食,忧道不忧贫。

此三者,君子为学问之要件。仁义礼知信勇者,学问之事。敏事者,敏此者也。求己者,求此者也。敏事慎言,为学之始;求己不求人知,为学之终。能如此,然后谓之君子;不能如此,即不得谓之君子。而为学之方法又有四:一、主忠信;二、过则勿惮改;三、无友不如己者;四、就有道而正焉。以前三者为准绳,以后四者为方法,持之以毅力,继之以恒心,则君子之学成矣。

社会中之君子分为二:

(一)处己。

君子怀德。君子怀刑。

君子坦荡荡。

君子泰而不骄。

君子固穷。

君子有三戒:少之时血气未定,戒之在色;及其壮也,血气方刚,戒之在斗;及其老也,血气既衰,戒之在得。

君子有九思:视思明,听思聪,色思温,貌思恭,言思忠,事思敬,疑思问,忿思难,见得思义。

不知命,无以为君子也。

（二）接人。

> 君子周而不比。
>
> 君子成人之美，不成人之恶。
>
> 君子和而不同。
>
> 君子矜而不争，群而不党。
>
> 君子贞而不谅。
>
> 君子有三畏：畏天命，畏大人，畏圣人之言。
>
> 子贡曰："君子亦有恶乎？"子曰："有恶。恶称人之恶者，恶居下流而讪上者，恶勇而无礼者，恶果敢而窒者。"

此二者，君子居社会之要件。君子之处己也欲严，而接人也常宽。君子之学问既成，处己之严，己行之有素；其接人也，常有过不及之患，能斟酌于过不及之中而行之，斯可已。

政治中之君子分为三：

（一）出处。

> 君子哉蘧伯玉！邦有道则仕，邦无道则可卷而怀之。

（二）用人。

> 君子易事而难说也。说之不以道，不说也；及其使人也，器之。
>
> 君子不以言举人，不以人废言。

（三）修己以安人。

君子之于天下也，无适也，无莫也，义之与比。

子谓子产："有君子之道四焉：其行己也恭，其事上也敬，其养民也惠，其使民也义。"

君子笃于亲，则民兴 ① 于仁。故旧不遗，则民不偷。

子路问君子。子曰："修己以敬 ②。""修己以安人。""修己以安百姓。"

君子学道则爱人。

君子惠而不费，劳而不怨，欲而不贪，泰而不骄，威而不猛。

君子无众寡，无小大，无敢慢。

君子正其衣冠，尊其瞻视，俨然人望而畏之。

此三者，君子从政之要件。出处不慎，则不能从政也；用人不明不公，则不能从政也。至于修己安人，则德泽之及于民溥矣。统上而观，君子之界说可定矣。此所谓列举的标准也。再以孔子说君子之言，以为概括的标准。

文质彬彬，然后君子。

君子不器。

---

① "兴"，原作"与"，今据《论语·泰伯》改。
② "敬"，原作"数"，今据《论语·宪问》改。

君子不可大受而可小知也。

何谓比较贯穿？例如研究古书中之义理，举凡古书中说之不同者，一一为之比较，然后择其说之可通者而贯穿之，以观其义理之所在。《诗经·国风》第一篇之《关雎》，众说纷纭，莫衷一是。使不一一比较贯穿之，仅举一二人学说，以为《关雎》之义理如是，必非《关雎》之真。惟比较贯穿，其真自见。兹举汉儒《关雎》之说，为例于下。

孔子言《关雎》"乐而不淫，哀而不伤"，虽未明言美刺，而含有美诗之旨，然未确言作诗之人，及所美之为何事也。自毛传以为后妃之德，遂为美后妃之诗。三家以为刺康王，遂为刺康王之诗。《关雎》一诗，异说滋多，兹列汉人之说，比较而观之。

　　《史记·十二诸侯年表》："周道缺，诗人本之衽席，作《关雎》。"

　　《汉书·儒林传序》："周室衰而作《关雎》。"

　　《淮南·氾论训》："王道缺而《诗》作，周室废礼义坏而《春秋》作。《诗》《春秋》，学之美者也，皆衰世之造也。"

　　又《诠言训》"《诗》之失①僻"，高诱注："《诗》者，衰世之风也。"

　　《汉书·杜钦传》："是以佩玉晏鸣，《关雎》叹之。"

　　刘向《列女传》："周之康王夫人晏出朝，《关雎》豫见，思

_____

① "之失"，原作"失之"，今据《淮南子》乙正。

得淑女,以配君子。"

扬雄《法言》:"周康之世,颂声作乎下,《关雎》作乎上,习治也,故习治则伤乱也。"

王充《论衡》:"周衰而《诗》作,盖康王时也。康王德缺于房,大臣刺晏,故《诗》作。"

袁宏《后汉记》:"杨赐上书曰:'昔周康王承文王之德,一朝晏起,夫人不鸣璜,宫门不击柝,《关雎》之人,见几而作。'"

《后汉书·皇后纪论》:"康王晚朝,《关雎》作讽。"

应劭《风俗通义》:"昔康王一旦晏起,诗人深以为刺。"

以上皆以《关雎》为刺诗,康王时所作者也。

《史记·外戚世家》:"自古受命帝王及继体守文之君,非独内德茂也,盖亦有外戚之助焉。夏之兴也以涂山,而桀之亡也以末①喜。殷之兴也以有娀,纣之杀也嬖妲②己。周之兴也以姜原及大任,而幽王之禽也淫于褒姒。故《诗》首《关雎》,夫妇之际,人道之大伦③也。"

匡衡上疏:"匹配之际,生民之始,万福之原。婚姻之礼正,然后品物遂而天命全。孔子论《诗》,以《关雎》为始,言太上者,民之父母,后夫人之行,不侔于天地,则无于奉神灵之统,而理万物之宜。自上世以来,三代兴废,未有不由此者也。"

---

① "末",原作"眛",今据《史记·外戚世家》改。
② "妲",原作"姐",今据《史记·外戚世家》改。
③ "人道之大伦",原作"人伦之大道",今据《史记·外戚世家》改。

荀爽《对策》:"夫妇之始,王化之端,阳尊阴卑,盖乃天性。且《诗》初篇,实首《关雎》;《礼》始《冠》《婚》,先正夫妇。"

《韩诗外传》:"子夏问曰:'《关雎》何以为《国风》始也?',孔子曰:'《关雎》至矣乎! 夫《关雎》之人,仰则天,俯则地,幽幽冥冥,德之所藏,纷纷沸沸,道之所行,如神龙变化,斐斐文章。大哉!《关雎》之道也。万物之所系,群生之所悬命也,河洛出图书,麟凤翔乎郊。不由《关雎》之道,则《关雎》之事,将奚由至 [①] 矣哉? (中略)冯冯翼翼,自东自西,自南自北,无思不服。子其勉强之,思服之。天地之间,生民之属,王道之原,不外此矣!'子夏喟然叹曰:'大哉《关雎》! 乃天地之基也。'"

以上皆以《关雎》为美诗。虽未明言文王时作,然断非康王时作也。

即二派之说比较观之,匡衡,学齐诗者也,而以《关雎》为美诗;韩诗本以《关雎》为刺诗,而《外传》又以《关雎》为天地之基;《史记·十二诸侯年表》既以《关雎》周道缺而作,而《外戚世家》又以为人道之大伦。使不比较观之,任执一说以论《关雎》,岂可通乎?比较而观,则知各说皆可通。盖《关雎》一诗,非为文王而作,亦非为康王而作,或亦民俗歌谣之余,采诗者录之,定为房中之乐,用之乡人,用之邦国。毛以为后妃之德者,用之邦国者也;三家以为刺康王者,陈古刺今之义也;孔子删《诗》,以《关雎》为房中之乐,而夫妇实人伦之始,故定为《风》始,贯穿而说之。君子求淑女,未得

---

① "由至",原脱,今据《韩诗外传》补。

而寤寐反侧,已得而琴瑟钟鼓者,此作诗人之义也,不必确指何人所作;用为房中之乐者,此采诗人之义也,为当时婚礼用乐之制度;定为《国风》之始者,此删诗人之义也,所以明夫妇为人伦之本;以为美、以为刺者,此说诗人之义也,一则托事以美,一则陈古以刺。如是以说,则疑义了然矣。

　　上所举二例,一为分析综合之例,一为比较贯穿之例。本二例以求古书中之义理,必视宋儒所得者为确也。

第六章　今后训诂学之趋势

一、考证法

甲骨文、金文之考证

清末学者，已稍有重视金文之意，尝为钟鼎文有益于经史之言，惟殊无何种成绩可观。自甲骨文发见，孙氏诒让著《契文举例》[一]，本之以正郑氏龟卜之误。罗振玉著《殷虚书契考释》[二]，亦本之以正郑氏龟卜之误。此为甲骨文用之于训诂之先声，不过为卜龟本身之考证而已；王国维用之以考古史，遂为考证学辟一新径途。《甲骨学商史编》[三]汇集诸家之考证为一书，而《金文世族谱》[四]亦根据金文而为世族之考证。此皆属于古史之范围，而非属于训诂学之范围。李泰棻本甲骨文为《今文尚书正伪》一书[五]，甲骨文遂为训诂学重要之材料，而于省吾《尚书新证》[六]《诗经新证》[七]，采取金文中之材料，以资考证之处多，其书本身之价值如何，吾人不必遽下断语，而甲骨文与金文，为重要考证之材料，而确今后训诂学之趋势。而李氏、于氏之书，可谓筚路蓝缕，以启山林也。于氏《诗经新证》有七例，兹记于下：

（一）不知古人重文之例而误读者。如《君子偕老》“委委佗佗”，即委佗委佗，而毛传“委委”一训，“佗佗”一训，失之。据金文、石鼓文及古钞本周秦载籍，凡遇重文不复书，皆作二以之。

（二）有古字湮而本音失者。如裘，古本作衣，从衣又声，应隶之部，后人读为求声，则《终南》之韵“梅”“哉”，《七月》之韵“狸”，《大东》之韵“子”“来”“服”“试”，无由通矣。据《伯毁》作衣，《叉卣》作衣，则“裘”古作“衣”，明矣。

（三）有音假而本义湮者。如涵、陷，古音近字通，《巧言》之“僭始既涵”，即“谮始既陷”也，传训涵为容义，犹未尽。据《宗周鼎》“南国服子敢臽处我土”，臽即陷；《毛公鼎》“俗女弗以辟菡于喜”，《不嬰毁》“弗以我车函于囏”，皆假函为陷。

（四）有不知句之通假，因有失其句读者，如则、败古通，《正月》之“彼求我则，如不我得”，即彼求败我，如不我得也。旧本或读“彼求我”句，则如不我得，非是。据《余毌钲》“勿丧勿敗”，与《说文》之“敗，籀文败”同；《庄子·庚桑楚》“天钧败之”，《释文》“败，元嘉本作则”，魏三体石经《春秋》古文“败”字屡见，并作鼎。鼎，即则字。

（五）有形讹而本义湮者。“谨”字，古本作蒖，不从言，蒖、熯同字。《楚茨》“我孔熯矣”，即我孔谨矣，故下接以“式礼莫愆”，传训熯为敬，或已知为谨之本字。段玉裁谓为戁之假借，疏矣。据《女夒毁》“觐”作“菫”，《宗周钟》“勤”作“菫”，蒖、熯同字，今楷作“堇”。“谨”之作“堇”，亦犹“觐”“勤”之作“堇”矣。

（六）有形讹而又继之以音假而本义湮者。如“己”，古字；“纪”，今字。“己”讹为“已”，又假为“以”。《载芟》“侯强侯以”，即侯强侯纪,传训为用,失之。据《纪姜殷》《纪侯钟》,"纪"并作"己",据《礼记》《论语》释文,"己""以"通。"侯强侯纪",当是"纪"作"己",讹为"已",又通作"以"。

(七)有音假又继之以形讹而本义湮者。如"敖"假为"赘",又讹为"赘"。《桑柔》"具赘卒荒",即具敖卒荒,言具敖戏而尽荒乐也。传训为赘属荒虚,笺遂望文生训,以为皆见系属于兵役,家家空虚,迂且妄矣。据《说文》"赘,从页敖声",钱坫谓"'硕①人敖敖',传'敖,长貌',应作此"。是赘、敖古通之证。

以上皆据金文为《诗经》之考证,可谓训诂学上之新路矣。此外,如据《毛公鼎》"奉䌌較",奉即"贲"字。贲、坟、贲、颁、斑古通。《桃夭》之"有贲其实",即有斑其实;《鱼藻》之"有颁其首",即有斑其首;《苕之华》之"牂羊坟首",即牂羊斑首。据《郱公华钟》《师衰殷》《录伯威殷》,《日月》之"报有不述",为报我不㱇。据金文"之"作"止",足趾之作止,后世止、止不分,之、兹通用,《七月》"四之日举趾",举趾即举兹,兹即《孟子》之"镃基"。据《盂鼎》"卜有戕",言卜有臧也,《十月之交》"曰予不戕",为曰予不臧。据金文𠂤𠂤无别,《皇矣》之"克顺克比",为克顺克从。至于郭沫若据保定出土古戈,考②《礼记》汤之盘铭,当为"兄曰辛,祖曰辛,父曰辛",兄误为苟,祖作且,误为日,父误为又,辛读为新[八],新而不凿,以其解有金文之证据也。又《诗·颂》"笾豆大房"之"房",郭沫若释《大丰殷》之圆,即《诗经》"房"之本字,最近虽仍照原释为

---

① "硕",原作"欲",今据《说文解字斠诠》改。
② "考",原作"孝",今据文意改。

"俎",然《诗经》中之"房",必非本字,其本字以"圉"当之,在训诂上不可谓毫无证据。要之,取材料于甲骨文、金文,确能为训诂学辟一新途,现虽所获不多,踵而行之,必有异采也。

【注】

[一]《契文举例》,孙诒让著。在《吉石盦丛书》内,现有翻印本。

[二]《殷虚书契考释》,罗振玉著。景印手写本,后有增订本。

[三]《甲骨学商史编》,朱芳圃辑。商务本。

[四]《金文世族谱》,吴其昌著。商务本。

[五]《今文尚书正伪》,李泰棻 [①] 著。自印本。

[六]《尚书新证》,于省吾著。自印本。

[七]《诗经新证》,于省吾著。自印本。

[八]见《金文丛考》。

二、推测法

统计学之推测

单文孤证,为考据家之所不取,然则考据家必文多而证广也,如此必将文之同类者,搜集以为证,已略含有统计之意义。阮元

---

① "棻",原作"芬",今据正文改。

有《论语论仁论^①》一篇，列举《论语》之论"仁"者，凡五十有八章，"仁"字之见于《论语》者，百有五见，而总归纳于"仁者，人也"一释^[一]，此已实用统计之方法，惜未能明言之。惟阮氏只知在"仁"字本身上之统计，而不知用此种统计之方法，为训诂上之应用。此则为时所限也。

　　《论语》第九篇"子罕言利与命与仁"，则是仁与利、命，皆为孔子所罕言，而统计《论语》一书，"仁"字百有五见，"利"字五见，"命"字十有一见，利与命可谓罕言，仁则不可谓罕言也。夫百有五见之"仁"，与五见之"利"，十有一见之"命"，同为孔子所罕言，则必有说以处之；再将百有五见之"仁"，分别计之，可统为二：一则"喜怒哀乐未发谓之中"之"仁"，此孔子所罕言，惟颜渊得闻之；一则"喜怒哀乐发而皆中节谓之和"之"仁"，此孔子所常言，与及门弟子所论者皆是，子贡言"夫子之文章，可得而闻也。夫子之言性与天道，不可得而闻"。所谓"文章"，即及门共闻之仁，亦即发而皆中节之仁；所谓"性与天道"，即颜子独闻之仁，亦即未发为中之仁。孔子罕言仁，因未发为中之仁，藏之于心而不可见。惟颜子其心三月不违仁，始得体会而领悟之，故孔言："吾与回言终日，不违，如愚。退而省其私，亦足以发，回也不愚。"此不可见之仁，卷之则退藏于密，放之则弥六合。及门诸弟子，不知修身、齐家、治国、平天下之本，皆由于仁，故孔子第举粲然具备者言之，所谓"文章可得而闻"也。颜渊得一善拳拳服膺而弗失，确知未发为中之仁，具于我心，然犹不知发而皆中节之仁，即由此未发为中之仁而推之，

_____

① "仁论"，原脱，今据《研经室集》补。

故孔子言："克己复礼为仁。一日克己复礼，而天下归仁。"颜渊尚有其目之请问，非不知为仁由己之理，实未明天下归仁之理。为仁由己，性与天道，在于我者而俱足。天下归仁，必有文章表著于外，天下始有归仁之标准。礼者，文章之表著者也。视听言动之勿以非礼，则必以礼为视听言动之则，己之视听言动一准于礼，则天下之视听言动从之矣。所谓"一日克己复礼，而天下归仁"。"天下归仁"之仁，即为"为仁由己"之仁，一则未发为中，一则已发为和。中者，天下之大本。和者，天下之大道。其要只一"仁"字。"仁"字之训诂，统计《论语》中百有五之"仁"，分析而得之，确为的确矣。此统计学上则训诂学上是一重要之工具。

　　统计学是西方之学问。西方人治中国书者，往往利用统计学而为古书真伪之考辨。瑞典人珂罗倔伦著《左传真伪考》[二]，用统计方法，统计《左传》《论语》《孟子》中之助字，为考据学者辟一新门径。用统计法，为训诂之推测，能得比较可靠之训诂。如统计儒家之"道"字，而知儒家之所谓道者，是人伦日用事物之常；统计道家之"道"字，而知道家之所谓道者，是宇宙之本体。又如统计助词之用法，可以认清各个时代语法之例，为辨别古书真伪之助，如《左传真伪考》是。余尝将《尚书》中今古各篇之助词，作一统计，觉此法殊为可用，亦有时不甚可靠，尚未得有的确结论，兹不复言。惟余确信统计在训诂学上极有价值之方法，惟用之者须有旧式训诂学上之根基，不可仅赖此一方法，而随便用之耳。

【注】

［一］见《研经室 ^① 集》第八卷。

［二］《左传真伪考》，瑞典珂罗倔伦著，陆侃如译，新月书店
　　　出版，现归商务。

---

① "室"，原作 "文"，今据《研经室集》改。